興亡の世界史

大日本・満州帝国の遺産

姜尚中
玄武岩

講談社学術文庫

目次

大日本・満州帝国の遺産

はじめに　11
第一章　帝国の鬼胎たち……18
海を越える満州人脈　18
若き日の「妖怪」と独裁者　24
第二章　帝国のはざまで……38
満鮮一体への道　38
「亡国の民」の満州　50
満州へ、満州へ　78
満州が生んだ鬼胎たち　101
第三章　満州帝国と帝国の鬼胎たち……126
国運転回ノ根本政策　126
王道楽土の夢と現実　136
統制経済の実験場　157

第四章　戦後と満州国の残映……184
甦る「鬼胎」たち　184
「未完のプロジェクト」　197
「満州型モデル」を求めて　217
再選後の危機と独裁への道　240
重化学工業化と農村振興の起源　257
鬼胎たちの日韓癒着　277
おわりに　290
学術文庫版へのあとがき……296
参考文献……304
年表……314
主要人物略伝……331
索引……341

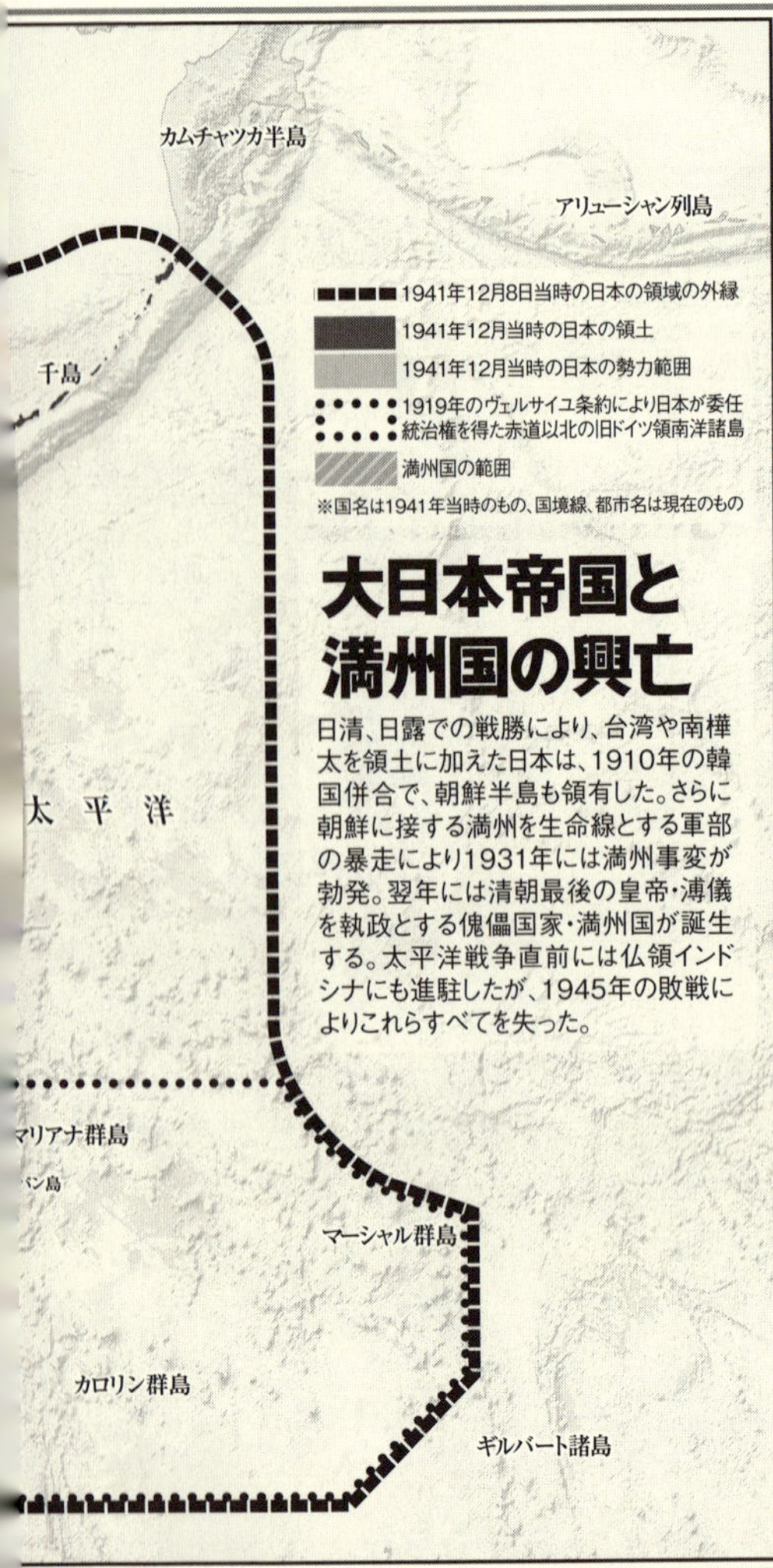

大日本帝国と満州国の興亡

日清、日露での戦勝により、台湾や南樺太を領土に加えた日本は、1910年の韓国併合で、朝鮮半島も領有した。さらに朝鮮に接する満州を生命線とする軍部の暴走により1931年には満州事変が勃発。翌年には清朝最後の皇帝・溥儀を執政とする傀儡国家・満州国が誕生する。太平洋戦争直前には仏領インドシナにも進駐したが、1945年の敗戦によりこれらすべてを失った。

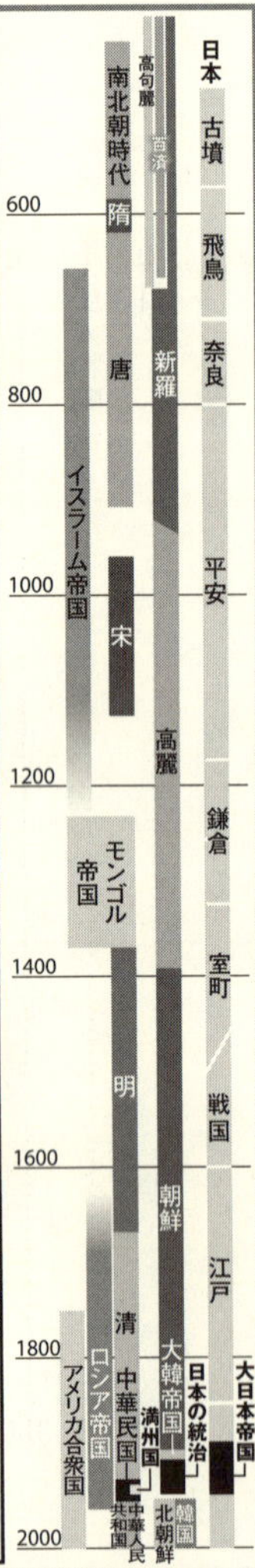

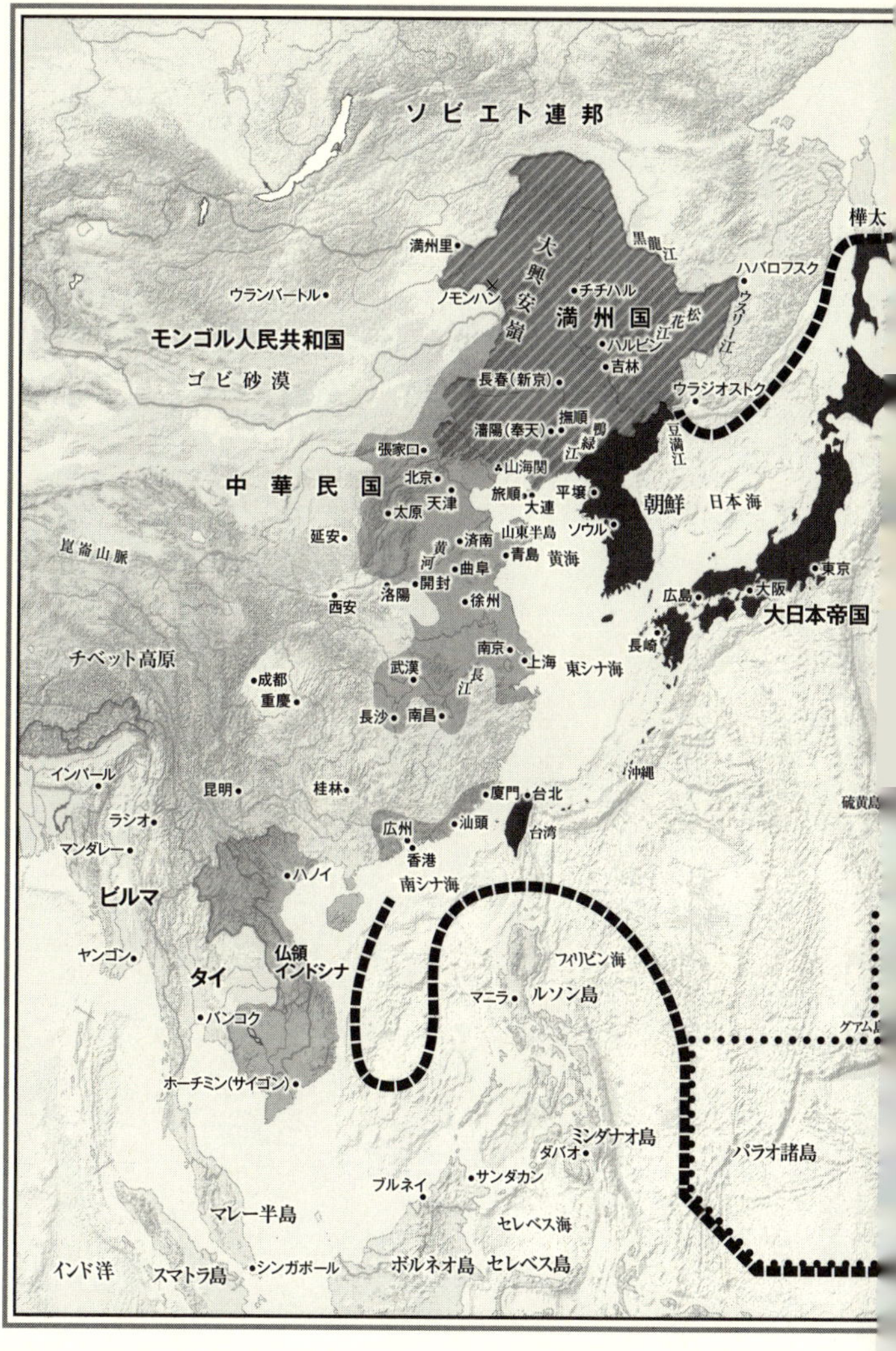
ソビエト連邦
大興安嶺
黒龍江
満州里
ハバロフスク
樺太
ウランバートル
ノモンハン
チチハル
満州国
松花江
ウスリー江
モンゴル人民共和国
ハルビン
吉林
ゴビ砂漠
長春(新京)
ウラジオストク
撫順
瀋陽(奉天)
鴨緑江
豆満江
張家口
山海関
中華民国
北京
天津
旅順
大連
平壌
朝鮮
日本海
太原
延安
山東半島
済南
ソウル
崑崙山脈
黄河
青島
黄海
曲阜
東京
開封
洛陽
広島
大阪
西安
徐州
大日本帝国
長崎
チベット高原
南京
上海
東シナ海
武漢
長江
成都
重慶
長沙
南昌
沖縄
インパール
昆明
桂林
廈門
台北
硫黄島
ラシオ
広州
汕頭
台湾
マンダレー
香港
ハノイ
南シナ海
ビルマ
仏領インドシナ
フィリピン海
ヤンゴン
タイ
マニラ
ルソン島
バンコク
グアム島
ホーチミン(サイゴン)
ミンダナオ島
ダバオ
パラオ諸島
サンダカン
ブルネイ
マレー半島
セレベス海
インド洋
スマトラ島
シンガポール
ボルネオ島
セレベス島

地図・図版作成
ジェイ・マップ
さくら工芸社

興亡の世界史

大日本・満州帝国の遺産

はじめに

朴正熙と岸信介の足跡

空前の豊かさと絶後の殺戮が交錯する二〇世紀。この極端な世紀にアジアの「ニュー・アトランティス」（星野直樹《ほしのなおき》）のように聳え立ち、そして蜃気楼のように消え去っていった帝国、満州帝国とはいったい何だったのか。五族協和の王道楽土か、それとも唾棄《だき》すべき傀儡《かいらい》国家か。

ヤーヌスのような相貌の満州帝国にスポットを当てるのは、ほかでもない、この帝国こそ、戦後の日本と解放後の韓国に巨大な足跡を残したふたりの人物を培ったからである。朴正熙《パクチョンヒ》と岸信介《きしのぶすけ》。

怪物的な「独裁者」にして、マクベス的な最期を遂げた朴正熙には血の匂いがつきまとっている。そして「昭和の妖怪」と恐れられ、権勢の政治家といわれた岸信介には、A級戦犯容疑の暗い過去が離れることはない。

しかし、このふたりの暗の部分が強調されればされるほど、打ち消しようもなく明の部分が光り輝いてくるのだ。そして逆に、その光が強いほど、漆黒《しっこく》の闇のような部分が浮かび上

朴正熙大統領（右）60年代以後、韓国の「突撃的近代化」を成し遂げた
大統領暗殺現場（上）1979年、朴大統領は宴会の席で側近の金載圭中央情報部長に射殺された

がってくるのである。

権力は銃口から生まれる。人間性へのぞっとするようなニヒリズムと飽くなき権力欲に駆られた「軍人」（朴正熙）は、権力の本質が暴力にあることを本能的に嗅ぎ取っていた。最期の惨劇の断末魔まで力への信仰を失うことのなかった「独裁者」は、まさしく無慈悲な権力欲の化身だった。

しかし同時に、「鉄は国家なり」のスローガンのもと、国家再建と総力安保の「突撃的近代化」を成し遂げた朴正熙は、韓国内の保守的な人々のなかにいまでも「民族中興の旗手」として生き続けているのである。

いったいどちらが本当の朴正熙なのか？

この点で「昭和の妖怪」も一筋縄ではいかない。

権力の底知れないデカダンスにまみれながら、国策遂行に凄まじい執念を燃やし、「カネは濾過して使えばいい」と嘯《うそぶ》く岸信介は、権力のデーモン的な化体そのものであった。

だが、この苛烈なマキャベリストこそ、戦前においては国家改造の革新官僚として辣腕《らつわん》を振るい、戦後は保守合同の産みの親となり、最高権力者の地位に登り詰めるとともに、戦後日本の高度成長の枠組みを作り、日米安保改定の立役者となったのである。

岸信介なくして、果たして戦後の日本を語ることができるであろうか。

このように朴正熙と岸信介には、愛憎半ばする評価が絶えることはなかった。そしていまも彼らは、まるで足の生えた亡霊のように甦り、「独裁者」と「妖怪」の子どもたち（ジュニア、朴の長女・朴槿恵《パククネ》大統領と岸の孫・安倍晋三首相）を走らせているのである。

ふたりの棺桶にまともに釘を打てなかったせいだろうか。それとも彼らを不当に遺棄してきた進歩的な歴史観の歪みがいまやっと正されつつあるのだろうか。

「独裁者」と「妖怪」のルーツ・満州帝国

解放と終戦から七〇年余り。ひとの一生に喩えれば、還暦を過ぎたことになる。にもかかわらず、隣り合うふたつの国は、自らのルーツに対するアンビバレントな感情を拭い去ることができないのだ。

この愛憎併存の感情の奥にいったい何があるのか。そこにあるのは、ふたつの国のルーツともいうべき共通の母胎ではないのか。満州帝国がそれである。

朴正熙を「軍人」に変身させたのも、岸信介を「政治家」に鍛え上げたのも、ともに満州帝国という大日本帝国の「片割れ」だった。それは、期せずして後の「独裁者」と「妖怪」の揺籃《ようらん》の地になったのである。

朴正熙が満州国陸軍軍官学校の第二期（新京二期）に入学した頃（一九四〇年四月）、すでに満州帝国を離れて古巣の商工省の次官に返り咲いていた岸は、押しも押されもせぬ革新官僚のリーダーとして総力戦体制の要となる「経済新体制確立」の指揮をとりつつあった。満州帝国を「自らの作品」と豪語していた岸にとって、いよいよ満州での実験を本格的な高度国防国家作りに移し換える絶好のチャンスが訪れようとしていたのである。

他方、満州帝国は、社会進出の機会を塞がれた植民地・朝鮮の若者にとって格好の「新天地」だったに違いない。すでに満州事変勃発の頃には、満州には間島《かんとう》や東辺道《とうへんどう》地方を中心にかなりの数の朝鮮人が移り住み、日中戦争勃発のときには一〇〇万人近くに及んでいた。さらに日中戦争の始まりとともに朝鮮には陸軍特別志願兵令が敷かれ、植民地の若者たちにも「皇軍」への道が開かれていたのである。朴正熙は、そうした若者たちのひとりにすぎなかった。

だが、満州国軍官学校（予科）を首席で卒業し、日本陸軍士官学校を経て満州国軍歩兵第八団の少尉となった「高木正雄」（後に岡本実と改名）こと朴正熙にとって、「満州体験」は運命的な意味をもっていたに違いない。

それは、「満州人脈」を中心とする「親日派」が、後の「独裁者」の権力を固める牙城となっただけにとどまらない。満州帝国での統制経済の「実験」は、韓国の開発独裁に大きな影を落としているからである。朴正煕が進めた兵営国家的な国力培養と総力安保の「韓国的民主主義」には、満州帝国のレガシー（遺産）が脈打っているのである。

そしてこのレガシーの産みの親こそ、「満州国産業開発五ヵ年計画」の実施の中心になった岸信介だった。

漢江の奇跡と日本的経営システムというレガシー

後にふたりが、「遠い接近」から「近い接近」の間柄になり、日韓癒着のシンボルになったのは偶然だろうか。

クーデタ直後の朴正煕　1961年５月16日のクーデタ時は、陸軍少将で第２軍副司令官

教師から皇国軍人に変身し、解放後も幾たびか「変節」を重ねて、「軍事革命」の首謀者になり、第三共和国の大統領となった朴正煕。その最期は余りにも衝撃的であり、韓国現代史の苛酷さを象徴している。それでも、「漢江の奇跡」といわれる戦後の経済成長は、この「独裁者」なしには語りえないのであ

岸信介首相（上）第二次岸内閣で日米新安保条約調印を強行し、総辞職
巣鴨拘置所から釈放直後の岸（左）1948年、出獄し弟・佐藤栄作から煙草の火をもらう

る。

他方、戦前、戦後を通じて有為転変を重ね、にもかかわらず一貫して国家社会主義的な統制経済論に揺るぎない確信を抱き続けた「ミスター統制」岸信介は、官僚主導の日本的経営システムのひな型作りに巨大な足跡を残したのである。

「軍人」としての朴正熙、「政治家」としての岸信介の揺籃を見守った満州帝国とは何であるのか。そのレガシーは、いまも日本と韓国の根っこに巨大な杭のように突き刺さっている。そこに記されているに違いない言葉――「汝のルーツを知れ！」は、いまも重たい問いとしてわれわれにのしかかっている。

本書はそれに応えようとするささやかな試みであるが、満州帝国の歴史、その始まりと終わりを描こうとするものではない。あくまでも、朴正熙と岸信介という、解放後の韓国と戦後の日本に絶大な影響力をもつことになる軍人政治家と官僚政治家を中心に、彼らをとおしてみえてくる満州帝国の歴史とそのレガシーを明らかにしようとするものである。

第一章　帝国の鬼胎たち

海を越える満州人脈

軍事クーデタ主導後、来日した朴正熙

満州国の経営に辣腕《らつわん》を振るった気鋭の官僚・岸信介と、満州国陸軍軍官学校・日本陸軍士官学校卒業後、中尉に登り詰めただけの岡本実こと朴正熙が満州で出会うことなどありえなかった。ふたりは、はじめから住む世界が違っていたのである。

しかし、歴史の糸はこのふたりを結びつけることになる。一九六一年一一月一一日、岡本中尉は、軍事クーデタを主導した韓国の国家再建最高会議議長・朴正熙として再び、日本の地を踏むことになったからである。

かつて、太平洋戦争勃発の翌年、新京（長春）にあった満州国陸軍軍官学校を成績優秀で卒業し、皇帝・溥儀《ふぎ》（ラストエンペラー）から金時計を授与されたとされる岡本実にとって、日本陸軍士官学校での二年間の本科教育の体験は忘れようとしても忘れられない体験だったに違いない。ほぼ二〇年の歳月の後、再びかつての皇国の土を踏んだ朴正熙の胸に去来

したのは何だったのだろうか。

もっとも、郷愁に浸ってばかりはいられなかったはずだ。祖国は混乱し、やっと銃剣による平穏を取り戻したばかりだったのであるから。

東京都内の首相官邸での晩餐会に招待された朴正熙は、過去の記憶と未来への野心でいつになく緊張していた。そのとき、岸と朴ははじめて対面する。そして翌日、岸は朴のために午餐会を用意するのであるが、関係者の話を総合すると、朴はあらまし次のような発言をしたようだ。

首相官邸に招待された朴議長　1961年11月、首相官邸の晩餐会で池田勇人首相(中央)と握手する朴国家再建最高会議議長。左端は岸前首相

経験もない私たちには、ただ空拳で祖国を建設しようとする意欲だけが旺盛です。まるで日本の明治維新を成功させた若い志士のような意欲と使命感をもってその方々を模範とし、わが国を貧乏から脱出させ、富強な国家を作っていこうと思います。

この岡本実中尉こと朴正熙国家再建最高会議議長の発言に午餐会の出席者はどんな思いで耳を傾けていたのだろうか。朴正熙の発言は万感胸に迫る思いだった

矢次一夫　戦前は国策研究会事務局長。岸信介の片腕だった

に違いない。敗戦とともに潰え去った王道楽土への郷愁で涙腺がゆるむ感動的なシーンだった。実際、夕方の自らが主催した晩餐会に招待した満州国陸軍軍官学校時代の南雲親一郎元校長を紹介すると、「列席した日本政府高官」は「朴議長の情誼にみんな感嘆」したのである（『朴正煕議長訪米随行記録』）。

それは、権力を掌握した旧植民地国の新たな支配者たちの満州人脈が、その産みの親ともいえる旧宗主国の満州人脈と海を越えて再会し、引き裂かれた紐帯を再び確認し合うセレモニーでもあった。

岸の自尊心をくすぐった真情吐露

このような「帝国の鬼胎《きたい》」ともいうべき満州人脈の「同窓会」は、海峡を越えたブローカーたちの暗躍によって実現されたのである。その奥の院に隠然として座っていたのが、岸信介だった。そして軍事クーデタの首謀者、朴正煕と岸との繫がりは、岸の片腕、矢次一夫《やつぎかずお》と、初代航空幕僚長上村健太郎を介して矢次と刎頸《ふんけい》の友となる柳泰夏《ユテハ》の仲介によるものだった。

駐日韓国代表部参事官などを歴任し、李承晩《イスンマン》大統領の絶大な信頼のもと「李家における執事」といえるような権勢を振るった柳泰夏は、満州人脈をテコに日韓関係を「正常化」しようとする岸にとって、働きかけるべき格好の標的だった。実際、矢次の証言によれば、柳泰夏と戦前、内務省に勤務した経歴のある外務省の金東祚《キムドンジョ》が、日韓ルートの韓国側のブローカーとして活躍することになった。

わずか三〇時間の日本滞在の間、朴は池田勇人首相や岸などと日韓国交正常化について公式・非公式の会談を行い、石井光次郎・日韓問題懇談会会長や大野伴睦《おおのばんぼく》自民党副総裁らと精力的に面談した。そのときの様子について岸は次のように回想している。

私が一番最初に朴正熙氏に会ったのはまだ大統領になる前です。軍事革命ができあがった直後に日本を訪れた時ですよ。朴正熙が言うには、自分たち若い陸軍の軍人が軍事革命に立ちあがったのは救国の念に燃えたからだが、その際に日本の明治維新の志士を思い浮べたというのです。あなたの先輩の吉田松陰先生や高杉晋作、久坂玄瑞《くさかげんずい》などという人々のつもりでやったと。けれども実際若いし軍人だから政治のことはわからない、いわんや経済問題はわからない。ところが韓国の政治界にも財界人にも自分の利益だけ追求していて、国という考えがない。だから彼らに相談しても国の建設ができないので、あなた方日本の政治家の意見も聞きたい。そのためにはまず国交を正常化しなくてはいけない、とい

岸と会食する朴議長　都内の料亭で側近に囲まれ向きあう岸信介（右列中央）と朴正熙（左端）。『朴正熙議長訪米随行記録』（1962年、国家再建最高会議公報室）より

うわけですよ。（岸信介・矢次一夫・伊藤隆『岸信介の回想』）

曾祖父佐藤信寛《のぶひろ》を通じて長州の維新群像を身近に感じていた岸にとって、朴の発言は岸の自尊心をくすぐる健気《けなげ》な真情吐露に思えたに違いない。さらに、関東軍の絶大な権力を背景に、農業国であった満州に重化学工業を根づかせようと腐心したかつての商工次官（岸）にとって、朴の抱えた問題は自らの経験と重なり合い、貧弱な農業国の韓国に満州国の残映をみる思いがしたのではないか。

確かに岸の慧眼は、韓国の経済が抱えた問題の本質を突いていた。次のような岸の回想には、満州での試行錯誤とその経験が投影されている。

朴大統領に一度言ったことがある。満州における私の経験から、どうも経済問題ということね、すぐ近代的な産業を興し、最もすすんだ技術と設備をもつ魅力があるように思う。

だが金さえあれば技術も設備もできるんだ。しかし、本当に産業を興すにはやっぱり下草が必要なんだ、と。そういう意味においては韓国で大事なのは農業だ、農村がしっかりしてないとうまくいかないだろう、と。実際、満州で軍人の希望によって飛行機工場だ、製鉄業だとやったけれども、満州では農村問題を本当に親身になってやっていれば、うまくいったろう。（『岸信介の回想』）

満州の未完の革命を実現した開発独裁

朴正熙が突然の死を迎えた年の二年後、岸は独裁者の経済政策の成功を最大の功績として高く評価している。「あんなにうまくいくとは実は思わなかった」と、半ば驚きの言葉を洩らしているほどであるから、韓国の開発独裁の成果は岸の予想を上回っていた。

見方によれば、軍事政権による国家主導型の重化学工業化と軍需産業の育成は、満州国で岸たち少壮の革新官僚たちがやろうとして果たせなかった夢を実現したともいえる。岸の目には、満州国の最大の宿痾《しゅくあ》であった農業問題を、朴の韓国はセマウル（新しい村）運動によって乗り切ったようにみえた。

岸が韓国に注いだ眼差しは、反共主義的な同盟関係の構築という目前のリアルポリティクスによって彩られていた。だが、それだけではなかった。そこにはもうひとつ、満州国の未完の革命を、朴正熙の韓国が実現しつつあるという期待があった。そしてそれは現実のものになったのだ。

もちろん、海を越えた満州人脈は、反共の大義や満州国へのノスタルジーだけで繋がっていたわけではない。そこには、アンダーグラウンドなチャンネルも含めて、リベートやコミッションなど、腐敗と癒着の人脈図が張りめぐらされていた。海を越えた利権のループが日韓の満州人脈をとおして成り立っていたのである。その中心にいたのは、いうまでもなく朴であり、岸だった。

とくに、岸は浦項《ポハン》綜合製鉄所やソウル地下鉄建設さらに日韓大陸棚石油共同開発など、主だった日韓の巨大プロジェクトの利権に介入していたといわれている。そこには、「満州国の夜の帝王」と恐れられた甘粕正彦《あまかすまさひこ》や「阿片王」里見甫《さとみはじめ》ともただならぬ関係をもち、阿片などの専売法や特殊会社を手がけたといわれる岸の影の部分が映し出されている。

若き日の「妖怪」と独裁者

未曾有の混乱の「全般的危機の時代」

「妖怪」と揶揄《やゆ》され、独裁者と恐れられた岸と朴は、それでも昭和の日本と解放後の韓国に消しがたい刻印を残した。彼らは、それぞれの国民を時には思うがままにひとつの色に染め上げようとしたのだ。

しかし、「妖怪」と独裁者といえども、「時代の子」であることには変わりはない。その意味で彼らもまた、ある時代の色に染まっていたのだ。

まるでひっくり返った缶からペンキがどっと降り注ぐように、彼らを強烈な色で染め上げた時代、それは一九二〇年代から三〇年代の「全般的危機の時代」であった。それは、危機の政治学・憲法学者カール・シュミットの言葉を使えば、「例外状態」の常態化ともいえる未曾有の混乱の時代だった。

ロシア革命　1917年の10月革命で、冬宮に進軍するボリシェヴィキ（再現映像）

岸が東京帝国大学に入学した一九一七年（大正六）、ロシア革命が勃発し、そしてこの年、朴正熙は植民地の寒村に産声を上げた。さらに、岸が商工省の気鋭の官僚として頭角をあらわし始めた三〇年代初め、満州事変から満州帝国の成立、さらに植民地を巻き込んだ戦時体制へと、帝国・日本はまるで憑《つ》かれたように戦争への坂道を転げ落ちていった。

この時代に多感な思春期を送った朴正熙は、岸とは正反対の、貧しい植民地の一青年に過ぎなかった。やがて師範学校を卒業し、初級教師の職を経て満州国陸軍軍官学校へと進み、満州国軍中尉となって敗戦を迎えることになる。

鬱勃《うつぼつ》たる野心を抱きながらも、立身への道を塞《ふさ》がれていた植民地の青年にとって、満州は、出世への階段を約束してくれる新天地に思えたに違いない。そして革新の意気に燃えるエリート官僚にとって、満州国は、自らの描く国家構想を実現できる格好の「実験場」のように映ったのではないか。

国家改造運動に魅了されて

血生臭いテロと夥《おびただ》しい殺戮が繰り広げられ、剝き出しの暴力が乱舞し、同時に理想国家建設の夢が人々の心を鷲づかみにした時代。それが若き岸と朴の時代であったとすれば、彼らに終生消えることなく残り続けた時代の刻印とは何だったのか。

それは、「世界歴史上に最も重大なる時期を画すべきヨーロッパ戦争の勃発」とその結果がもたらすドラスティックな変化を意味していた。満州国における岸の計画的・統制的経済政策に一斑の影響を与えたに違いない大川周明《おおかわしゅうめい》の言葉を借りれば、未曾有の世界戦争を通じて経済的には資本主義が急激迅速に発展し、それにともなって俄然《がぜん》、社会問題が顕著になり、社会運動の台頭が国家の存続を危うくする時代が到来したのだ。

とりわけ、大川らに衝撃を与えたのは、ロシア革命の翌年に頻発した米騒動だった。日本がシベリア干渉戦争にのめり込もうとしているとき、米価の高騰に端を発した暴動が全国に広がったことは、日本国家の屋台骨を揺るがすほどの一大事に映ったのである。それに第一次世界大戦後のデモクラシーやマルクス主義の台頭が折り重なり、帝国・日本はこれまで経験したことのない危機に襲われているようにみえた。

しかも、疾風怒濤《しっぷうどとう》の波濤《はとう》は、外からも押し寄せつつあった。「大戦に伴えるロシアの共産主義革命、独墺両帝国の崩潰《ほうかい》、スペインの革命、イタリアのファッショ独裁等が社会改造の気運を全世界に激成し、いやしくも文化の花咲くところ改造運動を見ざるはなき」（「五・一五事件調書」）に至ったのである。さらに、その後、植民地帝国を震撼させた三・一独立運動や北京大学を中心とする五・四運動が起こり、帝国・日本の足許にも大戦後の「狂瀾怒濤《きょうらんどとう》」の波が押し寄せるようになった。ここに国家の内外、上下に及ぶ激烈な動揺に対して、改造運動が新たな装いのもとに登場し、昭和維新とともに「アジア主義」的な対外膨張が澎湃《ほうはい》としてわき起こってくることになるのである。

大川周明、満川亀太郎《みつかわかめたろう》、北一輝《きたいっき》を三位一体とする猶存社《ゆうぞんしゃ》は、まさしくそうした改造運動を担う特異な団体のひとつだった。頭山満《とうやまみつる》・内田良平《うちだりょうへい》の黒龍会、上杉慎吉《うえすぎしんきち》・高畠素之《たかばたけもとゆき》の経《けい》

大川周明　アジア主義を掲げ、猶存社で改造運動を展開した

綸《りん》学盟と並んで、右翼運動の三大潮流をなした猶存社には、鹿子木《かのこぎ》員信《かずのぶ》、安岡正篤《やすおかまさひろ》、笠木《かさぎ》良《よし》明《あき》らが同人として名を連ね、国家改造と昭和維新の培養器のような様相を呈していた。

吉田松陰的な「「君臣一体」の皇国思想」を国家思想の核としながら、「長州の維新的気候（クライメット）」のなかで人格形成を遂げ、「家格に相応しい立身栄達」の野心に燃えた帝大生（岸信介）は、あたかも強力な磁力で引きつけられるように、この猶存社の革新的国家改造とアジア主義的なスローガンに魅了されていく。

「魔王」北一輝との運命的な邂逅

帝大で神がかり的な国粋主義を鼓舞していた上杉慎吉に私淑《ししゆく》しつつも、その天皇絶対主義に飽き足らなかった岸を引きつけたのは、北一輝だった。岸自ら「火花が散ったような、パアーッと一度だけだけれど、非常に強い印象を焼きつけられたのは北一輝です」と語っていることからわかるように、北は岸の脳裏に焼きついたまま、終生、ずっと生き続けた昭和維新の革命的先駆者だった。

それでは、若き岸信介は、「魔王」と呼ばれた北一輝の何にそれほどまでに魅了されたのか。それは、後の革新官僚のリーダー・岸信介誕生の「産婆役」とみなされるほど決定的な意味をもっていた。

鋭利な頭脳の持ち主の帝大生（岸信介）にとって、東大助教授・森戸辰男の論文が危険思想の宣伝だとして、森戸らを糾弾し休職に追いこんだ「森戸事件」（一九二〇年）で顕在化した師・上杉慎吉率いる興国同志会のファナティックなまでの国粋主義には強い違和感があった。彼らの極右翼的な森戸排斥の動きに飽き足らなかった岸は、やがて猶存社で「魔王」と運命的な邂逅をすることになったのである。

岸が夜を徹して筆写したという北の『国家改造案原理大綱』は、超国家主義のバイブルであり、社会改革＝国家改造の道しるべを明示しているように思えた。後に岸は、「『日本改造法案』は最初社会主義者であった同氏の国家社会主義的な考えを中心として、一大革新を我が国体と結びつけたもので、当時私の考えて居た所と極めて近く組織的に具体的に実行方策を持ったものである」と回顧している。

上杉慎吉　国家主義的憲法学者として、天皇機関説を批判した

北一輝　クーデタによる国家改造を主張、行動派将校に影響を与え、二・二六事件首謀者として処刑される

星野直樹　満州国国務院総務長官、第二次近衛内閣国務相・企画院総裁、東条内閣書記官長などを歴任

明らかに北の独創的な日本改造のヴィジョンは、後に革新官僚の頭目とみなされる若き岸の思想と心情を鷲づかみにするほどの魔力を秘めていたのだ。

革新官僚とみなされたグループを世代的にみるならば、彼らは、岸がそうであったように、だいたい第一次世界大戦後から大正末にかけて帝大を出、新人会や共産主義の全盛期に学生生活を送っている。

革新官僚中の錚々《そうそう》として知られた星野直樹の大学卒業が大正六年（一九一七）、岸が大正九年（一九二〇）、電力国策要綱私案で有名な奥村喜和男《おくむらきわお》が大正一四年（一九二五）、美濃部《みのべ》洋次《ようじ》、迫水久常《さこみずひさつね》らが大正一五年（一九二六）である。

企画院を根城に軍部幕僚層と結びついて高度国防国家への改造を担う、これら革新官僚グループに共通しているのは、若き日の彼らが、「一般的風潮としてのマルクス＝レーニン主義的な社会科学の影響」のもとにあったということである。このことは、彼らがもはや、明治国家以来の伝統的な国体思想や神がかり的な国粋主義あるいは蓑田胸喜《みのだむねき》的な「観念右翼」思想にも飽き足らなかったことを示している。

魂を揺さぶる国家社会主義構想

彼らは、「歴史と時代とを社会科学的に分析する素養」を身につけ、世界史的な「全般的危機」に対応する「全機構的把握主義」の思考様式に慣れ親しんでいたのだ。つまり、彼らにとって、個々の人間から独立し、独自の法則のもとに運動を遂げる社会の構造あるいはそのメカニズムを把握し、そのエンジニアリング的な指導を行うこと、これこそ、全般的危機に対応する新しい政治の幕開けを意味していた。

後年、「反共の闘士」として名を馳せた岸は、幾度となく、マルクス主義や共産主義にいかれることはなかったと断っているが、岸が北の『法案』に我が意を得たりと頷いたのも、若き岸のなかに「全機構的把握主義」的な思考が目覚めていたからではないのか。岸は、「魔王」の封印を解くことで、社会主義と背中合わせの地点にまで突き進んでいたのである。もちろん、社会主義は社会主義でも国家社会主義という「魔物」だった。

北の『法案』が岸の魂を揺さぶるほど衝撃的だったのは、それが何よりも日本の国家改造と「アジア経綸」をはじめて結びつけたことである。岸の場合、後者の「アジア経綸」は、後の大川周明の大アジア主義の影響を通じて具体的に肉付けされていくことになるが、国家改造と対外膨張論の一体化した国家社会主義の構想は、岸に圧倒的な衝撃を与えずにはおかなかった。

さらに北の『法案』がユニークだったのは、それが全面的な国体論の否定の上に天皇の存在根拠を、近代的な意味での国家哲学の上に位置づけ、他方で国民を臣民の軛《くびき》から解き放って近代的な意味での「ネーション」として位置づけたことにあった。こうして北は、明治欽定憲法にあるような主権者・天皇の統治対象としての国民＝「天皇の国民」を、天皇と国民が国家の最高機関をなす「国民の天皇」へと逆転させ、この結論を新しい統合原理に据えようとしたのである。

さらに何よりも北を「魔王」的な存在にしたのは、『法案』があたかも「暴力の福音」を説くように、「天皇大権に基づく国民の直接行動、テロリズムをともなうクーデタ」による国家改造を企てようとしていたことである。

このような北の独創的な国家改造の具体的なプランが、岸に大学のアカデミズムにはとうてい望みえないような、時代と社会の「全機構的把握主義」を喚起したことは間違いない。

とはいえ、岸は、北の思想に鼓舞されて捨て身のクーデタを敢行するような青年将校的な志操の持ち主ではなかった。また昭和初期のテロリズムの先駆者となった朝日平悟《あさひへいご》や中岡艮《こん》一《いち》のような「生半可なインテリ」たちの感傷主義的なロマンチシズムとも無縁であった。岸の頭脳は冷徹であり、また臆病なほどに慎重だった。岸は、彼らとは違って、国家の枢要、その官僚機構のなかに身を投じ、「巨大な戦争国家の目的に能動的に参加する」「クリエーテイヴ・エンジニア」の道を選ぶことになるのである。

岸は、ある意味で北一輝や大川周明、鹿子木員信らの忠実な「使徒」であった。ただし、彼は、超国家主義の「教父」たちとは違って、国家機構を改造し管理するテクノクラート的指導者へと転身していくのである。

対照的な出生と零落した家庭

それでは朴正熙の場合はどうであったか。岸が、佐藤一族という誉れ高い血縁共同体を足がかりに、恵まれた帝大生として、さらに少壮官僚として帝国のエリートへの道を駆け上っていったとすれば、朴正熙の青少年時代は暗く沈んだ空気に包まれていた。老いさらばえたような植民地・朝鮮の寒村に、誰からも望まれずに出生した朴正熙は、その生い立ちから岸信介とは余りにも対照的だった。

五男二女の末っ子として、母・白南義《ペクナムウィ》が四〇代のときに生まれた朴は、妊娠を恥と思った母によって危うく流産の憂き目に遭うところだったという。武科（朝鮮王朝の武官選抜試験）に合格したとされる父・朴成彬《パクソンビン》は、東学農民運動（一八九四年）への参加があだとなって零落し、酒に溺れ、経済的にも無能な家長であった。後に朴正熙が聞慶《ムンギョン》普通学校教師になってからも、朴成彬は度々、息子に無心をしているほどであるから、朴正熙にとって父が誇らしい存在でなかったことは間違いない。

このように岸と朴の間には、天と地ほどの開きがあった。

多感な青少年期の朴正熙のなかに貧困と懶惰《らんだ》、無気力と事大主義への強い嫌悪感が植えつけられたとしても不思議ではない。後の独裁者の胸に刻み込まれたのは、植民地の、そしてそのなかでも貧しい農村の屈辱と悲哀と辛さではなかったか。軍事クーデタの後に国家再建最高会議議長として朴が指し示した「韓民族の進むべき道」のなかには、幾度となく「貧困からの解放」が力説されている。そのために、過去の民族史の「悪遺産」と「日帝植民地根性」を清算し、人間の革命による社会の再建と「国民道」を確立すること、これがクーデタを指導する「革命的」軍人のメッセージだった。

満州は立身出世の別天地

しかし、すでに明らかなように、一九一七年（大正六）生まれで、敗戦時二八歳だった朴正熙は、まさしく日本帝国の影響そのもののなかで育った世代に属していた。

第二次朝鮮教育令と京城帝国大学開設さらに普成専門学校や延禧専門学校の拡充など、一九三〇年代に青春期を迎えた彼らには、相対的に立身出世のチャンスが開かれていたのだ。そして満州こそ、後に述べるようにそうした植民地の青年たちを引きつける「ニュー・フロンティア」あるいは「東洋のエルドラド」とみなされた。とすれば、ほかならぬ朴正熙こそ、「日帝植民地根性」を濃厚に引き継いだ人物だったともいえる。だが、それにもかかわらず、いや、それだからこそ、「日帝流」の「潔い清算」を声高に繰り返し力説しなければならなかったのである。

それでは、青年・朴正煕を満州に誘ったものは何だったのか。

朴青年が、植民地師範教育を担った大邱《テグ》師範学校へ入学したのが、時あたかも満州帝国誕生の年だった。そして日中戦争勃発の年、朴は聞慶《ムンギョン》普通学校で「訓導（初等教師）」に就任し、やがて太平洋戦争の前年、満州国陸軍軍官学校（新京）に入校し、明くる年、高木正雄（後に岡本実に改名）と名乗るようになるのである。

明らかに、朴正煕は、三〇年代から四〇年代の総力戦体制期に「内鮮一体」と「鮮満一如」のはざまで「帝国的主体」へと変貌を遂げた典型的な植民地青年だった。

満州国の成立を契機とする植民地・朝鮮内の「満州ブーム」については後述するが、日中戦争勃発以後、朴正煕青年にとって、満州は「テキサス的な熱気」にあふれた「中国版エルドラド」のような立身出世の別天地に思えたに違いない。

大邱師範学校時代の朴『朴正煕 韓国近代革命家の実像』（趙甲済、亜紀書房）より

実際、師範学校や初等教師時代には冴えなかった朴青年も、満州国陸軍軍官学校を成績優秀で卒業し、卒業式では卒業詞を朗読、満州国皇帝・溥儀から金時計を授与されるほどの軍人に変身していたのである。

陸軍士官学校から八路軍討伐へ

すでに一九三九年（昭和一四）、南次郎《みなみじろう》朝鮮総督は、「国民精神総動員役員総会」で、「満州にある内鮮人は等しく大日本帝国の臣民であると同時に満州建国の民族協和の趣旨に基づき満州国の人民である」と規定していた。朝鮮人を「満州国人民」であり、「日本帝国の臣民」であるとみなすことで、南は、「内鮮一体」原則の満州国における確立と誇ったのである。そしてこれに呼応するかのように、同じ年、満州国では「陸軍軍官学校令」と「陸軍軍官学校規則」が公布され、奉天の満州国中央陸軍訓練処（奉天軍官学校）を廃止して新京に四年制の軍官学校が建てられ、新京軍官学校と呼ばれるようになったのである。

太平洋戦争の翌年、その新京軍官学校予科課程を優秀な成績で卒業した朴正熙は、まもなく日本陸軍士官学校に進学し、二年間の本科教育を経た後、第五軍管区隷下の歩兵第八団へと配属され、華北地方熱河省半壁山に駐屯し、中国国民革命軍第八路軍第一七軍団の討伐に勤務することになる。敗戦（解放）のほぼ一年前のことであった。

中尉にまで登り詰めた朴正熙が、どのようにして敗戦を迎え、やがて満州国軍出身者のひとりとして韓国軍の創軍に際して中心的な役割を担うのか、そのプロセスについては後述する。それは、あたかも「帝国の鬼胎《きたい》」たちが、冷戦を奇貨として反共の名のもとに復活を遂げ、やがて分断国家・韓国のなかで権力の中枢への道を駆け上っていくプロセスの始まりを意味している。あたかも「戦犯」となった岸にとって、米ソ対立と冷戦が幽囚《ゆうしゅう》の日々から解放してくれる「好機」であったように、朴にとっても、冷戦と分断は、「親日派軍人」の暗い過去をかき消してくれる「僥倖《ぎょうこう》」であった。

こうして、朴正煕の忠誠の構造は、日本帝国から分断国家へと転移し、激烈な生き残りに向けた闘争を駆動していくことになるのである。満州国軍のなかで一方では日本人や満州人（中国人）と競争するとともに、他方では東北抗日聯軍《れんぐん》や八路軍の討伐にあたり、やがて朴正煕は、生存と出世のための果敢な行動力と政治的処世術を身につけていくことになった。権力は銃口から生まれるというニヒリスティックな心情と政敵に対する強烈な敵愾心《てきがいしん》、そして苛烈な弾圧も厭《いと》わない軍政支配を恣《ほしいまま》にした「独裁者」。そのルーツが、そうした満州国軍人の過酷な体験のなかから醸成されていったことは間違いない。

第二章　帝国のはざまで

満鮮一体への道

「生命線満蒙を守れ」

中国の東北四省（吉林省、黒龍江省、奉天省、熱河特別区）を日本帝国の「特殊権益」の土地として、半ば「聖地」のように語る国民感情は、突然として降って湧いてきたのではない。「満蒙問題」を語ろうとするとき、常に枕詞のように人口に膾炙《かいしや》したのは、「十万の生霊、二十億の国帑《こくど》」であり「明治大帝の御偉業」だった。

満州に関する日本帝国の利害関係が、「特殊権益」として語られた経緯について、植民政策学者の矢内原忠雄《やないはらただお》は、「満洲問題」のなかで次のように指摘している。

特殊権益なる概念には上述の三点、即ち接壌地域としての重要性、既投経済的利益の列国に比して特に大なること、並に政治的特殊地位の要求を包含する。之等《これら》は日露戦争以来、我国の伝統的主張であったが、殊《こと》に近年世界的不況の中に我国民の経済的社会的再組成が行き悩むや、その圧力は人口問題殊に農村過剰人口の問題として現はれ、歴史的にも地理的にも接壌地域たる満州に対しては既投の権益防衛のみならず、我国民発展の為めの独占的地域としての意義をば積極的に再認識するに至った。かくて満州は生命線なりとのスローガンを生じ、個々の条約上の権利若《もし》くは利益にあらずして一般に満州そのものが我国の特殊権益として見らるるに至った。ここに於《おい》て特殊権益擁護の主張は極点に達したのである。

「日中間の各種の条約上、慣行上の利権や民族間の対立抗争さらにワシントン体制による羈《き》

石原莞爾　関東軍参謀本部作戦部長。板垣征四郎らと満州事変を起こす

松岡洋右　国際連盟総会首席全権の時、満州国否認の採決に抗議し、退席した。満鉄総裁、外相を歴任

絆《はん》などが絡み合って複雑に結ばれた満蒙問題というゴルディアスの結び目」（山室信一『キメラ――満洲国の肖像』）を一刀のもとに切断したのは、関東軍参謀・石原莞爾《いしわらかんじ》らの「満蒙領有論」であり、そのための満州事変だった。それは、国民の「消極的なる権益防禦」意識を、「積極的なる「民族発展」」意識に転換させる決定的なモメンタムとなったのである。

このような明瞭な「帝国主義的性質」をもった武力行使を、振り子が突然、片方に揺れるように、雪崩を打って熱烈に支持したのは、産業化された大衆的メディアであり、それに煽られた国民だった。いまや、帝国がひとつの流行になり、それがマス・メディアの重要な関心事となったのである。

その場合、新聞やラジオ、書籍や雑誌、映画やレコードなどが、大量に、そして何度も反復して伝えようとしたスローガンは、「生命線満蒙を守れ」だった。

「生命線」というキャッチフレーズは岸の叔父であり、外務大臣となる松岡洋右《まつおかようすけ》が、一九三一年一月の議会演説で明らかにした用語であるが、瞬く間に好戦的愛国主義を掻き立てるキーワードとなった。それは、「日本と満州国との有機体的な結合感」をイメージさせる「マジック・ワード」として広く人口に膾炙《かいしゃ》するようになったのである。

「帝国日本」を誕生させた日露戦争

「生命線」というスローガンは、三〇年代の帝国の新たな神話を形成するうえで、最も魅力的な言葉だった。それは、以前とは違う新たな要素を古い物語に同化させ、帝国のイデオロギーの再構築にふさわしい役割を果たすとともに、満州国という「王道楽土」の理想を描く余地を与えたからである。

言い換えれば、「生命線」は、「多くの共鳴をともなう隠喩」のように、「帝国の過去に対する公の記憶を効果的に掻き立てると同時に、現在の経済的不安定さにも効果的」だった。こうして「満州を生命線として構築することで、過去と現在とをつなぎ合わせ、帝国のイデオロギーという既存の布地に新たな図が織り込まれた」（L・ヤング『総動員帝国』）のだ。「帝国の過去に対する公の記憶」、それは満州のために犠牲となった「十万の生霊、二十億の国帑」を指していたことはいうまでもない。この意味で日露戦争は、まさしく先の矢内原の指摘にあるとおり、「特殊権益」という国民的合意の醸成に決定的な影響を与えたのである。この戦争の記憶こそ、日本国民が帝国をナショナル・アイデンティティの一部とみなし、その栄光を言祝《ことほ》ぐようになる、国民的イメージの源泉だった。

岸のなかに、それがどれほど拭いがたい帝国のイメージとして生き続けたかは、次のような幼年期の思い出をみれば明らかである。

明治三十七年、八年の日露戦役についてはいろいろな思い出がある。いちばん印象に残るのは三十八年一月一日の旅順陥落であった。各戸に国旗を立てたのはもちろんだが、岸田区の奉祝の催しのため「いのえだ」の下の田へ旗さおを立て万国旗を引回した。戦死者の葬儀には小学生生徒は行列して参加した。このときはみんな、あんぱんかまんじゅうをもらった。また、平和回復後は勲章や従軍記章を胸間に輝かしてがいせんしてきた兵隊さんたちを万歳を唱えながら迎えた。(岸信介他『私の履歴書――保守政権の担い手』)

この岸の思い出は、ごく普通のありふれた田舎の光景だったに違いない。日露戦争をきっ

日露戦争の旅順攻囲軍　28サンチ榴弾砲による攻撃

満州軍総司令官の凱旋　新橋駅の凱旋門を行進する光景

かけに老若男女を問わず、国民は日本とは「帝国日本」のことであり、日本という国家の生存は「帝国の領有」にかかっており、日本は自衛のために領土を拡大してきたのだと考えるようになったのである。それは、明治二三年、「東洋政略」のために「主権線」（疆土《きょうど》）の守護と「利益線」の防衛を訴えた山県有朋《やまがたありとも》の「外交政略論」がたどり着いたひとつの帰結だった。

帝国拡大のフロント・満州

この最初の帝国議会での施政方針演説で、山県は、「我邦、利益線ノ焦点ハ実ニ朝鮮ニ在リ」と断言したが、日露戦争は韓国支配をめぐる日本とロシアの争いであった。

しかし奇妙にも日本は戦争の結果として「韓国という植民地を獲得したのだということを忘れ」、「一九三〇年代には、個人的にも国家的見地から見ても測りしれないこの過去の犠牲に対する唯一の報酬を構成しているのが満州であると感じ」（L・ヤング、同前）るようになったのである。

いまや、植民地・朝鮮は、山県の言葉を使えば、事実上「主権線」となり、帝国拡大のフロントである満州さらに「満蒙」が、「生命線」として帝国の最大の関心事になったのだ。そして「帝国安危ノ繋ル所」である「韓国」（「露国ニ対スル宣戦ノ詔勅」）は、満州と一体となった「満鮮」としてより広域的な帝国の空間のなかに位置づけられるようになった。

朴正熙のような青年たちが、後に「被支配民族」から「帝国的主体」へと変貌を遂げ、満州に活躍の夢を託そうとしたのも、こうした帝国・日本の同心円的な拡大がもたらした「余沢」だった。

ただ、満州事変の間接的な導火線になった万宝山《まんぼうざん》事件や、在満朝鮮人の貧窮や流浪、「東洋鬼子」（＝日本人）に次ぐ「二鬼子」としての彼らのアンビバレントな境遇など、帝国のはざまで呻吟《しんぎん》する在満朝鮮人の存在は、「内鮮一体」と「五族協和」の虚妄と実在の入り交じった複雑な歴史を浮き彫りにしてくれる。この「満州国の重要な構成分子」であった在満朝鮮人を無視しては満州国の肖像は描けないといっても言い過ぎではない。

にもかかわらず、多くの帝国臣民（日本人）には、植民地・朝鮮は、満州さらに「満蒙」が「生命線」とみなされることで、半ば忘れられ、半ばしっかりと記憶され続けてきたといえる。この両義性を語る心象地理（imaginative geography）こそ、「満鮮」にほかならない。

地誌から実業本まで「満韓」ブーム

地理的な空間は、確固不動の実体ではなく、多分に、発見され、想像され、新たに創出されていく概念である。二〇世紀初頭の、日清戦争に勝利を収め、朝鮮半島から満州へとそのウィングを広げつつあった新興帝国の眼差しは、やがて「満鮮」という地理的表象を産み出すことになったのである。その決定的なきっかけになったのは、日露戦争だった。この戦争に前後して、「満韓」という地理的空間にかかわるさまざまなジャンルの実業本や手引書、旅行案内や地誌、歴史書の類いが堰を切ったように溢れ出し、多くの日本臣民が、国家の生存は、帝国の領有にかかっていると考えるようになった。

　日露戦争前後だけでも、「時事新報満韓地図」「黒龍会編纂満韓新図」「日満韓三国地図」「日露満韓新地図」「実測踏破満韓大地図」「最近世界大地図（附満韓戦局地図）」さらに「最新満韓地図」「新撰満韓全図」「満韓全図」「小学樺太満韓地理」「満韓大地図」など、枚挙に遑《いとま》がないほどの地誌や地理書が市販された。そこには、軍事戦略や作戦、行軍と密接に関連する地形や地勢、気象や人文、産業や物産などの情報が満載され、空前の「満韓」ブームを巻き起こしたのである。

「最新満韓地図」の表紙　明治39年（1906)発行

　このような地政学的な知識や情報は、実際の「満韓」の領有の過程を通じて、帝国をナショナル・アイデンティティの一部とみなす国民的なコンセンサスを助長した。そして「満韓」は、たんなる地政学的な知識にとどまらず、そこに足を踏み入れ、その資源や物産、住民を統治管理する「経営」の対象になったのである。

数々の実業本や手引書、調査報告の類いは、このような脈絡のなかから生まれた。「韓国成業手引」「韓国成業策」「韓国実業私見」「渡韓のすすめ」「韓国成功法」から「満韓蚕糸業調査事項報告書」「満韓開務鄙見」「清韓視察復命書」「最近調査満韓之富源」「満韓実業報告書」に至るまで、遠い地図上の地との結合感が深められていったのである。

「満韓経営の北進」を打ち出す国防方針

このような趨勢は、一九〇七年（明治四〇）に制定された「帝国国防方針」によって一層弾みがつくことになった。それまでの「北守南進」を転換し、「南北併進」を唱える「国防方針」は、「満韓・沿海州方面における日本の権益の拡張」をはっきりと掲げることになる。この「満韓経営の北進」と「アジアの南方に日本の利権を扶植していく南進」を、「国防方針」の「基本方針」は次のように打ち出している。

> 国権ヲ拡張シ国利民福ヲ増進セント欲セハ世界ノ多方面ニ向テ経営セサル可《べ》カラスト　就《なかん》中《ずく》明治三十七八年戦役（日露戦争——引用者）ニ於《おい》テ幾万ノ生霊及巨万ノ財貨ヲ以テ満州及韓国ニ扶植シタル利権ト亜細亜ノ南方　竝《ならびに》太平洋ノ彼岸ニ皇張シツツアル民力ノ発展ト

ヲ擁護スルハ勿論益々《ますます》之ヲ拡張スルヲ以テ帝国施設ノ大方針ト為サザルヘカラス

こうした「国防方針」の国家戦略の転換は、やがて「韓国併合」(一九一〇年)とともに、民間のなかにも「満鮮」を統一されたひとつの地域として捉える傾向を助長していった。

例えば、日露戦争をきっかけに朝鮮実業協会の機関誌として発刊された『朝鮮之実業』は、同協会が満韓実業協会と改められると、『満韓之実業』と改題され、「満韓併研」を積極的に推進していくことになる。その趣旨は「韓国の富源開発は満州連絡によりて、更に一段の妙趣を極むべし、朝鮮より満韓となり、東洋となり、欧亜となる、須《すべか》らく時世に随伴」することにあった。

この「帝国国防方針」と同じ年に発表された「満韓併研」の趣旨説明にもみられるように、「満韓」はより広く「東洋」へ、さらには「欧亜」へと拡大していく統一的な地域概念のイメージとして捉えられるようになったのである。

この数年後、韓国併合によって大韓帝国が朝鮮に改められ、「満韓」も「満鮮」となって朝鮮と満州が不可分になり、それが既成事実になると、地理学と歴史学の成果をもとに「満鮮史」が誕生し、その成果は、学会やメディア、ジャーナリズムや小説、紀行文や旅行などのさまざまな体験を通じて、帝国臣民の日常意識のなかに霜が降りるように人口に膾炙していくことになる。

白鳥庫吉、夏目漱石の果たした役割

この意味で、白鳥庫吉《しらとりくらきち》を中心とする東洋史学の創設は、決定的に重要な意味をもっていた。「往年の英領印度における東印度会社にも似た植民地経営の一大国策会社としての実力と権威」を備えた満鉄（南満州鉄道株式会社）の初代総裁、後藤新平のもと、満鉄内の「満鮮歴史地理調査室」を根城に、「満鮮」の地政文化的な歴史研究の成果を生み出した白鳥たちの東洋史学は、「満鮮」という地理的表象と帝国による経営とを繋ぐ蝶つがいの役割を果たしたのである。

この自覚は、日露戦争たけなわの頃の次のような白鳥の述懐によくあらわれている。

自分には欧州遊学中の所感が益々《ますます》強くなり、東洋の研究は東洋人が率先して事に当たらねばならぬという信念が益々深まった。しかし、実際の状態を見ると、そういう研究は大概既に西洋人に先鞭をつけられて居って、日本人の新に手を下すべき所は殆《ほとん》どない。ただ茲《ここ》に一つ残された部分がある。それは即ち現に戦争の行われているところ、また戦争の動機を作ったところ、そうしてまた将《まさ》に日本の勢力の下に帰せんとしているところの満韓地方である。……この地域は戦争によって新に生じた政治的形勢からも、日本人があらゆる方面について根本的な学術的研究をしなければならないところなのである。（『白鳥庫吉全集・第一〇巻』）

朝日新聞社が火つけ役となった「満韓旅行ブーム」の「空前の壮挙」も、こうした「形勢」と軌を一にしていた。いかに「満韓」が、「国運を賭し」「国運民命をかけて」守り、育ててきた「日本の聖地」とみなされるようになったかは、言論機関の「満韓視察」のイベントのなかにも赤裸に語られている。「満韓の港湾山野は我忠勇なる海陸将士の血戦力闘して以て帝国の武威を発揚したる所、思ふに親しく之《これ》に就《つ》いて戦跡を弔し忠魂を慰し、併せて我が皇威の那辺《なへん》に及べるかを視察せん」（『東京朝日新聞』一九〇六年六月二二日）。

白鳥庫吉　近代東洋史学の確立者。1904年、東大新設の東洋史学科教授となる

『朝日新聞』に連載された夏目漱石の紀行文「満韓ところどころ」も、このような「戦跡巡拝」ムードの高まりと無縁ではなかった。旧友の二代目満鉄総裁、中村是公《なかむらこれきみ》の招きで、旅順、大連、ハルビン、長春、奉天などを歴訪し、奉天からさらに平壌、京城、仁川、開城などを訪れた漱石は、個人的な思い出などを交えながら、その現地見聞の様子を点綴《てんてい》していった。日本の帝国的な「聖地」となりつつある場所を屈託なく紹介するには、漱石という個性は余りにも強烈すぎて、必ずしもその「案内役」になっている

わけではない。しかし、それでもこのような紀行文が、後に国民的作家として親しまれる文豪によって連載されるようになったという事実は、「満鮮」という「心象地理」がどれほど日本国民の情念を揺さぶる喚起力をもっていたかを物語っている。

後に満州事変の翌年、一世を風靡《ふうび》することになる「満州行進曲」の一節「東洋平和のためならば、われらがいのち捨つるとも、なにか惜しまんニッポンの、生命線はここにあり、九千万のはらからと、ともに守らん満州を」も、日露戦争後の二五年にわたる帝国領有の歴史のなかから育まれてきたのである。「満韓」さらに「満鮮」は、まさしくその「生命線」にほかならなかった。満州帝国は、このような「満鮮」の土壌の上に聳《そび》える「非公式の植民地」だった。

「亡国の民」の満州

植民地青年の夢を叶えるエルドラド

山室信一は、満州国の肖像を、「頭が獅子、胴が羊、尾が龍という（ギリシア神話の）怪物キメラ」に喩《たと》えているが、このひそみに倣《なら》えば、在満朝鮮人は、前後ふたつの顔をもつローマ神話の神、ヤーヌスにも喩えられるかもしれない。少なくとも、満州国の成立以後、在満朝鮮人は、徹底した同化政策が強制された「公式の植民地」と、建前であれ「五族協和」

を謳った「非公式の植民地」の矛盾と軋轢《あつれき》を強いられたヤーヌスであったといえる。

その強いられたふたつの顔は、後にみるように「内鮮一体」と「五族協和」の相克として顕在化することになるが、それは、韓国併合以来の同化政策と、第一次世界大戦以後の民族自決主義の世界的な潮流のもとに進められた満州侵略の新たな統治とが併存し、牽制し、鬩《せめ》ぎあっていたことを意味している。この意味で、在満朝鮮人は、帝国的拡大が内に孕《はら》まざるをえなかった矛盾と軋轢の結節点に位置していたのである。

しかも、在満朝鮮人の存在をより複雑にしたのは、侵略的拡大を続ける帝国・日本と、国権回復を通じて新国家建設の統一を成し遂げようとする中国ナショナリズムの対立のはざまで、いわば万力で締めつけられるような中間的な存在だったことだ。そうであるがゆえに、一方では満州を拠点とする抗日武装勢力に身を投じる朝鮮人があり、他方には間島《かんとう》朝鮮人特設部隊のように、東北抗日聯軍《れんぐん》の討伐に加わる朝鮮人もいた。朴正煕が、後者の在満朝鮮人のグループに属していたことは既に触れたとおりである。

もちろん、普通の無名の在満朝鮮人たちの圧倒的な多数が、貧しい小作農や零細の商店主や都市細民であったことはいうまでもない。

岸が満州国に乗り込んでいった頃の在満朝鮮人の多くは、「植民地支配からの解放を願い」、「満州国軍のなかの朝鮮人部隊である間島朝鮮人特設部隊への徴兵を忌避しつつ、金日《キムイル》成《ソン》をはじめとする抗日運動の活躍に胸を躍らせ」ながらも、「朝鮮人青年らは社会的向上の場、機会の場を求め、満洲に向かった」(田中隆一『満洲国と日本の帝国支配』)のである。満州は、彼らにとって過酷な現状からはい上がる「新天地」に思われたのである。もっとも、実際には「民族差別と生活難」に苦しみ、朝鮮半島に帰還するか、中国本土へ、さらに東南アジアへと流浪するか、「満州の都市下層社会へと埋もれて」いくか、そのどれかであった。

この意味で、在満朝鮮人は、「既知数の死地」(朝鮮)と「未知数の死地」(満州)の間を彷徨《さまよ》っていたともいえる。

しかしそれにもかかわらず、満州は、立身出世や一攫千金《いっかくせんきん》の夢を叶えてくれる「東洋のエルドラド」として、有為な朝鮮の青年たちを引きつけずにはいなかった。満州国は、ただ日本人の「新天地」であり、「理想国家」であるにとどまらず、皮肉なことに植民地・朝鮮人にとっても、未踏のフロンティアであった。もちろん、そのように強いられた面があったにしても、そのなかに主体的な契機がなかったわけではない。

それでは、そうしたヤーヌスのような二面性をもった在満朝鮮人はどのような歴史を歩んできたのだろうか。高木正雄(朴正熙)も、そのような歴史のなかから生い立った「鬼胎《きたい》」だった。

朝鮮人への統治権を名目に満州進出

朝鮮半島から満州への移住の推移は、ほぼ三つの時期に分けることができる。第一期は、一九世紀半ばから間島協約（一九〇九年）および韓国併合（一九一〇年）までの時期である。第二期は、韓国併合から一九三一年の満州事変、および翌年の満州国建国までの時期である。とくにこの時期で注目すべきは、一九一九年の「三・一独立運動」以後の「文化政治」政策への転換と翌年の間島事件である。第三期は、満州国建国から敗戦までの時期であるが、日中戦争勃発が、在満朝鮮人にとっても大きな転機になっている。

傀儡国家の底辺を支え、同時にその周辺部で公式的な帝国の管轄が及ばない空間を泳ぐ朝鮮人は、満州国、植民地・朝鮮、中国、ロシア、さらに日本本土とも多様な関係を結びつつ、満州国をめぐる歴史に複雑な文様を残すことになった。

ここでは満州国との関係上、在満朝鮮人の背景となる第一期については若干言及する程度にとどめ、第二期と第三期に絞って在満朝鮮人の歴史をみてみたい。

鴨緑江《おうりよくこう》や豆満江《とまんこう》の対岸に広がる満州の地は、すでに一九世紀の後半から、虐政や凶作、飢饉から逃れようとする朝鮮人たちにとって越境可能な避難場所であった。これに対して、王朝発祥の地である満州は、清国にとっては、「神聖な」「封禁の地」であった。ただ、ロシアの南下政策で愛琿《あいぐん》条約（一八五八年）や北京条約（一八六〇年）が結ばれ、ロシアが沿海州を手に入れるようになると、それに対抗するため辺境の地の開拓が必要とされるようになった。

やがて一八七〇年代半ばから清朝は漸次封禁政策を解除し、満州地域の開墾を促すようになり、この地に中朝両国の民族関係が複雑に絡み合うようになる。

すでにみたように、日露戦争が、「満鮮一体」化の決定的な契機となったが、その後の第一次日露協約（一九〇七年）によって日本が南満州全体に影響力を広げようとし、間島の帰属問題が日中間の争点として浮上するようになった。すでに外交権を奪われていた大韓帝国は、交渉の当事者にはなれず、実質的には日中の領土問題となったのである。韓国統監府の認識は、間島の開拓が、「韓国人ニヨリテ着手」されたにもかかわらず、「官憲ノ保護」がないため、「奴僕ノゴトキ境遇ニ沈淪」し、他方、「清国人」は「原野ヲ占有シテ地主トナリ韓国人ヲシテ之ヲ開墾小作セシメ」（「統監府臨時間島派出所紀要」）ているというものだった。韓国併合以後、このような認識は、より露骨になり、間島や東辺道だけでなく、満州全域に離散する新たな帝国臣民である朝鮮人保護を名目にその勢力圏を拡大し、朝鮮人を帝国の「尖兵」として押し出していくことになった。

一九〇九年、日本と清国間に「満州及び間島に関する日清協約」（図們江中韓界務条款、間島協約）が締結され、清国は、間島を自らの領土とする一方、日本は、吉林《きつりん》—会寧《フェニョン》間の鉄道敷設権と安東《あんとう》—奉天《ほうてん》鉄道（安奉線）の鉄道改築権などの利権を獲得した。そしてさらに朝鮮人に対する統治権については当該地に領事館を設置し、満州進出の地歩を築くことができた。

このような統治権は、韓国併合以後、朝鮮人が新たな帝国臣民に加えられると、いっそう、強化・拡大され、満州進出の足がかりとなった。なぜなら、日本の国籍法は、植民地・朝鮮では適用されず、そのためそもそも朝鮮人には国籍離脱が認められなかったからである。したがって、「韓国臣民ニシテ任意ニ他国籍ヲ取得」しても「特ニ之ヲ認ムルニアラサレハ他国籍ノ取得ニ依リ直ニ韓国籍ヲ喪失シタリト為スヲ得ス」というのが、日本の公式的

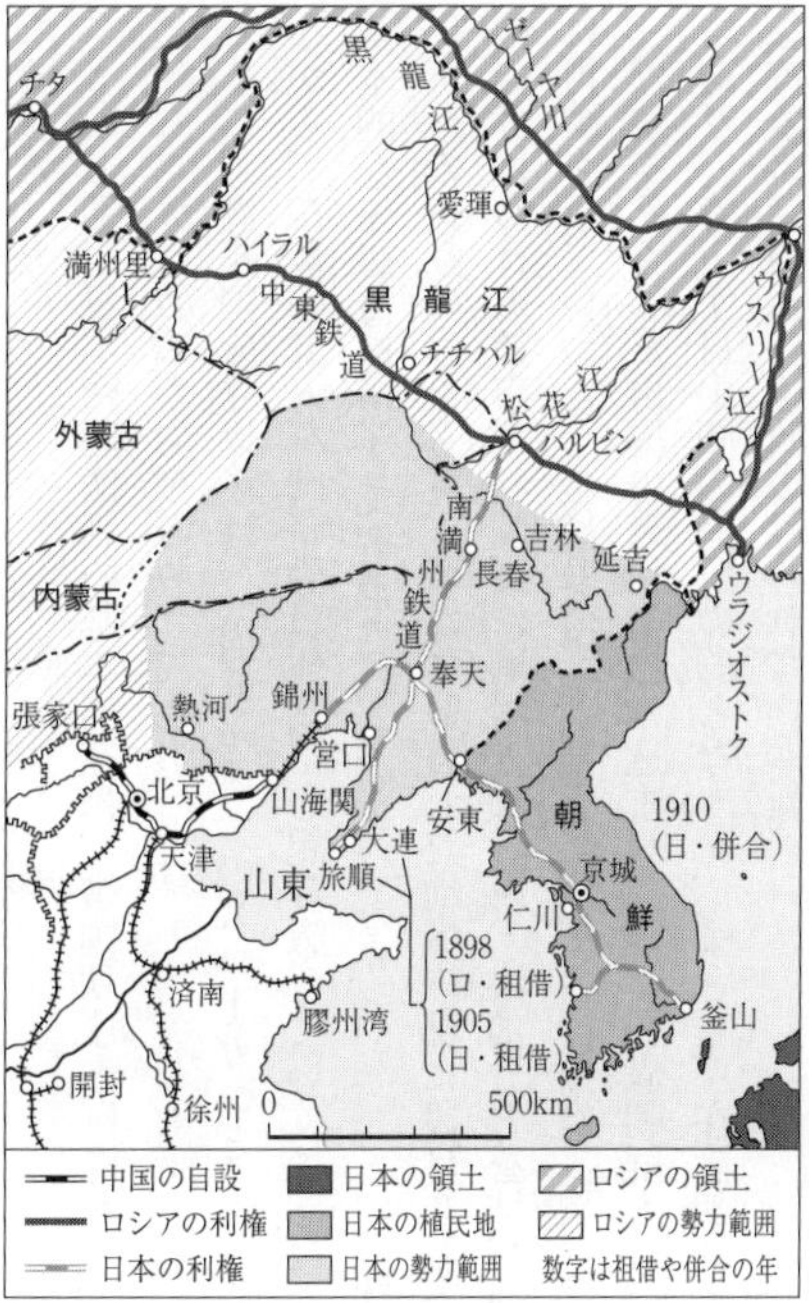

満州をめぐる日露の鉄道権益と勢力範囲

な立場だった。

もっとも、日本帝国法制の基本構造は、帝国秩序と国際秩序、内地の法制と外地の法制の複雑なアマルガムから成り立っており、必ずしも、はじめから一貫していたわけではない。とくに、満州国成立以後は、「内鮮一体」のスローガンと、「五族協和」の理念とは軋《きし》み合いながら、在満朝鮮人を戦時動員体制へと組み入れていくことになるが、そうした帝国法制の基本的な矛盾は最後まで解消されることはなかった。この意味で、「帝国の法秩序は、「同化」への貢献のみならず、新たに領有した地域内部に設けられた民族的属人法の部分と、帝国の外における領事裁判制度に適用される属人法部分とを結びつけ架橋するという課題の下に再編されていった」（浅野豊美・松田利彦編『植民地帝国日本の法的展開』）のである。

だが、そうした再編の過程に組み込まれていく在満朝鮮人は、中国側にとって厄介な存在であり、絶えず日中間の係争の的となった。まさしく在満朝鮮人は、そうした日中間の複雑な抗争の結節点に位置づけられていった。

抗日運動に大打撃を与えた間島事件

こうした状況は、第一次世界大戦後の狂乱的な激動とともに、大きな変化のうねりに巻き込まれていくことになる。先に紹介したように、大川周明たちが未曾有の危機の時代として感知した時代の到来とともに、日本の帝国的秩序の屋台骨を揺るがすような民族運動が台頭するようになったのである。と同時にロシアでは第一次世界大戦の途中から革命が勃発し、その「過激思想」の流入とともに、満州は抗日運動の震源地になっていくのである。

満州において独立運動が徐々に活発化していく背景には、三・一独立運動後に弾圧を避けてきた抗日勢力が日本の武力弾圧が直接的に及ばない満州でその活動を展開し、またシベリア出兵の最中で沿海州から武器を入手しやすくなっていたことがあった。間島での武装闘争に必要な武器・弾薬も、シベリアの「過激派勢力」との結合によって調達されていた。一九二〇年六月には洪範図《ホンボムド》率いる独立軍に日本軍が惨敗することもあったように、朝鮮人武装組織はその勢力を増大させていった。日本は、沿海州の独立運動勢力をひととおり制圧すると、次は満州の独立運動の弾圧に乗り出そうとしていた。

とはいえ、「シベリア出兵」という好機を活用できた沿海州とは違い、満州では軍隊を投入して武力弾圧に乗り出すことは容易ではなかった。しかし満州と沿海州の独立運動勢力が連なっている以上、「シベリア出兵」の好機を逃すわけにはいかなかった。そこに生まれたのが、シベリア出兵軍と連携した間島地方の「大討伐」作戦であり、さらに、その口実として工作されたのが琿春《こんしゅん》事件である。

間島における独立運動弾圧のため考え出された方式が「日中共同討伐」というかたちで、一九二〇年五月から始まることになる。

日本側は張作霖《ちょうさくりん》に対し、奉天省内と間島方面の朝鮮独立軍検挙を要求したが、これは期待したほどの成果をあげることができなかった。日本は「間島に於《お》ける排日思想抱持鮮人等は昨年来間島北部地方に根拠を定め、数万の壮丁を募集して組織的に兵式体操を教練し武器は露西亜過激派より精鋭なるものを手に入れ其《そ》の根拠極めて堅固なれば現在の如き巡査にては到底制禦するの能力無きを以て一日も速に中国政府の諒解を得て軍隊の出動を乞《こ》はされば決して其の根拠を勦滅し能はず」として、自ら軍事力を投入する必要性を感じていた。そのため、中国側と交渉を続ける一方、軍隊出動のための準備を整えていった。八月には、「間島地方不逞鮮人剿討計画」が作成され、軍の出動に必要な準備が行われている（東尾和子「琿春事件と間島出兵」）。

そうしたなか、一九二〇年一〇月二日に琿春の日本領事館分館が「賊徒」によって襲撃され焼失する事件が発生した。これが琿春事件であるが、日本側はこの事件を「不逞鮮人」による襲撃であると主張して出兵を宣言、日本軍は中国領土である間島へ出動して徹底的な弾圧を行った。「討伐」は翌年の二一年五月まで続行し、数千名の朝鮮人が犠牲となり、建物・穀物等も大きな被害を受けた。青山里《チョンサンリ》では金佐鎮《キムジャジン》部隊（北路軍政署）と洪範図部隊（大韓独立軍）の連合部隊が日本軍に打撃を与える戦果をあげたものの、兵力の差は明らかであった。こうして現地では庚申年大惨変と呼ばれる間島事件は、朝鮮人の抗日運動において痛手となったのである。

満州侵略の「尖兵」役を担う朝鮮人

逆に日本側からみれば、間島事件を通じて、「地方部落民《ママ》ハ日本側ニ帰順シテ其《その》保護ヲ仰《あお》カントスルモノ殺到スルニ至」る有り様で、「一撃ヲ加ヘテ威信ヲ示シ彼ニ畏敬ノ念ノ生スル」ことに成功したといえる。

その後は、「文化政治」の宥和《ゆうわ》政策がとられ、いわゆる「植民地近代化」(colonial modernity) の進展とともに、植民地内に微弱であれ、民族ブルジョアジー的な勢力や知識層が出現するようになった。こうした転換とともに、朝鮮半島から満州への移住にも変化が生じるようになる。

次頁の表は日韓併合の一九一〇年から満州事変が起こる一九三一年までの朝鮮から満州への移住者と、満州から朝鮮への帰還者、およびその数の増減をあらわしたものである。これは朝鮮総督府の国境警察の統計（国際連盟協会『リットン報告附属書』所載）によるもので、公式的な移動を示すことから実際の移住者はより多いと考えられるが、時期の推移によって移住者の傾向がどのように変化しているのかを知ることができる。

一九一〇年代は、移住者は持続的に増加している。日露戦争以後の日本の植民地開発政策、そして日韓併合後の土地調査事業の本格的な実施によって、朝鮮半島には植民地＝近代的な土地システムが成立した。一物一主の排他的私有権を強制し、登録制度に画一化する植民地土地政策は、賭地（朝鮮の伝統的な借地契約）農民のような不完全所有者、門中のよう

年	満州移住	朝鮮帰還	増減
1910～1912	43,418		+43,418
1913	16,514	2,428	+14,046
1914	8,380	1,800	+6,580
1915	11,100	3,956	+7,144
1916	9,208	8,064	+144
1917	12,713	6,169	+6,544
1918	32,438	5,936	+26,502
1919	37,135	4,141	+32,994
1920	15,568	10,285	+5,283
1921	7,481	8,108	−627
1922	6,704	1,630	+5,076
1923	5,904	6,824	−920
1924	7,995	6,765	+1,230
1925	6,691	7,277	+586
1926	15,974	9,027	+6,947
1927	23,640	10,516	+13,124
1928	14,725	15,146	−421
1929	9,889	10,958	−1,069
1930	6,745	12,345	−5,609
1931	4,235	13,699	−4,135
計	296,359	134,983	161,376

朝鮮からの満州移住者と満州からの朝鮮帰還者　数字は出典のママ

な集団所有者など、前近代的な制度下では土地経営に主体的に携わっていた植民地住民を土地から排除した。日本の植民地開発政策は、具体的には東洋拓殖株式会社の経営方針からもわかるように、大規模の土地を管理する少数の地主を養成、援助することによって、朝鮮半島の全体農地から開発と搾取を円滑にするものだった。その結果、土着小地主と小作農民の没落、新たな親日農業資本家の台頭など、土地をめぐって植民地社会の階層構造全体が大きな変化を被ることになる（鄭百秀『コロニアリズムの超克』）。

　このように「東拓の設置並《ならび》に鮮内に於《お》ける土地買収の開始が特に南鮮農民の満州流入を促進し、其の他の経済的諸原因が日韓併合といふ政治的原因と相関関係を持ち之《これ》に大拍車をかけるに至つた」のである。東洋拓殖株式会社の「本来の使命たる植民業」は、日本からの移民の受容が予想を下回ることで不成功に終わったが、そのために東拓が買収した土地からの立ち退き者の数を考慮すれば、「結局日本内地人移民一戸を入れる為に七戸強の朝鮮人農民を立退かしめたる数字とな」った（満州帝国協和会中央本部調査部『国内に於ける鮮系国民実態』）。こうして満州や沿海州への移住は日韓併合後も絶えることなく続いた。

併合後は「日帝の統制を避けて比較的自由な生活」を求めて満州にいく「政治的不平分子層」が多かった。それは移住者が地続きの「北鮮」地方からだけでなく、「南鮮」からもあらわれ始めたように、移住者の「全国化」をもたらした。とくに一九一八年・一九年は移住者が急増していることがわかる。それは、この時期、米価の暴騰と土地調査事業が一段落するなかで朝鮮農民の困窮が構造化し、他方、満州における移住者社会が徐々に安定化することで、移住民を牽引する要因が高まったからだと考えられる。「南満蒙条約」によって満州における日本の影響力が増すにつれ、否応なく日本の満州侵略の「尖兵」の役を担わされた朝鮮人の移住に弾みがついたのである。

満州へ向かう棄民列車

一九一九年の「万歳騒動」（三・一独立運動）は「内外を刺戟すること大きく朝鮮人の満州流入に一助となった」ように、多くの政治的亡命者を生み出した。後に作成された満州国協和会の秘密資料は、この「雷同的渡航時代」の移住の様子を次のように振り返っている。

朝鮮内に起りたる流言飛語は民衆を動かし、農村の経済的堕落は農民の多数をこの政治亡命家の後を継がしめつゝ益々《ますます》満州への流入を多からしめたが之《これ》は不可抗力に衝当つての捨身であり既知数の死地（南鮮）より未知数の死地（満州）への観念が彼のアリランの歌の哀調と織交つて彼等をして愈々《いよいよ》センチな立場に立たしめた。（『国内に於ける鮮系国民実態』）

三・一独立運動　京城の鍾路を進む女子学生のデモ行進

朝鮮も満州も「死地」であることに変わりはなかった。しかし一九二〇年には間島事件で北間島や西間島で移住民社会が破壊されることで移住者は半減し、帰還者も倍増している。翌二一年にはさらに移住者数が半減している。その後一九二五年まで移住者数が停滞しているのは、一九二二年に日本への渡航が自由化され、一九二五年にはそれが再び禁止される新たな移住地の浮上と絡んでいることも考えられる。しかし日本への移住は満州移住者の比率としてまだ少ない朝鮮南部地域の人々が主流であったことを考慮すると、その影響はさほど重要ではなかった。

それよりもむしろ朝鮮における植民地支配政策の転換が合法的な民族運動の空間を開き、物産奨励運動や農民運動・労働運動などの社会運動による民族更生の動きと関連していたと思われる。しかし、その淡い希望も打ち砕かれることになる。一九二五年には朝鮮共産党が設立されたものの、直後に治安維持法が制定され思想団体や共産主義運動は弾圧され、そのような社会運動も広範な広がりをみせることはなかった。

さらに日本人の満州移民の推進が思いどおりに進まず、日本政府が、「失敗しつつあった満州への日本人移民の代行者として、朝鮮人を満州に移動させるべく日本への移動に対しては制限政策がとられながら、満州へは移動放任政策ないし「保護」政策」を遂行していたのである（蘭信三『「満州移民」の歴史社会学』）。

一九二六年から再び移住者が増加するのは、このようにさまざまな要素が絡み合った結果であろう。毎日のように満州へ向かう北行列車は「棄民列車」と呼ばれ、「鮮満国境要所要所は之等《これら》の流民を送迎するに寧日《ねいじつ》なき有り様であり、当局はこの洪水を堰止めるの愚を演ぜず、ただ傍観するの已むなきに至つた」のである。

三矢協定による朝鮮人圧迫

だが、その後、朝鮮人の移住は新たな局面を迎えることになる。一九二八年に帰還者が移住者を超過すると、その傾向は一九三一年まで増加を続けた。一九二〇年代半ばからの帰還者数の増加は、満州において中国当局による朝鮮人への圧迫が強まってきたことによる。その朝鮮人圧迫が厳しくなるきっかけとなったのがいわゆる「三矢《みつや》協定」である。

朝鮮人を「保護」する名目で満州への進出をはかる日本と、その朝鮮人を警戒して同化政策を強いる中国のはざまに朝鮮移住民は立たされていた。そうしたなかでも日本の満州侵略が本格化する以前、中国人と朝鮮人の関係は比較的良好なものであった。しかし中国の国民革命によって「統一」が達成され、一般民衆のナショナリズムが高揚することで利権の回収が叫ばれると、日中間の緊張も高まり、両者のはざまに置かれた朝鮮人の政治的・経済的空間はより狭められることになり、その「圧迫」は在満朝鮮人社会に向けられるようになったのである。

満鉄が著した『在満朝鮮人圧迫事情』（一九二八年）では「圧迫」の時期を、「昭和二年九月一〇日の交より暫くその鋒鋩を現はし一一月一二月の両月に至り遂にその頂点に達したる観あり」としている。この「朝鮮人圧迫」が後述する万宝山事件の遠因となり、満州事変のひとつの導火線になっていくことになる。

この意味で満州事変は満州における「朝鮮人問題」を抜きにしては考えられないといっても過言ではない。国際連盟の「リットン報告書」が「日支紛争」の要因として在満朝鮮人問題に注目したのもそのためであった（国際連盟協会『リットン報告附属書』）。

中国官憲における朝鮮人への「圧迫」はそれ以前から続いてきたものであるが、とくに「三矢協定」締結後に各種取り締まりの規則が制定されるなど組織化されるようになった。「不逞鮮人ノ取締方ニ関スル朝鮮総督府奉天省間ノ協定」、すなわち「三矢協定」は、一九二五年に朝鮮総督府の警務局長・三矢宮松と于珍奉天省警務処長との間で交わされたものである。

それでは「三矢協定」を成立させた政治的条件は何だったのだろうか。

一九二〇年代になって日本の在外朝鮮人政策は主に国籍問題から矛盾を露呈することになる。在外朝鮮人の国籍問題については、朝鮮総督府はもちろん外務省と満蒙各領事館、拓殖局、関東庁、満鉄、東亜勧業株式会社など政・官・経それぞれの利害関係が絡み合い、領事館としても奉天省や吉林省、間島など地域ごとに当地の独立運動の度合いや条約によってその立場が異なっていた。

一九二三年、満州における朝鮮人の取り締まりを効果的に行うため朝鮮総督府の主催で「在満洲朝鮮関係領事官打合会」が開かれた。そこでの第一の議題は、朝鮮人の帰化により国籍の喪失を認めるか否かの問題であった。船津奉天総領事は帰化者における国籍喪失には賛成で、深沢吉林領事代理はそれに反対し、鈴木間島総領事は「曖昧なままに置」くのが望ましいとの意見を述べた。それぞれ「在満鮮人」の保護と取り締まりという観点からの意見であるが、朝鮮総督府の懸案はいうまでもなく「不逞鮮人の取締」にあった。

間島事件後における満州での独立運動は、一九二三年から一九二五年にかけて参議府・正義府・新民府という三府体制を整えながら、国境付近での警察署の襲撃など武装闘争は毎年増加する傾向にあった。とくに領事館に警察力を常駐させていた北間島と異なり、西間島には日本の警察力を置くことができないため、中国側とりわけ奉天軍閥張作霖政権に対し、朝鮮人反日民族主義団体の取り締まりを強化するよう圧力を加えた。中国側は朝鮮人の反日運動に対しては傍観的な態度をとることが多かったが、独立運動の取り締まりを口実にした日本の軍事介入を警戒した張作霖政権は、反日民族主義団体については日本の要求を受け入れて積極的弾圧を行うと同時に、朝鮮人移民についてもこれを厳しく規制する政策に転じた。

こうして一九二五年六月に「三矢協定」が締結されることになったのだ。「三矢協定」の根幹は、中国人官憲によって「不逞鮮人」を取り締まるということであった。それによって日本は経費の節減や効果的な取り締まりを行うことができ、中国側は朝鮮人を管轄圏内に組み入れることができた。しかし中国側からすると朝鮮人の区別は「良不良」ではなく国籍の如何、つまり同化政策の強化として推進されるものであって、それが中国官憲による朝鮮人全体への圧迫に繋がるのは必至であった。実際にそれ以降、中国官憲による朝鮮人圧迫は、居住や土地賃貸・所有、教育、就業など生活権に関する全般において各種規定が設けられ、組織的に行われるようになる。

日本の目的は中国・朝鮮間の分裂政策

しかし、そうした状況は日本側が予想できないものではなかった。にもかかわらず日本はあえて「日本帝国臣民」たる朝鮮人を中国官憲の手に委ねることで朝鮮人の圧迫を「黙認」したのであろうか。それをただ「在満不逞鮮人」の取り締まりとしてではなく、朝鮮内外の情勢の変化を考慮に入れなければならない。まず、朝鮮における民族解放運動の変化があげられる。一九二〇年代に入り、各種思想団体が登場して社会主義運動が活発になると、一九二五年四月には朝鮮共産党が結成された。北間島に朝鮮共産党満州総局が設立されると、朝鮮共産主義運動の主導権は朝鮮に移され、大衆闘争が展開されたのである。

五月には上海で「租界回収・打倒帝国主義」を掲げて起きた五・三〇運動を契機に反帝国主義運動が盛り上がりをみせていた。朝鮮半島で労働争議が頻発するなか、朝鮮民衆と中国人民の単一的な抗日戦線の成立は憂慮すべき問題であっただろう。朝鮮共産党はその後に大々的な弾圧を被ることになるが、二六年の六・一〇運動や二九年の光州学生運動など社会主義者が指導する示威運動は活発化する。三〇年には朝鮮人共産主義者を吸収した中国共産党満州委員会が間島蜂起を決行した。

その一方では、満州での中国官憲による朝鮮人圧迫の記事が毎日のように報道され、朝鮮の華僑社会も緊張に包まれる。このような中国と朝鮮民衆の対立は、マルクス主義が普及するなかで両者の反帝運動が結合することを切り離すうえで好都合であった。もちろん日本の

1920年代の中国と軍閥の割拠

究極の目的は、万宝山事件にみられるように、朝鮮人・中国人間の衝突を利用して満州侵略の口実を作ることであった。それが「三矢協定」の締結の当初から想定されていたとはいえないにしても、「三矢協定体制」は確実に中国と朝鮮間の対立構造を強化していったのである。それはある意味で「中国―朝鮮間の分裂政策」でもあった。

　実際に中国側の圧迫に対抗して、朝鮮人側も計画的・組織的活動を展開するようになる。圧迫の根源地ともいえる奉天省各地では朝鮮人大会が開かれ、同胞圧迫対策協議会が設立された。朝鮮国内では各地で在満同胞擁護運動が起こり、朝鮮人への迫害に対する報復として中国人商店が襲撃されることもあった。米国の朝鮮人社会でも在満朝鮮人の擁護の声があがり、募金活動も行われた。この時期朝鮮国内の新聞は毎日のように在満朝鮮人の圧迫状況について報じていた。

　例えば次のような事件がある。裡里《イリ》では一九二七年一二月七日、予定されていた市民大会が禁止されると興奮した市民多数が市内の中国人商店を襲撃した。事態が緊迫すると、ソウルで創立された在満朝鮮人擁護同盟は第一回中央執行委員会の決定で緊急声明書を発表する。その声明書では、「緊急な状況に陥った在満同胞の利益を積極的に擁護する」としながらも、しかしその目的を実現するにおいては、「朝鮮内居留中国人の生命財産に危険を与えるのは不可とする」として、あくまでも平和的手段によることを訴えた（『中外日報』一九二七年一二月一二日）。

　以後、各地では市民大会が開かれ擁護同盟が結成される。北京政府や奉天・吉林地方政府に抗議文を送るなど示威行動が相次ぐなか、新高山《シンゴサン》では「中国軍閥は敵、中国国民は友」というビラが散布されるなど、いくつかの被害件数は報告されたが大規模な暴動には至らなかった。当局は擁護同盟の創立を禁止することになるが、こうした一連の事件は後の万宝山事件を予見させるものであった。

張作霖爆殺事件と関東軍の誤算

満州では「三矢協定」という「中国—朝鮮間の分裂政策」によって緊張する民族関係が露《あらわ》になることで、内側で戦争の火種が灯されていた。外側では日本が「満蒙分離政策」を推進することによって衝突の危機を招き、国際情勢も緊迫化した。

日本は満州において特殊権益を有するとして、辛亥革命後の混乱に乗じ「二十一ヵ条要求」を押しつけたが、それに対する中国側の反発と一九二〇年代における国際協調路線に対応しなければならなかった。第一次世界大戦後の太平洋地域における軍縮体制を定めたワシントン会議（一九二一年一一月一二日〜一九二二年二月六日）は、米国の主導で中国における領土保存・門戸開放を認めさせることで日本の膨張政策を抑制した。

日本は満蒙の実権を握る張作霖を援助することで満州における権益を拡張していたが、二〇年代中葉から国共合作によって北伐が開始されると、特殊権益そのものが脅かされることになる。満蒙分離政策を積極的に推進した田中義一内閣は、蔣介石《しょうかいせき》の国民革命軍が中国全土を統一すると日本の特殊権益の回収に乗り出すことになるのではと危惧していた。それで北伐を阻止するべく、奉天軍閥の張作霖を援護するため第一次山東出兵を決行したのである（一九二七年五月二八日）。日本人居留民の生命財産を保護する名目であったが、このときは国民革命軍が撤退したため、日本軍も引き揚げた。

こうした状況を受けて田中内閣は東方会議（一九二七年六月二七日〜七月七日）を開いた。ここで発表された「対支政策要綱」は、反日運動の排除や居留民の生命財産を守るため武力発動も辞さないと明言するのであるが、そのために満州は日本の属地ではないが特殊な地域であるので主権を行使できるとして、「満蒙分離政策」を鮮明に打ち出したのである。この政府の方針は関東軍に好都合であった。満蒙が中国の固有領土ではないとして中国本土からの分離をはかり、それを朝鮮と一体とみなした関東軍はこうした政府方針に後押しされ満蒙問題の対策を練り上げていく。

日本の要求を受け入れて一九二五年六月に「三矢協定」を締結した張作霖政権であるが、

張作霖　奉天軍閥として、満蒙の実権を掌握していた

田中義一　日露戦争で関東軍参謀。後に陸相、首相。張作霖爆殺事件の処理で天皇に叱責され内閣総辞職

張作霖爆殺事件　関東軍の謀略で爆破された車両

このあたりから日本の要求を拒絶したり無視するようになった。張作霖は一九二七年六月に軍政府「安国軍政府」を組織し、自ら「中華民国陸海軍大元帥」を名乗り、北洋軍閥政府のトップにつくと、日本に支配されるのを好まず、英米と接近するようになった。が、第二次北伐に乗り出した国民革命軍総司令官・蔣介石は、再び山東に出兵した日本軍の謀略を回避して、張作霖軍に攻撃をかけた。北伐軍の攻勢に追われるようにして張作霖は北京を離れ地元奉天に引き返すが、その途上の奉天駅前で関東軍によって爆死させられる（一九二八年六月四日）。権力を引き継いだ張学良は日本と対決することを避け、国民政府への合流を決めた。張学良の易幟《えきし》は満蒙特殊化工作の破綻を意味し、関東軍にとっては大誤算であった（山中恒『アジア・太平洋戦争史』）。

満州事変の引き金となる満蒙領有論

張学良が国民政府への帰属を闡明《せんめい》することによって中華民国はひとまず国家統一を成し遂げることになる。各国が国民政府を承認することで中華民国の独立国としての地位が確立する。それは不平等条約の撤廃による平等な国家間関係を樹立することであったが、それにともなって満州における日本の特殊権益が追いつめられるのは必至であった。実際に国民政府は不平等条約改正を宣言し、東北の外交、交通、財政を中央政府の管轄下に移した。さらに満蒙が完全に国民政府の統治下に落ちると満州における日本の利益範囲を喪失することになりかねない。それは関東軍の存在そのものにかかわる問題であった。歯止めがかからなくなった関東軍は具体的な行動に出る。

石原莞爾が関東軍作戦主任参謀として赴任したのは一九二八年一〇月のことであった。張作霖爆殺事件が裏目に出て苦境に立たされていた関東軍にとって、石原の登場は新たな解決策を模索する転換点になったであろう。石原は「満蒙問題の解決は、日本が同地方を領有することによりて始めて完全達成せらる」として、満蒙問題の「解決策」の道筋を示したのである。いわゆる満蒙領有論であるが、その具体的な計画が関東軍参謀らによって練り上げられていく。

一九三一年六月にはその大枠が整えられていたが、満蒙領有計画策定の中心人物である石原の「満蒙問題私見」（三一年五月）

張学良　父・張作霖の死後、東三省の実権を握り、蔣介石の国民政府の支配下に入る

奉天城占拠　事変勃発後、直ちに奉天城を占拠した関東軍歩兵連隊

ハルビン入城　満州事変の翌1932年２月、関東軍はハルビンを占領するまで戦線を拡大した

は満州事変の勃発が目前に迫っていることを示している。すなわち、「満蒙問題ノ解決トハ之ヲ我領土トナスコトナリトノ確信ヲ徹底スルコト」を陸軍当面の急務とした石原は、「我国情ハ寧《むし》ロ速《すみや》カニ国家ヲ駆リテ対外発展ニ突進セシメ途中状況ニヨリ国内ノ改造ヲ断行スルヲ適当ト」していた。

その方法も「期日定メ彼ノ日韓合併ノ要領ニヨリ満蒙併合ヲ中外ニ宣言スルヲ以テ足レリ」とし、「然《しか》レ共《ども》国家ノ状況之《これ》ヲ望ミ難キ場合ニモ若《も》シ軍部ニシテ団結シ戦争計画ノ大綱ヲ樹《た》テ得《う》ルニ於《おい》テハ謀略ニヨリ機会ヲ作製シ軍部主導トナリ国家ヲ強引スルコト必スシモ困難ニアラス」とされた。戦争を政治的決定によらず「関東軍ノ主動的行動」によって遂行し、それを「国内改造」に結びつけるという思惑が石原にはあった。

一九三一年九月一八日、関東軍は瀋陽《しんよう》（奉天）郊外の柳条湖《りゅうじょうこ》で南満州鉄道の線路を爆破して、これを張学良軍の仕業であるとして一斉に軍事行動を開始した。満州事変の勃発である。奉天、営口、安東、長春など南満州の主要都市を占領した関東軍は、独断越境した朝鮮軍とともに北満へ侵攻し、東北三省の全体を収めた。こうした他国の主権範囲への軍事的占領が国際的に受け入れられるはずがなかった。

来る満州事変に対する国民の理解と支持を得るために、関東軍は一九三一年の春から積極的にキャンペーンを展開した。中国人は日本人の生命や財産を脅かし、抗日排日運動を続けていること、不法にも条約を蹂躙《じゅうりん》し日本の権益を侵していることを宣伝した（山中恒、同前）。姜克實が指摘するようにワシントン体制下において、日本の満州における特殊権益の喪失ないし縮小の事実とは無関係に、かつての条約にあった特殊権益に対する「意識」だけは、日本の政府、国民、世論によって受け継がれ、それは田中義一内閣の東方会議による満蒙分離政策や張作霖爆殺事件などを経て野放図に膨張し続け、ついに日本の満州侵略世論のバックグラウンドを形成するに至ったのである（姜克實「「満州」幻想の成立過程」）。

万宝山事件

軍事行動に突入するにあたって、関東軍は満州に向けて軍事力を展開する口実と、こうした世論に火をつけるきっかけを必要とした。このように満州侵略に踏み込む行動を正当化する論理のひとつが万宝山事件であった。

万宝山事件　中国人による迫害の報道は朝鮮各地で激しい暴動を惹き起こした。写真は平壌の群衆。1931年7月

万宝山事件は中国人と朝鮮人農民の軋轢に日中の官憲が介入して発生した事件で、それ自体として大問題になったわけではない。一九三一年五月以来、長春県万宝山付近で中国人地主から土地を貸借した朝鮮人農民が、日本領事館の警察官の保護のもと、水田開発のために中国人耕作地を横断して灌漑用水溝を築造しようとしていたところ、中国人農民が朝鮮人を追い払い、日本領事館の警察官が発砲して中国側に負傷者が出た。満州における中国側の朝鮮人圧迫はこれまでも問題となっていたが、ここでは朝鮮人農民に被害者も発生していない。しかしここからが問題であった。

日本領事館は関東軍の指示にもとづき、万宝山で多数の朝鮮人が負傷し、なお危険にさらされているとの虚偽の情報を流したのである。朝鮮の各新聞社には、中国人が朝鮮人を排斥しようとして多数の死傷者が発生したという電報が届いた。それを真っ先に報道したのが『朝鮮日報』である。『東亜日報』が慎重にこの事件を扱ったのに対し、『朝鮮日報』は七月二日と三日の二日間にわたって号外を発行した。それは事実関係の確認もなく、日本領事館の発表をそのまま記事にしたものであった（朴永錫『万宝山事件研究』）。

これまで在満朝鮮人に対する圧迫が伝わることで不満が鬱積してきた朝鮮では、反中感情が一気に広まった。朝鮮各地で暴動が起きた翌日に『東亜日報』がすぐさま「陰謀論」を提示するなど、各界の指導層は事態の収拾に取り掛かった。しかし事態は収まらず、結局平壌を中心に地元の人によって一四〇人あまりの在朝華僑が殺害される大惨事となった。

万宝山事件にともなう朝鮮での中国人排斥事件は、ただ在満朝鮮人への圧迫によるものではなく、経済的に勢力を伸ばしていく中国人に対して植民地民衆の警戒心が事件を契機にして爆発したものであろう。それは、当時植民地民衆の民族意識と排他性、華商の勢力拡大とそれに対する危機意識が帝国主義に利用され、メディアの「誤報」、そして日本の情報操作というくつかの要素と絡み合って発生した惨劇であった。

朝鮮人の暴動は各地で起こっているが、華僑犠牲者のほとんどが平壌においてであった。当時平壌では、治安にあたる日本警察は「取り締まりの手を緩め」、「ひどい警戒態勢をとら」なかったと朝鮮総督府の官吏は証言している（未公開記録朝鮮総督府関係者録音記録（2）「朝鮮統治における「在満朝鮮人」問題」）。

しかし中国・朝鮮の関係を悪化させて、それを口実に全満州への進出を狙うという筋書きは、対外用としてはそこで途絶えた。事件の計画性が明らかである状況を朝鮮半島はもちろん上海や間島の指導者が訴え、中国側も朝鮮人に対する再報復は結局日本の満州侵略の口実を与えるだけだとして自制を求めた。そして在満朝鮮人への再報復は行われなかったのである。

日本は自ら満州侵略の口実を作らざるをえなかった。それが柳条湖事件にほかならない。

満州へ、満州へ

王道を建国理念とするアイロニー

後に触れるように、石原莞爾が目論んだ満蒙の軍事的領有は不発に終わり、独立国家を作る運びとなるが、外見的には軍閥張学良政府に不満をもった民衆が独立運動を展開し、関東軍はそれを支援することで新国家建設が行われたという建前がとられた。こうして五族協和と王道楽土をスローガンにした満州国が誕生したのである。

しかし、満州国は独立国家という形態になったとはいえ、関東軍に牛耳られる日本の傀儡《かいらい》国家であった。だからこそ満州国誕生の正当性を主張するためには、「世界歴史にその比類を見ざるほど崇高な」建国理念を打ち出さなければならなかった。そして非公式の植民地としての満州国を粉飾するために、日本・朝鮮・漢・満州・蒙古の五民族が順天安民《じゅんてんあんみん》と民本《みんぽん》主義にもとづいて平等に共存し（五族協和）、欧米帝国主義の覇権主義に対抗して東洋政治道徳を打ち立て、安居楽業《あんきょらくぎょう》の理想郷を実現（王道楽土）することになる「世界政治の模型」という理念を打ち出したのだった。

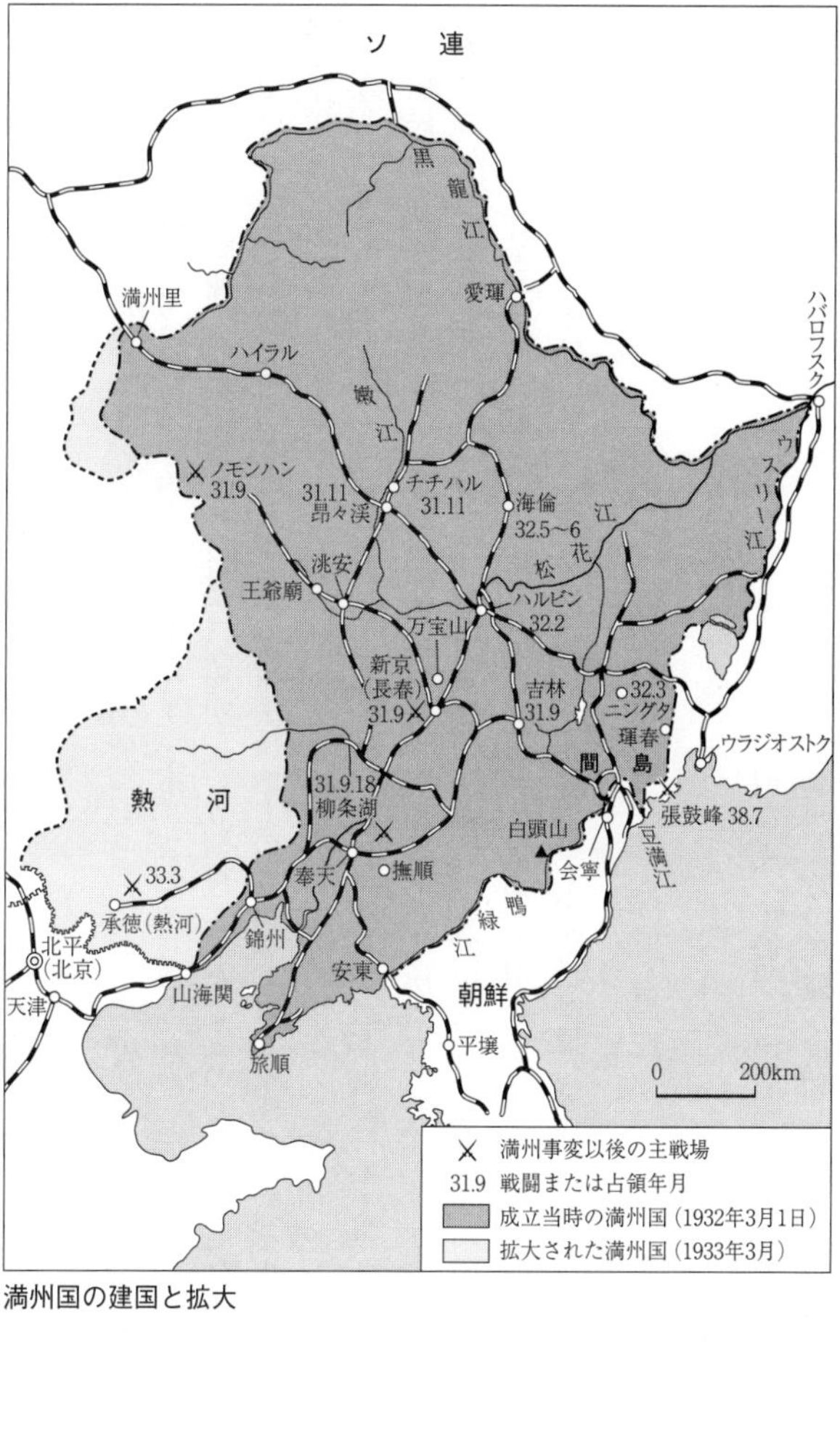
ソ連
黒龍江
満州里
愛琿
ハバロフスク
ハイラル
嫩江
ウスリー江
ノモンハン 31.9
31.11 昂々渓
チチハル 31.11
海倫 32.5～6
松花江
洮安
王爺廟
ハルビン 32.2
万宝山
新京(長春) 31.9
吉林 31.9
32.3 ニングタ
琿春
ウラジオストク
間島
31.9.18 柳条湖
熱河
張鼓峰 38.7
白頭山
豆満江
会寧
奉天
撫順
33.3
承徳(熱河)
鴨緑江
錦州
北平(北京)
安東
朝鮮
天津
山海関
平壌
旅順
0 200km
満州事変以後の主戦場
31.9 戦闘または占領年月
成立当時の満州国(1932年3月1日)
拡大された満州国(1933年3月)

満州国の建国と拡大

関東軍の武力によって生まれた国家が、覇道ではなく、王道を建国理念としたことは大いなるアイロニーであった。

とまれ、一面では世界史上の第三革命として意義づけられるほどの過大な理想と希望を託され、一面ではたんなる粉飾、誇大な妄想と冷笑をもって迎えられながら、また一面では関東軍支配という暗闇のなかで残された最後の光明という期待をつなぎとめつつ、さらに他の一面では大きな危惧の念を抱かれながら、満州国は地上の理想郷、人類安住の王道楽土の実現を標榜《ひょうぼう》して出立したのである（山室信一『キメラ――満洲国の肖像』）。

そのような、当てる光によって変幻せざるをえない満州国は、帝国本土の日本人だけでなく、植民地・朝鮮にとってもさまざまな思惑や幻想が錯綜する場所となった。

すでに万宝山事件でも述べたように、中国では朝鮮人は日本の手先とみなされ、中国人による小作料の引き上げや小作権の剥奪《はくだつ》などが頻発し、土地の水田転用が妨害されるなど、「朝鮮人圧迫」は強まる一方だった。その結果、在満朝鮮人の生活基盤は急速に崩れ落ちていった。

建国宣言で新たな市場チャンスの場所に

もともと、在満朝鮮人の人口増加は、間島と東辺道など、東満州、南満州の農村を拠点にしていた。ただ、「朝鮮人圧迫」が激しくなると、満州からの帰還が増加し、「行っても苦労！　帰っても苦労！」といわれる有り様だった。ところが、満州国建国は在満朝鮮人問題の根幹にある諸問題を政治的に解決する大きなテコとなった。それは流浪・圧迫・帰還に象徴される消極的な朝鮮農民の移住から攻勢的で積極的な新天地への進出という、これまでに経験しなかった新たなかたちの移住の開始を告げるものであった。

一九三二年三月に満州国建国が宣言されると、日本帝国の植民地である朝鮮にとって満州は「外国」でありながら、それ以上の意味をもつことになった。つまり、満州国は、企業家

執政就任式に向かう溥儀　1932年3月1日、長春駅から式典会場に向かう溥儀の車列

新元首を歓迎する在留日本人　長春駅前には日の丸と満州国旗を振る子供が並んだ。『新満洲国写真大観』(1932年、大日本雄弁会講談社)より(上下とも)

には新たな市場や投資先として、また若者たちには植民地では得ることのできない新たなチャンスの場所として、さらに農民には商租権問題の解決によって土地が所有できる移住地として脚光を浴びるようになるのである。

この時期の満州への移住は、「事変前」と比較すればその増加が明らかである。満州国協和会の「工作用の素資料」(『国内に於ける鮮系国民実態』)によれば、一九二七年から三〇年までは年平均一万六三一三人が増加したのに対して、満州事変後の三二年から三五年まで

満州国の都市　上は、1932年3月14日、長春から新京と改称した首都の大通り、大同大街。左は典型的な中国の城壁都市・奉天城内。商店が並び、賑やかな看板が張り出していた。下は帝政ロシアが満州支配の拠点にした計画都市・ハルビン

の移住者数は二四万二一三六人で、毎年およそ八万人が増加している。その後も毎年一〇万から一五万人が「入満」しているが、その半数以上は都市を目指す知識階級、商工業者、労働者であった。実際、在満朝鮮人の場合、絶対多数は農村部に集中していたが、満州国建国後は、新京、奉天、ハルビンなどの都市部に集中するようになった。

満州国建国後の朝鮮人移住者の急増は、都市部へ移住する資本家や知識人、都市労働者が増えたからである。農民の移住は朝鮮総督府の政策もあって集団的に行われたが、農民以外の階層にも満州はさまざまな可能性の空間として開かれるようになったのである。

このような満州国の建国を画期とする新たな展開は、それまでの満州のイメージを大きく変えることになる。満州といえば受難と抵抗の場所であった。追われるようにして満州移住せざるをえなかった朝鮮人の現実は中国官民の圧迫、日本の討伐作戦、馬賊の出没などによって惨状を極め、安住の地とは到底いえなかった。彼らは、離散・流浪・遭難を強いられる哀れな存在だったのである。そうでなければ、独立軍・共産党・「テロ」にかかわった者として、独立運動家や共産主義者として弾圧される「不逞者」の姿であった。

それが、朝鮮人移住者が抱えていた根本的問題が満州事変によって「政治的解決」され、さらに五族協和・鮮満一如の理念でその構成員すべてに平等な社会的地位が保障されるとする満州国が成立すると、満州はもはや「未知数の死地」ではなく希望の地として、やがて朝鮮半島を沸かせることになる。

黄金狂時代の朝鮮と日本

例えば、一九三二年九月に発行された雑誌『第一線』に「現代朝鮮の四大狂」という見出しの記事が掲載されている。「四大狂」とは満州狂・金鉱狂・米豆狂・雑誌狂のことである。記事は、「社会の中心が失われることによって以前にはみることのできなかった狂人や聞いたこともない精神病者が増えているのが最近の朝鮮でよく目にする現象」だとして、当時の世態を風刺しているが、そこには一攫千金《いっかくせんきん》を夢見る人たちであふれるような経済的・文化的風潮が垣間見られ、三〇年代の植民地・朝鮮の一面が露《あらわ》にされている。

「金鉱狂」は三〇年代の朝鮮におけるゴールドラッシュを言いあらわしている。

第一次世界大戦による日本の経済ブームは、二三年の関東大震災や二七年の金融恐慌によって不況に一変していたが、さらに二九年一〇月の世界大恐慌が追い打ちをかけ昭和恐慌期へと突入すると、そのあおりを受ける植民地経済を米価の暴落による農業不況が直撃した。もともと日本の米供給基地および工業製品消費地として位置づけられ、近代的工業の発展が後回しにされた植民地では、農外就職機会もほとんどなく、資本蓄積も欠いていた。その結果、不況を好況に一気に転換できる「ゴールドラッシュ」が、一攫千金の夢となったのである。そして満州事変前後から「黄金狂時代」という言葉がもてはやされ、植民地・朝鮮では多くの鉱山が開発されるとともに、全国に黄金熱が吹き荒れるようになる。

全《チョン》　峯寛《ボングァン》は『黄金狂時代』(二〇〇五年)で三〇年代の朝鮮における黄金熱を次のようにあ

らわしている。

金鉱熱風は伝染病のように身分や年齢、性別にかかわらず、金を追い求める長い行列にはあらゆる階層の群像が入り交じっていた。労働者、農民、資本家はもちろん、民族や国家、理念だけがすべてのようであった知識人まで。聴診器を投げ捨てた医者や法服を脱ぎ捨てた弁護士の後を、ペンを置いた作家や転向した社会主義者が追っていった。

二〇年代にはすでに三大金鉱王のうち崔昌学《チエチャンハク》と方應謨《バンウンモ》が巨富を築いていたが、三〇年代にも金鉱によって百万長者に躍り出る者が続出した。「黄金景気」は、「長らく不況のなかで喘いでいた者たちは金に向かって活躍し始め、すべての方面において不況に包まれた朝鮮経済界に異彩を放って」いた。こうした「黄金狂時代」を後押ししたのが、金本位制に揺れる日本経済であった。

日本は三〇年一月に金解禁を断行し、金本位制に復帰した。ところが三一年の満州事変により日本の国際的孤立は深化し、英国が金輸出を停止すると、金輸出の再禁による円安を予想した財閥が金を売り払ってドルを買い占めることで金の流出も深刻であった。朝鮮の「黄金成金」は鉱山の採掘権を、金融業において独占的地位を占めた日本の財閥に売却したのであるが、朝鮮の「黄金狂時代」はこうした日本経済の金流出の時期に対応していた。

こうして到来した「黄金狂時代」では、「以前には金鉱屋といえば狂人と思われたが、いまや金鉱を探さない者を狂人と呼ぶようになった」のである。朝鮮人が「富者」（金持ち）になるにはこつこつと貯める方法ではだめで、「一遍に千金を摑むべし。万金を握るべし。それには金鉱だ。金鉱にさえめぐり逢えば、いきなり「成金」に難無くなることができる」として金鉱探しに飛びつくのが「金鉱狂」であった。

困窮した農民、労働者の向かう満州

植民地を代表する新聞、『朝鮮日報』は、満州国建国の年の一九三二年一一月二九日付の漫文漫画〈時代相〉の「黄金狂時代」編で、「何でも狂時代が過ぎ、いまや黄金狂時代になった」としているが、これに煽られるように「満州狂」の時代がいよいよ始まろうとしていたのである。

その背景には、植民地内の深刻な農業問題があった。不況が続く朝鮮では、豊作は供給過剰となって三〇年には農業恐慌を引き起こすことになった。他方、日本は三一年一二月に再び金の輸出を禁止することになるが、それによる物価の上昇は朝鮮の農民を追い込んでいった。さらに恐慌下で小作経営が極度に窮迫し、地主に対する債務が累積するなかで、債務累積を理由とした土地の取り上げが増大した。それにともなって農民運動が活発化し、小作争議件数は急増した。零細小作農の窮乏化と地主による小作地取り上げ、およびそれにともなう土地無し農民層の急増をもたらしたのである（平沢照雄「一九三〇年代の日本経済と統制分析の課題」）。

それは農民の危機だけにとどまらなかった。漫文漫画「黄金狂時代」を描いた作家・安夕《アンソ》影《ギヨン》は、〈低気圧〉（三一年一月二一日）では次のように朝鮮の経済危機を描いている。

> 金詰り！　不景気！　解雇！　緊縮！　節約！　等、等、等！—そうして人員整理！　解雇！　結局「プロレタリア」の危機だ。（申明直『幻想と絶望』）

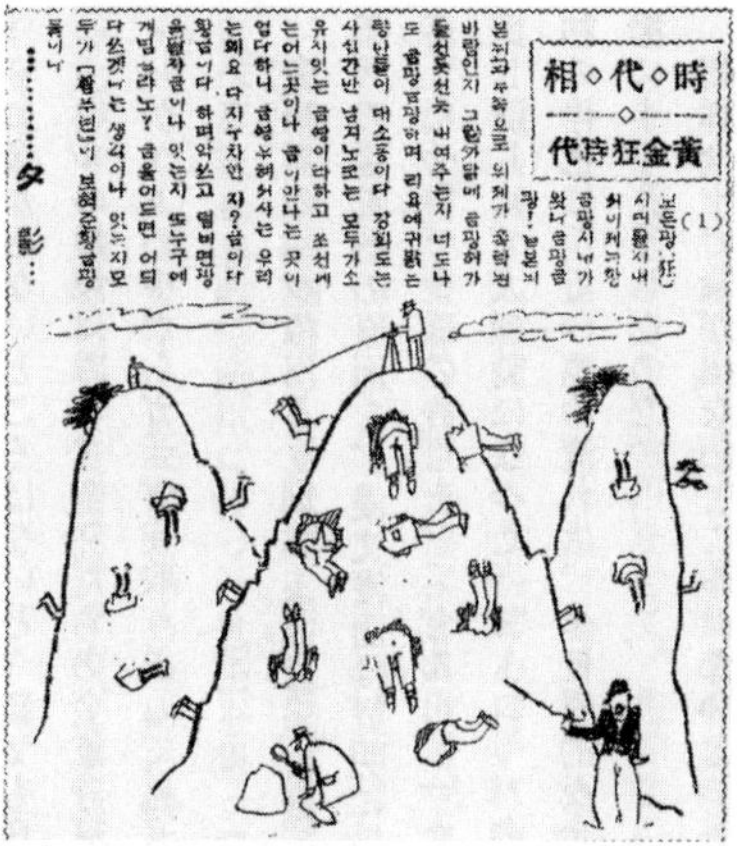

黄金狂時代　漫文漫画〈時代相〉で作家・安夕影が風刺した「金の土地の上に住む貧しい人々」。『幻想と絶望』（申明直、東洋経済新報社）より

安夕影が「金の土地の上に住む我々は、なぜこんなにも貧しいのか？」と問うように、「黄金景気」は農民や労働者を素通りしていった。このように困窮した農民や労働者たちが向かうところ、それが満州や日本だった。

満州事変後の混乱は朝鮮人を苦境に立たせたが、満州国が建国されると満州および在満朝鮮人への関心が高まった。当時朝鮮人に広く読まれた総合雑誌『三千里』はたびたび満州問題に関する対談や座談会を主催しているが、三二年四月号の「新満洲国と吾人の態度」と題する会議では、満州への過度な期待を警戒しつつも、「所定の法的手続きさえ踏まえれば満州国の堂々たる国民としてあらゆる公民権を行使できる」とし、国籍問題や商租権問題が解決できると期待が語られている。さらに七月号の対談記事では、満州への移住が農村人口の減少につながる農村問題の解決の方便として取り上げられている。

翌年の三三年九月号には、満州を視察してきた『東亜日報』と『朝鮮日報』の関係者を招いて開かれた座談会記録が掲載され、「在満同胞問題」についての議論では朝鮮人農民の満州への移住の展望を取り上げている。参加者のひとりである作家の李光洙《イグアンス》は「さまざまな情勢を考慮すれば不可避的に多数の農民が移住するだろう」とし、「商租権も解決して土地所有に対する朝鮮人の恒久的権利も確認されるようになり、これからは生きる楽しみが得られるだろう」と楽観的に語っている。『朝鮮日報』編集次長の金炯元《キムヒヨンウオン》も「治安さえ維持できれば数千万人の農民たちが集まることも避けられない事実であるので、おそらく朝鮮農民もこれからたくさん入っていくだろう」と満州国の展望に期待をよせた。

「安全農村」への集団移住

こうして、満州国建国の年には、『朝鮮日報』の「満洲紀行」は「我々が過去の足跡を探して感懐的愛着あるいは関心をもつよりも、現実の満洲の重大性が我々の関心をより引くのであります」と語り、満州には「肥沃無類の平野がそれこそ果てしなく放置され、地下には無尽蔵の宝庫」が広がると、その経済的なチャンスに対する野心を赤裸に吐露している。まさしく帝国・日本だけでなく、植民地・朝鮮にとっても「満州問題」が喫緊の関心事として浮上してくるようになったのである。

満州国建国を契機に朝鮮人の満州への移住は、朝鮮総督府と満州国というふたつの植民地機関の協議事項となった。ただ、朝鮮人の移住をめぐっては、日本人の入植を積極的に奨励しようとする関東軍側と、増加する朝鮮人口のはけ口にしたい総督府側とは、移民政策において食い違っていたのである。さらにそこには、日本内地における過剰な人口問題と朝鮮からの渡航者が引き起こす社会問題も絡んでいた。

朝鮮総督府　日本が朝鮮支配のためソウルの景福宮内に1926年、完成させた庁舎。手前は光化門。1995年に撤去

こうして朝鮮人の移住は、日本政府・朝鮮総督府・関東軍の思惑が絡みながら進んでいくことになった。関東軍は日本の移住者を優先することで、朝鮮人の移住については奨励政策をとらず、これまでの諸問題

が「政治的解決」しただけでも移住を促すだろうとして放任する立場であった。日本からは一九三二年から本格的に満州への集団移住が開始される。それに対して朝鮮総督府は、朝鮮人の移住が満州国の発展にはもちろん、日本内地への渡航を抑制する効果があるとして積極的な移住政策を実施するよう日本政府や関東軍に働きかけた。

しかし総督府の移民計画案は受け入れられず、独自に満州事変直後に朝鮮人の避難民収容所が運営された場所に「安全農村」を設け、三三年から集団移住が開始された。「安全農村」には三三年から三六年にかけて一四三二戸、七四九六人が移住した。ただし、この時期の朝鮮からの移住者は全体で二〇万人に達し、水田が可能であれば北満州にまで及んだ。こうした予想以上の移住者は、満州国において朝鮮人の移住を保護・統制する政策への転換を迫ることになる。日本人の入植予定地を朝鮮人が占有することは、日本の移住計画に支障をきたすことになるからであった。

また日本でも朝鮮人の「内地渡航」を抑制するために満州移住を積極的に推進する必要性を感じた。こうして三六年には、関東軍は朝鮮総督府の意見を受け入れつつ、これまで放任されていた移住を抑制するために積極的に対応するようになり、朝鮮人移住者の管理・統制を目的にする機関として鮮満拓殖株式会社が設立された。

三七年には移住者を制限するために移住証を発行し、それを携帯する者だけが満州に行くことができるようにして厳格に統制することになる。しかしそうした統制も日中戦争が勃発すると徐々に緩められた。ソ連との開戦に備えるべく北方の防御施設の構築と経済的開発が急がれ、食糧増産の供給基地のためにも朝鮮人が重視されたのである。

しかも四〇年代には移民政策そのものが破綻することになる。日本内地の産業労働者が不足すると朝鮮の労働力が徴用の対象となり、志願兵制・徴兵制が施行される総動員体制のなかで労働人口そのものが枯渇《こかつ》するようになったからである。

千載一遇の戦争好景気

ところで、すでに指摘したように、満州国誕生以後、満州への移住が急増することになるが、移住者には農民だけでなく、知識人や資本家、そして労働者が多かった。金再禁に踏み切った犬養《いぬかい》内閣の高橋是清《たかはしこれきよ》蔵相は、これまでのデフレーション政策から一転して軍事費拡張や赤字国債の発行などインフレーション政策に移行し、それによって円相場は下落、輸出が急増することで景気も急速に回復するが、その影響は朝鮮にも及んだ。満州国建国の年には早くも「日本貨幣の為替の市勢下落と満州事変

高橋是清　日銀副総裁として日露戦争時の外債募集に手腕を発揮。昭和恐慌時に蔵相として積極財政を指導

は朝鮮の物品の対外貿易を旺盛にする。何よりも川を一本挟んで満州へ渡る物品が最近の二、三ヵ月で急速に増加し、一一月末の対満州輸出総額が二二〇〇万円に達し、昨年同期よりも約三倍に増えた」（『東亜日報』一九三二年一二月一三日）とされ、好景気はさらに企業の満州進出を促し、それにともなって開拓地だけでなく新京や奉天など大都市にも移住者が集中するようになった。

そして朝鮮では一九三四年頃から漁業や綿花の部門で好景気の気配が漂うと、三五年には至る部門で景気回復が「祝福」されるようになった。「ソウルの景気状態は、まだ戦時景気の余波が残っていたとされる大正一一、一二年来はじめての好景気状態として、ソウルの各産業部門を通じて隆盛なる姿をあらわしている」という具合であった（『東亜日報』）。株式市場も「東京・大阪はいうまでもなくソウル明治町（明洞《ミョンドン》——引用者）の金融街をみても朝晩驚くように活気にあふれ、人々の表情には喜色と焦燥が漂よう」のである（『三千里』）。好景気が金鉱や土地の投機に起因し、中流以上の人に限られたもので細窮民には程遠いという批判もあったが、酒税や妓生営業税が急増するほど「大京城《けいじょう》」が「享楽都市」に化す「頽《たい》廃《はい》の気風」が指摘されるまでになっていた。

こうした好景気を支えたのが企業の満州進出であった。三三年頃から満州は朝鮮物産が進出する新市場として脚光を浴び、水産物や農産物の輸出が増加するようになる。各種企業の進出も目を見張るほどで、鉄道局では貨物の輸出で紛忙する状況であった。こうして新聞に

「朝鮮物産万歳！」と叫ぶ見出しが躍り（『東亜日報』三四年六月一九日）、好景気による満州進出で失業者も減少したと伝えている（同一一月一日）。

朝鮮の財界は好景気の原因が高橋蔵相のインフレーション政策と満州事変以後の軍需工業の興盛にあるとみていたが、それは戦争が今後世界大戦へと発展することへの期待でもあった。『三千里』三五年一一月号の座談会はこうした雰囲気をあらわしている。

座談会は「千載一遇《せんざいいちぐう》の戦争好景気来！　どのようにしてこの際お金を儲けるか」という題目で行われた。第一次世界大戦中の戦争景気を久しぶりに味わった朝鮮の財界において、はるか遠くのイタリアによるエチオピア侵攻（三五年一〇月）が世界大戦に飛び火するならば千載一遇の機会にほかならなかった。当時の朝鮮財界を代表する和新百貨店や京城紡績の関係者、建設業者など経済人らが参加して、来る戦争好景気の情勢を分析し、利益を得る方法について議論したのがこの座談会であった。

財界の巨星も満州進出を説く

拝金主義的な風潮のなかにある植民地朝鮮において、「黄金」とは時代のキーワードになっていた。『三千里』一九三五年一二月号の「百万長者の百万円観」は政治・社会的に卓越な位置にある元老に「黄金観」を聞く企画である。インタビューを受けた金基徳《キムギドク》は、満州国建国によって重要な国際貿易・軍港として浮上した羅津《ラジン》を拠点にして財を成した「財界の巨星」である。満州を舞台にしてさまざまな事業を展開する金基徳は、事業的見地から満州への進出についてこう語る。

もちろん有望でしょう。朝鮮内には大きな事業といえるようなものがありますか。すでに全部占められていますからね。今後の進出といえば広大な地域の満州方面になるでしょう。とくに現在の状況では木材や穀物の貿易が有望だと思います。

もちろんこの企画の「ニュース・バリュー」である百万長者の「黄金観」も忘れない。以上のような当時の新聞や雑誌記事にみられるように、満州を舞台にした企業家が朝鮮にも多数あらわれていた。『三千里』三六年八月号に掲載された円卓会議は、「満洲に行って金儲けするには？」と題して「諸権威」が集まり、満州進出についての方策を探る座談会であるが、朝鮮産金代行組合会社重役の李晟煥《イソンファン》は「我々の生きる道はここに積極的に進出することにある」として移住を積極的に促している。その移住の条件は、朝鮮での生活が苦しくてやむをえず放浪の道へ進むのではなく、故土に帰るという気持ちで不安を捨てて行くことであった。そして「我々の努力をもって提供すれば、この天賦《てんぷ》の富源開発が可能であるだけに、しかも人口の分布状態からみても朝鮮内だけで跼蹐《きょくせき》せず、広大な新開拓地に進出して生きることも近代新人の務めである」とするように、移住はもはや選択ではなく近代的主体としての使命となった。満州産業株式会社社長の孔鎮恒《コンジナン》は、「大阪や東京の大財閥が進出してからは手後れで、移住者であれ投資家であれ、いまこそが進出に最も適している」と呼びかけた。

満州事変から五年が経過すると朝鮮の大きな財閥が満州に進出するようになっていた。『三千里』三七年五月号の記事が示すように、「満洲事変後の五年間、各地の治安が徐々に確立されるにともなって鴨緑江と豆満江を越えて黄金を担いだ朝鮮内の投資家が満洲に行く

増産される満州の大豆　日本に輸出するため、大連埠頭に野積みされた北満州産の大豆の山

木材の緊急増産　山林で大量に切り出された木材は、朝鮮の財界も注目した満州の有力な産物だった

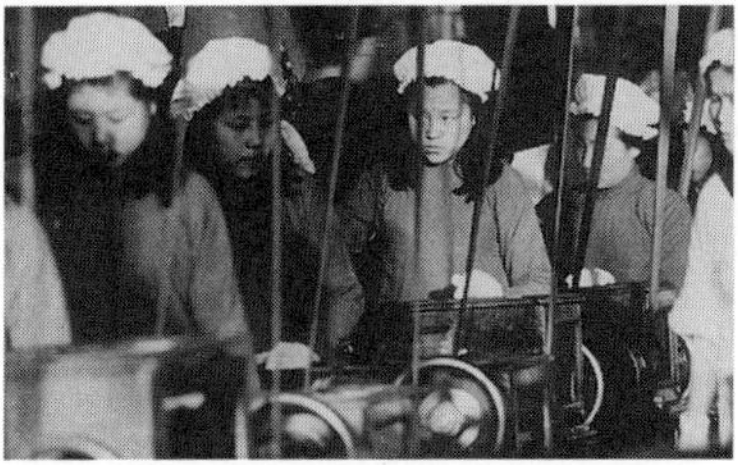

奉天造船所で働く満州人女工　安価な労働力は事業家にとっても魅力があった

状況である」有り様だったのである。

漠然とした期待で到来する人々

企業の満州進出が朝鮮における好景気を支えるものの、景気回復を体制内に吸収することにはならず、無産階級を外部に押し出すような植民地経済の構造が満州への移住を促した。日本はこうした急激な移民の増加を「満洲の内包する憧憬乃至《ないし》吸引力に依《よ》るものでなく、寧《むし》ろ朝鮮社会に内在している圧力が之等《これら》を押し出すもの」とみていた。しかし朝鮮人を満州に引き寄せる「憧憬乃至吸引力」を無視しては三〇年代以降の満州移住は説明できても、満州進出は説明できない。例えば、『東亜日報』(一九三二年八月八日)は次のように渡満について警鐘を鳴らしている。

満洲は良い所だ。しかし大変極まりない地である。したがって満洲にくる者、たんに「満洲は良い所だ」とばかり認識してはならぬ。土地が肥沃で物資が豊富であることから満洲を福地と思うのは過ちではないにしても、文明が落後し治安が不備であり、匪賊の跋《ばっ》扈《こ》が甚《はなはだ》しいことで苦難の感は免れまい。しかも満洲を追いかける者―満洲の歴史的事実と一般情勢を知らずしてはならず、経済関係及び政治形態の如何をよく知るべきである。しかし最近満洲に到来する者のなかには満洲に対する常識も覚悟も全くなく、まずもって

「満洲は良い」という漠然たる思いで故土を発ち実際と希望が符合せねば無駄に少なき金銭を消耗して異域客舎で無聊な歳月を過ごし不如帰の長嘆を発する者少なくない。勿論《もちろん》経済の破滅に当面し生活の根拠を失った避難民、失業群として満洲へ新国家が建立され門戸を開放して東亜の宝庫—満蒙の富源を公開するというのであるから、そこに職を求めて仕事を探そうとするのは決して無理ではない。しかしどんなに新政権が樹立され万民が存栄をともにするとしても、朝鮮の人がいきなり幸福を享受することはありえず、たとえ東亜の宝庫が眼前に展開されるとしても一定の計画なしに成功すること能わず。

さらに三六年五月二日の「渡満せんとする青年に告ぐ」という記事は、「……いまこの社会環境に置かれている我々としては避けがたい空想なのかも知れないが、無駄な一攫千金の夢を追いかけて時勢よき満洲にさえ行けば苦しくて辛い自らの生活が解決すると思うのはあまりにも「虚栄」に浮かぶ空想ではなかろうか」とする。「朝鮮物産万歳」が叫ばれるなかでも、定着に失敗して飢饉に苦しむ農民や都市の失業者として放浪する人々の姿もともに伝わってきたのである。

このように当時の朝鮮には、満州に行けばどうにかなるというような漠然とした期待が漲《みなぎ》っていたのである。

ロマンチシズムと頽廃の二律背反的空間

では「東洋のバルカン」から「東洋のエルドラド」といった、期待や機会としての満州のイメージはどのように作られていったのだろうか。その手がかりは、当時の知識人の旅行記や文学作品によくあらわれている。

帝国のイデオロギーを内面化した知識人の満州は、一方では明朗性と理想主義が結合した「満州ロマンチシズム」としてあらわれ、他方では頽廃と没落、逃避と虚無の世紀末的意識に覆われた満州だった。つまり満州は二律背反的な空間だったのである。

こうした混沌とする空間を作家の李《イ》孝石《ヒョソク》は『碧空無限』（一九四一年）で次のようにあらわしている。「満州とは複雑な穴だよ。広いところであってもそのなかにどんな世界が隠れているのかわからないからね」。しかし、満州は「複雑な穴」であるからこそ「面白い」場所なのである。李《イ》箕《ギ》永《ヨン》は農村視察を目的に満州を訪れ、「大地の子を探して」と題する紀行文を『朝鮮日報』（一九三九年九月二六日〜一〇月三日）に連載したが、そこでも満州は「彼らの自覚如何によって王道楽土を作ることもでき、反面堕落の穴で永久にさまようことにもなりうる」場所として描かれている。

李孝石の『碧空無限』は『毎日新報』（一九四〇年一月二五日〜七月二八日）に連載された「蒼空」を、翌年に単行本として発刊したものであるが、物語の舞台となるのが紺碧の空が無限に広がる満州であった。李は一九三九年と四〇年に満州を旅しているが、作品にはその印象が投影されていた。

ただ、満州は「複雑な穴」である。ハルビンに向かった主人公の千一馬《チョンイルマ》は宝くじや競馬で大儲けし、ロシア人の女性を得るなど「二度も幸運を当て、さらに恋まで得ていま故郷に戻ろうとするのである。まるで彼を待っている幸運を探しに旅発った道のようだ」とソウルの友人から羨《うらや》まれたように、「満州の幸運を一手に」することができた。満州は確かに一馬に幸運をもたらしてくれた。しかし登場人物に「満州にきていわゆる成功したとされるほとんどの朝鮮人は、おそらく皆そのような危険な道（麻薬密売――引用者）を歩んできた人たちだよ。そもそも、開かれた道なんてそれしかなかったけどさ」と語らせているところから推察されるように、満州における「成功」といっても、それは宝くじや馬券か、あるいは麻薬という冒険的な「賭け」のようなものであった。

植民地・朝鮮に巻き起こる満州ブーム

西洋趣向の強い李孝石は、「東洋のパリ」といわれた国際都市・ハルビンに憧れていたといわれるが、世界に通じる関門としてたどり着いたハルビンは理想の都市ではなかった。『満州日日新聞』に掲載した「満州旅行短想」では「新しいもの一色で何でも壊してしまうのは無意味である」と批評しているように、日本による満州の近代化とは日本的なものの移植にすぎないことが暗示されている。

こうした満州を李孝石とともに旅行する予定だった兪鎮午《ユジノ》――後に韓国の憲法を起草して日韓会談の韓国側首席代表となる――は、自らの新京体験を小説にした「新京」(『新時代』一九四二年一〇月号)のなかで、大都市・新京の近代的スタイルを「東洋が西洋の影響から脱して自らのものを創造しようとする努力の今ひとつのあらわれ」と表現しながらも、「五族協和」と「鮮満一如」のはざまで揺れる在満朝鮮人の苦境をほのめかしている。この京城帝大出身のエリートにとって、現状打開のすべは、「自ら努力するほか方法はな」かった。

四〇年代になると、病魔に倒れた李孝石はともかく、兪鎮午は時局講演、学徒兵の志願の勧誘など文人報国を積極的に行っていく。朝鮮総督府のハングル版の機関紙『毎日新報』や雑誌に掲載されたこれらの作品は、朝鮮半島のエリート層に広く読まれていたに違いない。「蒼空」が『毎日新報』に連載されていたとき、すでに触れたように、朴正煕が普通学校の教師を辞め満州に向かうことになった。もし朴正煕が新聞連載に目を通していたなら、満州という「複雑な穴」に身を投じようとする自分への強い後押しと思ったのではないか。そこに待ち構えていたのが、「幸運」か、それとも「不名誉」だったのか、その時点の朴には見当もつかなかったかもしれないが。

このように、満州国の建国は、植民地・朝鮮にとっても、いや日本にもまして「満州ブーム」を巻き起こすことになったのである。満州国の朴正煕という「鬼胎」は、このような歴史の脈絡のなかで産声を上げることになるのである。

満州が生んだ鬼胎たち

一攫千金の夢をかなえるチャンスの地

植民地の朝鮮人は、一九二〇年代の「文化政治」と満州事変を経て、一方では収奪と抵抗という被支配民族からの解放を待ち望みながらも、他方ではその「植民地的近代」の日常を生きていかざるをえなかった。ソウルは急激に都市化が進んで、消費文化の中心地になると、跛行《はこう》的な資本主義経済が浸透し、経済的・文化的欲望が膨らんでいくことになった。ただし、植民地での民族的差別は歴然としており、その制約を超える地位の上昇は、権力や金力を投機的なかたちで手に入れるしかなかった。「一攫千金」という言葉は、そうした差別から脱却する個人救済の記号のような意味をもっていた。そして日中戦争以後、植民地・朝鮮では「一攫千金」の夢を叶えてくれる「チャンスの地」満州というイメージが広がっていくことになるのである。

朝鮮人の、日本帝国の臣民としての地位は、満州帝国における五族協和の理念と齟齬《そご》をきたす一方、「内鮮一体」のもと、植民地での差別を満州において相殺できるという幻想も根強かった。前出の李箕永は「大地の子を探して」で、異国の地で至るところに根を下ろす朝鮮農民の強靭な生活力に感嘆しながらも、「一攫千金」の夢想に取り憑《つ》かれた根無し草の浮

動性を戒めている。「まるで金店屋（金鉱屋）のように、今日は忠清道《チュンチョンド》、明日は咸鏡道《ハムギョンド》とい
う具合で、一攫千金を夢想しながら満州の平野を放浪する」農民にとって、いまや渡満は、
投機や金鉱探しとほとんど変わりなかったのである。
そして「一攫千金」は植民地・朝鮮において差別の現状から抜け出すための地位上昇のメタファーとなった。ある者は金鉱を探し求めて山を掘りかえし、ある者は「一旗挙げてくる」といって満州へ向かった。「つるはしをもって土にまみれて山奥をさまよう人が、よい金鉱をみつけさえすれば一躍数百万、数千万の長者となり、文化住宅、一流紳士、名望家、文化事業を恣《ほしいまま》にすることができ、地域の人士として最高水準にのし上がることができ」るようにしたのが「一攫千金」であった。そうすることで「昨日まで（彼を——引用者）見下していた連中も彼に頭を下げ、親しんで話しかけて、門前市をなす」のであった（『三千里』三六年六月号）。

「立身出世」による日本帝国への統合

こうした「栄誉」を夢見て人々は金鉱を探し、満州に向かったのであるが、田舎の普通学校の一教師である朴正熙が人生の「一攫千金」を獲得する道は、満州に行き軍人になることだった。成功して軍人となり錦衣還郷した朴正熙は、さっそく郡守、署長、校長など「昨日まで見下していた連中」を呼び出して、軍刀をかざして自らの前にひざまずかせ、許しを請

わせたというエピソードが残されている。

満州は、こうした朴正熙のような立身出世を目指す植民地の青年たちに「差別からの脱却」の機会を提供したのである。そして実際、満州で朝鮮人は、植民地でははい上がれない地位にまで到達する機会に恵まれることがあった。例えば、京城帝国大学で朝鮮人が正教授に任用されることはなかったが、満州国の最高学府である建国大学では崔南善《チエナムソン》が教授として採用されている。また植民地では普通文官試験しかなく、日本で高等文官試験に合格しても、朝鮮に発令される仕組みになっていたが、満州国では高等文官試験に合格すると、現地の官僚として任用されたのである。このような高級官僚への地位の上昇機会など、満州国は、有為でアンビシャスな植民地の青年たちに「一攫千金」にも等しい「地位逆転」のチャンスを差し出したのである。この「二重国籍」的状況を活用した朝鮮の青年たちの「立身出世」は、他方では植民地の朝鮮人を日本帝国に統合させる効果的な機制になっていた。

建国大学正門　1938年創設当時

植民地の青年たちにとって主要な「活路」とみなされたのは、大同学院、新京法政大学などの官僚養成機関であり、陸軍軍官学校、陸軍医学校、中央警察学校、憲兵学校などの軍警養成機関、また最高学府の建国大学や新京工大、奉天医大、哈爾浜《ハルビン》学院などの教育機関その他、開拓総局や満州国協和会などであった。

朴正煕の活路

こうした「活路」を見出そうと朝鮮の青年たちが、満州へと越境していく傾向に拍車を掛けたのは、後述するとおり、「鮮満一如」という積極的な域内一体化の政策が推進される一九三六年以降である。

この年の一〇月、朝鮮総督の南次郎《みなみじろう》と関東軍司令官の植田謙吉《うえだけんきち》との間に第一次満鮮協定が結ばれ、朝鮮と満州の積極的な一体化が進められるようになる。これは、翌年に予定されていた日本の治外法権全面撤廃に対応した政策でもあった。

ただし、関東軍の意向は、治外法権の撤廃による急激な変化を望んでいたわけではなく、「在満朝鮮人は適材適所に配置し、他の民族と同等な資格で官公吏に任命」し、「鮮満人の間の対立的感情を激化させないよう留意」しなければならないというものだった。この場合の「他の民族と同等な資格」とは、中国人官僚を念頭に置いたものである。つまり、満州国の各機関官庁を通じて日系官吏と満系官吏の定員数の比率を設定した「日満比率」を覆しかねないような朝鮮人官僚ポストの増大は事前にこれを制限し、「適正な」比率に抑え込むというものだった。

このような「鮮満一如」と「五族協和」のスローガンの背後で働いていた人事・統治システムの結果、「鮮満一如」が掲げられる年の前年（一九三五年末）でみても、満州国官吏の民族別構成を全体の人口比率でみた場合、日本人は一三・八パーセント、中国人が〇・六六パーセントであり、朝鮮人は一・六〇パーセントにすぎなかった。

この実態でみる限り、在満朝鮮人官吏は、満州国の実質的な統治主体というよりもむしろ、満州国を揺るがしかねない朝鮮人抗日運動に対抗する「下位的対応主体（朝鮮人の抗日運動を取締る同じ朝鮮人の植民地官吏）」（任城模「植民地朝鮮人の「満州国体験」とその遺産」）に位置づけられていたとみるべきである。

にもかかわらず、「皇国臣民」（内鮮一体）と「満州国国民（＝鮮系国民）」（鮮満一如）のはざまの二重のアイデンティティを強要された在満朝鮮人の一部は、徹底した「皇国臣民化」を通じて「一等国民」に「変身」しようとする内的な動機に駆動され、官僚や軍警、大学などの「活路」を見出そうとしたのである。朴正熙はまさしくそうした青年たちのひとりであった。

朝鮮人も例外でない総動員体制へ

ところで、一九二五年に治安維持法が制定される前後、日本では絶対主義的天皇制に脅威となる個人主義や社会主義への批判と排除が強まっていった。こうした思想統制は大正天皇の「国民精神作興ニ関スル詔書」にみられるように、欧米志向の社会的・思想的動向に対する官僚・軍部支配層の深刻な危機感と鋭い警戒心のあらわれであった。欧米の思潮・価値観がもたらした市民的自由を要求する大正デモクラシーという危機を、「詔書」は「公徳ヲ守リテ秩序ヲ保」ち「忠孝義勇ノ美」「質実剛健」の気風を高め「皇祖皇宗ノ遺訓」にしたがって「国家ノ興隆ト民族ノ安栄」をはかり「国民精神」を奮い立たせることによって克服せよ、綱紀を粛正して国家主義を徹底せよと迫った（山科三郎「総力戦体制と日本のナショナリズム」）。

西洋近代への対抗として鼓吹《こすい》された「国体」ナショナリズムは、満州事変を引き起こした日本が大陸へと侵略戦争を拡大し欧米と対決姿勢を強めるなかで、アジア諸民族の人的・物的資源を動員する支配イデオロギーとなっていく。満州国の指導原理である「五族協和」「王道楽土」のスローガンもこうした「国体」ナショナリズムの思想形成のもとに置かれていた。そして日中戦争が長期持久戦へ持ち込まれると、西欧近代の危機を克服して東洋平和を建設するという「世界史的使命」が国民を総動員体制に駆り立てるイデオロギーとして喧伝されるのであるが、その対象は「帝国臣民」である朝鮮人も例外ではなかった。

一九二〇年代までは、植民地支配は朝鮮人を帝国臣民として包摂する同化政策をもって進められるが、三〇年代以降、とくに日中戦争を期して朝鮮半島は日本帝国主義の「大陸兵站基地」として位置づけられるようになり、「一視同仁《いっしどうじん》」を理念とする内地延長主義を制度や思想の面において実質化していく皇民化政策が本格化する。朝鮮は食糧や工業生産物はもちろん、労働力や女性の身体までもが戦時動員の対象とされ、そうした戦時動員を遂行するためには、従来の欺瞞的な差別的同化政策を超える理念が求められたのである。

こうした日本帝国の総力戦体制は、朝鮮の民族性そのものを否定し、天皇を頂点に仰ぐ皇道という日本の国家原理を朝鮮にまで広げる「国民精神総動員運動」や学校における皇民化教育、社会主義者の転向工作としてあらわれ、特別志願兵制度を導入して究極的には天皇のために「殉国」することのできる真の「帝国臣民」を養成しようとした。この時期がまさに、朴正熙が青年時代を迎える人格形成期にあたっている。

大陸兵站基地が目標の「内鮮一体」

満州事変の年に宇垣一成《うがきかずしげ》が朝鮮総督として赴任すると、翌年の一九三二年に朝鮮総督府は農村振興運動を開始するようになった。朝鮮農民に対して「勤勉」「倹約」の実践を訴えることによって昭和恐慌下での貧窮からの「自力更生」を促し、ひいては民族主義・社会主義の影響力を削《そ》ごうとしたのである（松本武祝「戦時期朝鮮における朝鮮人地方行政職員の「対日協力」」）。ちなみに、この農村振興運動が後の「国民精神総動員運動」など「国民運動」の前史となるのであるが、この皇国臣民化を強調して農民の自覚を求める精神改造運動はある意味で朴正熙が一九七〇年代に展開することになる「セマウル運動」の原型であると

南次郎　陸軍大将、陸相、関東軍司令官、朝鮮総督などを歴任した

いえるかもしれない。

農村に始まった精神的な側面から朝鮮の物的・人的資源を搾取する総動員運動は、三六年八月に南次郎が朝鮮総督に着任することでいっそう強化される。そこで南総督が力説したのが、「半島施政に臨む最大方針」である「内鮮一体」であった。南次郎は、かつて朝鮮軍司令官として（一九二九年八月～一九三〇年一二月）、「朝鮮のことはよく承知して」いただけでなく、総督就任直前まで関東軍司令官であり（一九三四年一二月～一九三六年四月）、これらの経歴は、時局下に重要性を増す「鮮満」との関係からも「適任」と評された（岡本真希子『植民地官僚の政治史』）。

その評判どおり、南総督は「国体明徴《こくたいめいちょう》」を根本に据えて「内鮮一体」と「鮮満一如」を積極的に促進する。三七年五月に上奏した「朝鮮統治五大政綱」（国体明徴・鮮満一如・教学振作・農工併進・庶政刷新）をもって、南総督が最初に決心したふたつの統治目標、すなわち天皇の朝鮮行幸と徴兵制の実施に向かっていくのである（御手洗辰雄『南次郎』）。こうして日中戦争の泥沼化という時局下において、「内鮮一体」および「鮮満一如」は皇民化政策の主柱となるのであった。

なによりも総力戦体制に巻き込まれる朝鮮において、「内鮮融和の如き内鮮平等の如き、相対的関係ではなく、日本国体を基にした有機的内面的一体論」（津田剛『内鮮一体論の基本理念』）として「内鮮一体」は唱えられなければならなかった。皇民化政策の最終的目標が徴兵制度の実施にあるとするならば、皇国軍人を育成するためにも日本語の学習と日本式の氏名はもちろん、天皇のために殉ずる日本精神を備えなければならなかったのである。それは創氏《そうし》改名《かいめい》や学校教育における日本語の強要、「皇国臣民の誓詞」の暗誦、宮城《きゅうじょう》遥拝《ようはい》として具体化された。京城帝大教授の鈴木武雄が「大陸兵站基地論解説」（一九三九年）で説くように、「五大政綱」の基礎となる統治の根本方針としての「内鮮一体」はすなわち「大陸兵站基地朝鮮」だったのである。

戦時動員のための装置「皇民化教育」

「朝鮮統治五大政綱」と「内鮮一体」をもって朝鮮を全面的に戦時体制下に再編成することも課題とした朝鮮総督府の「時局対策調査会諮問答申案（試案）」（一九三八年九月）は、朝鮮統治の根本政策を、次のごとく答申した。すなわち「半島同胞ヲシテ一視同仁ノ聖旨《せいし》ニ基キ宏大無辺《こうだいむへん》ナル皇沢《こうたく》ニ浴《よく》セシメテ名実トモニ完全ナル皇国臣民化ヲ図リ寸毫《すんごう》ノ間隙《かんげき》ナキ内鮮ノ一体ヲ組成シ……克《よ》ク帝国ノ大陸経営ノ兵站基地タルノ使命ヲ全《まっと》フスルト共《とも》ニ進ンデ八紘《はっこう》一宇《いちう》ノ肇国《ちょうこく》ノ大精神ヲ顕現《けんげん》スルニ在《あ》リ」と。そして、これを具現するためには、「学校教育社会教育ヲ通ジ右精神ヲ不抜《ふばつ》ニ培《つちか》フコト最モ肝要《かんよう》ナルヲ以《もっ》テ初等学校及《および》中等学校ノ可及的《かきゅうてき》速《すみやか》ナル普及ヲ図リ国体明徴・内鮮一体・忍苦《にんく》鍛錬《たんれん》ノ三大教育方針ヲ徹下《てつげ》シテ完全ナル皇国臣民ノ育成ヲ期スル」ことが求められた（鈴木敬夫『朝鮮植民地統治法の研究』）。

一九三五年、天皇機関説への排撃とともに始まった「国体明徴」運動は朝鮮にも波及する。この「国体明徴」と「内鮮一体」が結合し、苦境を忍耐する強靭な精神を要請する「忍苦鍛錬」がセットとなって、これらが朝鮮における教育の三大方針となった。それに対応して一九三八年に朝鮮教育令の第三次改正が行われる。時を同じくして「陸軍特別志願兵令」が実施されるのであるが、「志願」という「自発性」に委ねられるとはいえ、兵士として朝鮮人の動員が開始されるのである。皇民化教育は、朝鮮人の戦時動員のために日本人と朝鮮人の区別が撤廃されたかのようにみせかける装置であった。

空疎な「国体」ナショナリズム

一九三八年の朝鮮教育令改正は、朴正熙が大邱《テグ》師範学校を卒業し、聞慶《ムンギョン》の普通学校の教師として勤務する時期である。教育現場で学生の指導に当たる訓導・朴正熙にしても、こうした教育方針は徹底的に刷り込まれたであろう。

ただし、三〇年代の戦時期をとおして「国体」が神がかり的な「非宗教的宗教」と化すのであるが、自らも「国体」の魔力によってパラノイア的な熱狂のなかにあったに違いない支配層にとっても、敗戦に至るまで「国体」の究極的な「奥義」が皆目わからなかった。この怪しげな「国体」に実質をもたらすため、一九三九年の大審院の判例は帝国憲法の第一条「大日本帝国ハ万世一系ノ天皇之《これ》ヲ統治ス」と、第四条「天皇ハ国ノ元首ニシテ統治権ヲ総《そう》攬《らん》シ此《こ》ノ憲法ノ条規ニ依《よ》リ之《これ》ヲ行フ」をもって「国体」の核心を定義した。にもかかわらず、そもそも「超越的な統治権者」としての天皇の絶対性と立憲君主主義を規定した憲法の近代性が併存することの矛盾と、その一元化を支えるべく「臣民」の「忠君愛国」を動員する『教育勅語』の茫漠《ぼうばく》性は、むしろ「国体」を空疎なものにした（姜尚中『ナショナリズム』）。

『国体の本義』　文部省編纂、1937年発行。２年間で約40万部も発行された

そうだからこそ、文部省は三七年に『国体の本義』を配布することで、内外の危機に対応して共同体に心理的な安定感を与え、その結束を通じて内部に累積された危機のエネルギーを外部に一挙に放出しようとしたのである。したがって、「国体」が何であるかは茫漠としても、「国体」ならざるものに対して峻厳な権力体としての排

他の暴力を発揮することは自然な成り行きだった。植民地における皇民化政策は、こうした暴力性をもって展開されるのであるが、「国体」ナショナリズムの「空疎さ」は、内外の「明徴」ならざる、不透明で異質な「他者」と接するとき、より鮮やかに浮かび上がるとともに、それが異質な文化や民族、人種を抱え込んだ場合の軋轢《あつれき》・相克をもたらすというジレンマも深まるのである。そしてそれが「内鮮一体」や「五族協和」という植民地イデオロギーにほころびをもたらすことになる。

総力戦遂行のための「鮮満一如」

一方、「朝鮮統治五大政綱」にあるように一体化するのは「内鮮」のみではなかった。南総督は朝鮮と満州の一体化こそが総力戦遂行において緊要であることを認識しており、「鮮満一如」はそうした意志のあらわれであった。

すでに述べたように、日露戦争後には、さまざまな「満韓地図」が製作され満韓旅行が流行し、「満鮮史」が東洋史において重要な研究部門に位置づけられるなど、朝鮮と満州が緊密な関係をもっていることが歴史的・地理的に築き上げられる。朝鮮側でも満州を故土と認識する大陸ロマンチシズムが民族の悠久性の証《あかし》として独立運動の基盤となり、また多くの農民が生活の糧を求めて満州に向かった。そして「五族協和」を唱える満州国が成立し朝鮮と満州はより緊密になったものの、「朝鮮においては満州国の新興を対岸火視する嫌《きらい》があって、殆《ほとん》どお互いに無関心の態度であった」（曹元煥『鮮満一如と民族協和』）のが現実であった。

このように「鮮満」が相容れないことの理由は、それが「内鮮一体」以上に虚構であったからにほかならず、そういう虚構を支える論理、つまり「五族協和」と「内鮮一体」を強調すればするほど、両者の相矛盾する現実が浮き彫りになるのであった。在満朝鮮人の国籍問題は満州国の成立によっていっそう複雑になるばかりであった。「五族協和」のもとで朝鮮人を管理しようとする満州国の国籍法は、民族として切り離せない在満の朝鮮人を日本帝国臣民として欲する朝鮮総督府の方針と対立したのである。

それは三五年八月、日本政府が満州国の治外法権の撤廃を閣議決定（満洲国に於ける帝国の治外法権の撤廃及南満洲鉄道附属地行政権の調整及移譲に関する件）することによっていよいよ現実問題となった。植民地・朝鮮と満州国の戦時統合の実態を明らかにした田中の研究によると、満州国の治外法権撤廃に際して、朝鮮総督府は満州国政府および関東軍との間で行われた在満朝鮮人教育行政権委譲問題に関する交渉で、最終的には満鉄沿線主要地を除いてそれを委譲することで妥協することになるが、朝鮮総督府は「内鮮一体」の論理から在満朝鮮人教育行政権の満州国への委譲に原則反対する立場を示したのである（田中隆一「対立と統合の「満鮮」関係」）。

この問題を協議するための会談が、南次郎朝鮮総督と植田謙吉関東軍司令官との間で図們《ともん》にて開かれる。この会談で「此際《このさい》満州建国の本義に顧み、現に鮮内に於《おい》て勝れたる鮮人を満州国政府の中央及地方に相当之《これ》を登用して、満州国の内部より鮮人も五族協和の意味にて建国の創業に参加し得る如く人心を誘導する必要あり」と合意された。先にも述べた南総督が「鮮満一如」を打ち出したのはこの会談においてであった。

教職を捨て満州に向かう朴正熙

この合意にもとづいて、間島省長には朝鮮総督府の中枢院参議を歴任した李範益《イボムイク》が就任し、「鮮満」間の交通通信のインフラの整備や関税率・貨物運賃料の改定、通関手続きの簡素化など経済統合が促進され、一時間あった時差も撤廃されることで「鮮満一如」が具現するかのようにみえた。しかし「内鮮一体」と「五族協和」という矛盾する植民地イデオロギーの相克も、日中戦争が泥沼化して「国防的見地から朝鮮の資源が再検討される」と、満州国の独立国家としての建前よりも、朝鮮人を帝国臣民として確立したうえで「日満不可分関係」を具現することが実質的な課題となる。超国家主義の膨張的スローガンである「八紘一宇《はっこういちう》」は、矛盾し対立するさまざまな植民地イデオロギーを溶解するフィクションの上位概念であった。

こうして南総督も、一九三九年五月三〇日の国民精神総動員役員総会において、在満日本内地人、および在満朝鮮人は「満州国の人民」であるが「満州国」の人民ではなく、「大日本帝国の臣民」であるとして、あくまでも日本国籍を有することを主張することで、「内鮮一体」と「五族協和」の確執における「内鮮一体」の勝利を高らかに宣言するのである（田中隆一、同前）。「帝国の朝鮮人統治が内鮮竝行を建前とする関係よりして朝鮮統治の将来に影響する所頗《すこぶ》る」と認識していた朝鮮総督府は、その「内鮮一体」の原則をあらゆる領域に向けて適用していく。

ふたつの理念には軋轢があったものの、「内鮮一体」と「鮮満一如」の台頭によって、朴正熙の満州行きの敷居は一段と低くなっていた。とはいえ朴正熙が満州へ皇国軍人の道を歩むには、皇民化政策を徹底化する思想統制では不十分であったに違いない。日本人としての「恩恵」が付与されるだけでは、人生の賭けに出るにはリスクが大きかったはずだ。自らが身を立て世に出ることへの主観的・客観的諸情勢を確信したからこそ、朴正熙は安定した教職を捨てて満州へ向かうことができるのであった。そうした朴正熙を確信づけたのが、「東亜協同体」の理念を朝鮮の知識人が受け入れ、アジア主義と民族主義を溶解した新しい帝国臣民としての主体が創出される思想状況の到来である。

日中戦争　盧溝橋上で気勢を上げる日本軍

日中戦争が起こり、緒戦で日本が中国の戦略的拠点を次々と陥れると、戦争拡大を契機にして独立につなげようとする朝鮮社会主義者に動揺が走る。そして朝鮮での思想運動や独立運動など抵抗活動もほとんど消滅し、日本政府・民間が「東亜新秩序」や「東亜連盟」なる新たなスローガンを高唱すると、そこに内包される「内鮮一体」の論理を流用して帝国へ協力しながら差別の撤廃を要求し、自立性と民族性を確保しようとする動きがあらわれる。戦時体制下で社会改革を実現しようとする日本の知識人の論理に可能性を読み取り、資本主義の問題を超克して東亜に新秩序を建設する協同体の一員として、朝鮮の戦時動員を積極的に引き受けていく方向へと多くの朝鮮人社会主義者が「転向」したのである。

「東亜協同体」論を支持する知識人たち

日中全面戦争に突入し、日本が緒戦で勝利して各地に傀儡政権を樹立した開戦初期の情勢は、やがて中国ナショナリズムの抵抗に直面することで膠着《こうちゃく》状態に陥ることになる。一九三八年一月の第一次近衛《このえ》声明で「国民政府を対手《あいて》とせず」として、交渉相手として否定した国民政府は日本に屈することなく、日中戦争は行き詰まり長期化する事態となったのである。それを打開するため近衛文麿《ふみまろ》首相は同年一一月には「東亜新秩序」を打ち出した。この第二次近衛声明で、日本は中国に侵入しながらも日中提携を呼びかけるのであるが、そのとき持ち出されたのが「東亜新秩序」の理念であった。

「東亜新秩序」の内実をめぐっては、「東亜協同体」論、「東亜連盟」論、経済ブロック論、大アジア主義など、さまざまな言説が登場する。経済ブロック論、大アジア主義は、既存の帝国主義的な言説の再現にすぎないが、「東亜連盟」論や「東亜協同体」論は中国の民族自決要求を承認することで日中の対等な連合を唱えるものであった。とくに「東亜協同体」論は、日本資本主義・帝国主義の変革による、日・中連携と社会解放の模索を唱えるものであり、三木清《みききよし》・尾崎秀実《おざきほつみ》・蠟山政道《ろうやままさみち》など昭和研究会系の知識人や、労働者・農民・被差別部落民の解放をめざす社会運動によって支持された（米谷匡史「日中戦争期の天皇制」）。

こうした日本での「東亜協同体」の論理に応答したのが、社会主義系列の朝鮮の知識人たちであった。三・一独立運動後の「文化政治」以来、資本階級や知識人、宗教家など民族主義右派は親日勢力に包摂され、民族自治運動を重視する改良主義に流れていった。他方、社会主義勢力および非妥協的な民族主義勢力は二〇年代後半に左右合作組織である新幹会を結成する。さらに三一年に新幹会が解散されてからは、社会主義勢力は大陸兵站基地として再編成される植民地支配体制のもとで困窮化する労働者階級の革命的労働運動を展開する。日本帝国主義のファシズム体制

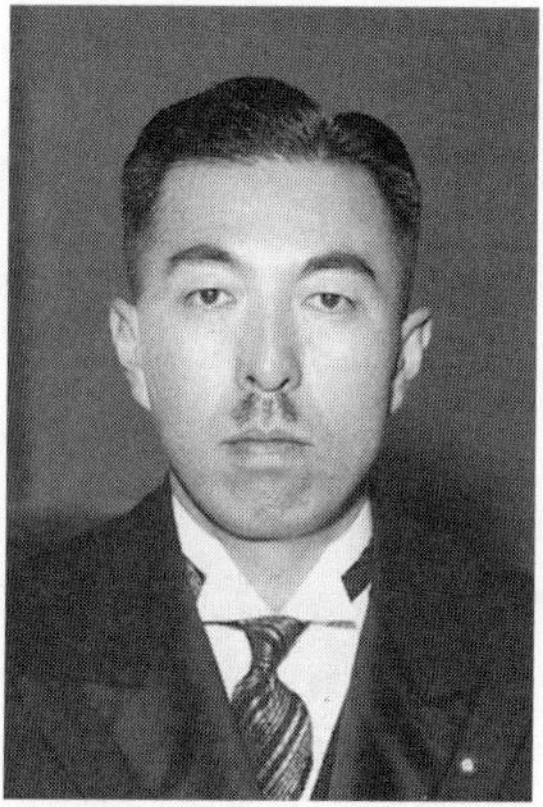
近衛文麿　3次にわたり組閣する。東亜新秩序を唱え、日独伊三国同盟を締結、大政翼賛会も結成した

が強化され、思想統制と武力弾圧が露骨になることで合法的活動が困難になっても非合法的に階級闘争を展開するのであるが、それも日中戦争後には日本帝国主義に妥協していかざるをえなくなる。

この時期に朝鮮総督府の転向工作に屈伏した社会主義者には、金明植《キムミョンシク》、印貞植《インジョンシク》、車載貞《チャジェジョン》、朴致祐《パクチウ》、徐寅植《ソインシク》などがいる。これらの社会主義者たちは、民族解放と階級闘争を追求しつつ、民族改良主義に対抗する運動を三〇年代まで持続的に展開することができた。ところがやがて、反資本主義を掲げる朝鮮の社会主義者は、欧米資本主義の克服と東洋平和の実現という日本帝国の「世界史的な使命」に惹きつけられるようになり、植民地の朝鮮人が積極的に帝国の主体として甦る方途を模索するようになったのである。

満州国陸軍軍官学校への夢

朝鮮の社会主義者がその転向過程でアジア主義的な論理へ参画することの戦略性とは、戸邉が指摘するように、中国のナショナリズムへの応答として提示された「東亜協同体」論を、内鮮一体論を読み替える梃子《てこ》として導入し、内鮮一体論を「東亜」における民族協同の理念へとたぐり寄せ、民族性の抹殺をくい止めようとする主張であったことであろう（戸邉秀明「日中戦争期・朝鮮知識人の東亜協同体論　資料解題」）。しかし朝鮮を戦時革新に包含する社会主義者の戦略性は、朝鮮内における植民地解放運動の最後の砦の倒壊として、公式的な植民地解放運動の終焉を意味した。

このとき民衆の底流には、アジア・太平洋戦争への漠然とした破局の予感が漂っていただろう。だが、被支配民族から帝国的主体への転換を総力戦体制のなかで内部から求めていく思想状況では、政治情勢に敏感に反応して自らの未来を切り開こうとする朝鮮の青年たちには、もはや戦時動員体制に呑み込まれていくか、それを拒否して日本帝国主義に抵抗するしか道が残されていなかった。

満州国陸軍軍官学校　朴正煕は1940年４月に新京２期生として入学した

こうした朝鮮における思想状況は、社会主義者の兄をもつ朴正煕において、満州行きの最後の躊躇《ためら》いを取り払う契機になったのではないだろうか。元社会主義者の「転向声明」は、おもに『三千里』に掲載された。例えば「東亜協同体の理想は、日本帝国の臣民としての忠実な任務を果たすときだけ、朝鮮民衆に生存と繁栄と幸福を約束する」と力説した印貞植の「東亜の再編成と朝鮮人」が『三千里』に掲載されたのは、一九三九年一月のことであった。聞慶西部尋常小学校で訓導として勤務する朴正煕が、実際にこうした議論に影響されたかどうか知るすべはない。ただ、同年一〇月には新京にある満州国陸軍軍官学校の入学試験

白善燁　満州国軍官学校を経て八路軍討伐などに従軍。朝鮮戦争の英雄として著名

を受けており、満州に行って皇国軍人になる夢に向かっていた。

そして「幸い」にも、朝鮮人が満州で軍人となることは特異なことではなかった。『三千里』三七年五月号は「満州国で活動する人物」の記事で、満州国行政機関の官吏や関東軍、領事館、警察、中央銀行、法曹、学校、言論機関で活躍する朝鮮人を紹介しているが、そこには満州国陸軍中佐の李亮《イリヤン》や軍医少佐の安益祚《アンイクチョ》が紹介されている。さらに『三千里』三七年一〇月号には、「北中と上海一帯の戦線に出征して砲煙弾雨《ほうえんだんう》のなかで国のために奮戦する朝鮮人出身の将校」の活躍ぶりが紹介されている。その多くは日本陸軍士官学校出身であったが、こうした「皇国軍人」の活躍に朴正煕は胸を躍らせたであろう。そして貧農の末っ子であり、すでに年齢が二〇歳に達していた朴が日本陸士を目指すなら、それは満州国軍官学校に入学しトップレベルの成績を勝ち取るしかなかった。

さらに年齢は朴より下であるが、同じような境遇として平壌師範学校を卒業し一足先に満州国軍官学校（奉天九期）に入学していた白善燁《ペクソンヨプ》の存在は大きかったに違いない。白善燁は後に朴正煕が麗順《ヨスン》事件に連累して粛軍の危機に立たされたとき、朴に救いの手を差し伸べた

「命の恩人」である。また関東軍には師範学校時代に教練を担当していた有川圭一大佐がおり、満州軍には同郷の先輩である姜在浩《カンジエホ》がいたことも幸いした。

成績優秀で陸軍士官学校を経て関東軍へ

朴正煕の目の前には、兪鎮午が新京でみたような満州の蒼空が広がっていたのである。

一九四〇年二月に朴正煕は満州に発った。朴正煕が選んだのは「大日本帝国」の皇国軍人の道であった。師範学校で帝国体制の優越性と植民地エリートとしての自意識を叩き込まれ、帝国臣民としての国家観と体制順応的な人間観を身につけさせられていたならば、なんら不思議なことではない。軍人に憧れていたとされる朴正煕は、その夢を実現するチャンスをつかんだのである。

ところが、四月に満州国陸軍軍官学校に新京二期生として入学したとき、すでに二二歳の朴正煕は年齢的にその条件を満たしていなかっただけでなく、「国籍」や婚姻状況も妨げとなった。こうした問題をクリアするには、師範学校時代の恩師である有川圭一や先輩姜在浩の尽力があったとされている。師範学校の成績はかろうじて卒業できるほど下位の朴正煕であったが、教練・体育だけは頭角をあらわしており、関東軍に戻った有川とは親密な関係を続けたという。またその役割についての説が錯綜するが、軍官学校入学試験の試験官を担当するようになった姜在浩が朴正煕を試験場まで案内したともいわれている。

満州国軍官学校時代の朴　成績優秀で予科を卒業。1942年に日本陸軍士官学校本科に進学する。『朴正煕大統領逝去20周年写真集』（1999年）より

もちろん朴は「凡《すべ》ての条件に不適合」であることを承知していたとしても、ただ手をこまねいていたわけではなかった。自らも「一死以って御奉公　朴正煕」と血書した半紙を同封して、「熱烈なる軍官志願の手紙」を満州国の治安部軍政司徴募課に送ったのである。そこで「日本人として恥ぢざるだけの精神と気魄とを以て一死御奉公の堅い決心」を披瀝し、「命のつづく限り忠誠を尽くす覚悟」を表明した。

当局は「半島の若き訓導から」の手紙に「感激」したものの、この二度目の請願を「鄭重に謝絶」したと『満洲新聞』（一九三九年三月三一日）は「血書▼△軍官志願——半島の若き訓導から」と見出しをつけて伝えている。しかし、その熱意が届いたのか、それとも有川や姜在浩の尽力があったからなのか、朴正煕はその年の一〇月に軍官学校入学試験を受けて合格し、翌年二月に満州へ向かうのである。この問題は朴正煕の「親日経歴」の問題として今日まで議論を巻き起こしている。それはさておくとしても、出世志向的であった朴正煕が軍人へと進む道は「皇国軍人」でしかなく、満州国軍官学校長の南雲親一郎中将がいったと

伝えられているように、「天皇陛下に捧げる忠誠心という面で彼は日本人よりももっと日本人らし」く振る舞ったのである。

　もちろん植民地教育機関において規律を植えつけられる植民地の生徒としての悲哀は、原初的な民族的感情ももたらしただろう。だがそれが民族主義的抵抗へと転化することはなかった。朴正熙の選んだ道は、「東亜新秩序」における帝国の正当な主体としての地位を活かして、皇国軍人としてその「恩恵」を極めることであった。満州国陸軍軍官学校に入学した朴は、師範学校時代とは打って変わるモチベーションを発揮し、成績優秀者として予科卒業を迎える。四一年には日本式に改名して高木正雄となるが、さらに翌年にはその「民族色」をも排除するべく岡本実となる。成績優秀者に与えられる特典は日本陸軍士官学校への「編入」であった（『日本陸海軍総合事典』には四二年一〇月に同本科に進学して、日本陸士には留学生として学び五七期に相当すると記されている）。

　朴正熙は日本陸士を「卒業」して見習士官として関東軍に配置された。そして四四年七月に華北地方熱河《ねっか》省に駐屯する満州国軍歩兵第八団に配属されることになる。所属部隊の主な任務は八路軍の防御・討伐であった。同年一二月少尉に任官し、四五年七月には満州国軍中尉に昇進するが、すでに日本は降伏を迫られる時期であった。朴正熙は日本の敗戦を望むことも予測することもなかった。

戦後、死刑求刑から救った満州人脈

満州で終戦を迎えた朴正煕は、大韓民国臨時政府が主導する光復軍に合流し、翌年五月に引揚船で釜山にたどり着いた。朴正煕の満州行きは、満州に向かった朝鮮人としてはもっとも栄光なる人生の賭けであったが、その「賭け」は日本の敗戦とともに「満州狂」と同じく、いやそれ以上に「親日派」という「不名誉」なかたちで終わった。日本帝国の主体は、解放後の朝鮮では権力の主体にはなれるはずがなかったのである。

それは朴正煕だけでなく、後に韓国の権力中枢を構成する、満州が生んだほとんどの帝国軍人が直面した現実であった（丁一権／白善燁）。満州で敗戦を迎えた皇国軍人は追われるようにして満州から朝鮮半島へ、そして北朝鮮から南朝鮮へ潜入するしかなかった。ところが米国が占領した南朝鮮では、訓練された帝国軍人を重用することで、「不名誉」になった帝国軍人には再び韓国国軍としての「名誉」ある道が用意されていたのである。

帰国後数ヵ月あまり故郷でぶらぶらと暮らしていた朴正煕は、一九四六年九月に朝鮮警備士官学校の第二期生として入校し、朝鮮国防警備隊の陸軍少尉として軍に復帰した。しかし兄の朴相煕《パクサンヒ》が大邱で発生した左派勢力の一〇月暴動の過程で警察に撃たれ死亡し、それが朴正煕に大きな精神的ショックを与えたといわれている。その後、南労党（南朝鮮労働党）に加入することになり、済州島の四・三事件の鎮圧のために投入された兵士が南労党系将校の主導で反乱を起こす麗順事件で開始された粛清捜査によって四八年一一月一一日に逮捕される。混迷する政治情勢に巻き込まれたのは朴正熙も同様で、しかも左翼に加担したことは満州へ人生を賭けたこと以上に大きな試練となる。

根っこからの共産主義者にはそもそもなれなかった朴正熙は、南労党組織をぶちまけ軍の捜査に協力したことが、救命の決定的な条件になったとされている。日本陸士出身で航空士官学校校長であった金貞烈《キムジョンリョル》が救命活動に乗り出し、満州人脈である陸軍情報局長の白善燁が決断することで、およそ一ヵ月で釈放される。四九年二月の高等軍法会議で死刑を求刑され、無期懲役と罷免が言い渡されるが、まもなく一〇年に減刑され、それも刑執行停止となる。自らと同じような境遇をもつ朴正熙の卓越した軍事情報の専門家としての能力を買った白善燁の配慮によって、その後は非公式の文官として軍で勤務することになるが、こうした朴を再び武官としての軍人に復帰させたのが、朝鮮戦争であった。

第三章　満州帝国と帝国の鬼胎たち

国運転回ノ根本政策

帝国の地位を泰山の安きに置くために

満州国時代の岸信介やその上司であった星野直樹《ほしのなおき》、さらに岸の片腕であった椎名悦三郎《しいなえつさぶろう》や満州国総務庁次長であった古海忠之《ふるみただゆき》ら、満州国の指導的な官僚や錚々たる在満経験者の回想を集めた『ああ満洲』の序文で岸は、「新満州国」は、「民族協和、王道楽土の理想が輝き、科学的にも、良心的にも、果敢な実践が行われた」「ユニークな国つくり」であったと賞賛している。満州国を自らの作品とまで豪語したといわれる岸ならではの自負心のなせるわざか。それにしても安保騒動で無念の退陣を余儀なくされた、まさしくその年に出版された『ああ満洲』の序に、岸はどんな思いを託したのであろうか。

たしかに満州国は「ユニークな国家」であった。ただし、それは「東亜永久の光栄を保ちて世界政治の模範と為」したという意味で「ユニークな」近代国家であったわけではない。むしろそれは、「複雑微妙なる合弁的独立国家」であったという意味で「ユニーク」だったのである。つまり、矢内原忠雄が的確に指摘しているように、満州国は、その始まりから「既に「厳然たる独立国家」たると同時に日本と特別密接なる「親善関係」に立つ国家たることが規定せられ」ていたのである。

　それでは、なぜ満州国は、その誕生からこうした二重性によって規定されていたのか。それは、いうまでもなく、満州国が「日本帝国主義と支那国民主義との衝突」である満州事変によって産声を上げたからである。「尋常の外交的手段」による解決ではなく、「実力的解決」が、大陸の東北地方に忽然と満州国という人工国家を生み出すことになったのである。

関東軍首脳　前列中央が畑英太郎司令官。右へ板垣征四郎、石原莞爾の各参謀。1929年頃。『秘録板垣征四郎』（板垣征四郎刊行会、芙蓉書房）より

　この人工国家の誕生を告げる「一撃」を、矢内原は、次のように印象深く語っている。

「決裂は来た、而《し》かも疾風迅雷《しっぷうじんらい》的に。恰《あた》かもセルビア青年の一弾が世界大戦の口火を切りし如《ごと》くに、北大営外何メートルかの鉄道破壊が満洲事変を、延《ひ》いては上海事変までをも惹起したのである」（「満洲新国家論」一九三二年）と。

　この決定的な「一撃」を画策し、満蒙領有のみなら

ず、さらに「南京政府ノ攻略」と「中支那以北ノ要点」の占領（「満蒙問題解決ノ為ノ戦争計画大綱」）をも視野に入れた戦略構想を描いたのは、石原莞爾らを中心とする関東軍参謀であった。それは、中国国内に高まる国権回収と国内統一の運動、さらにロシアとアメリカの「側圧」に抗して、日本の特殊権益を防衛するだけでなく、さらに「満蒙全体」を日本の特殊権益として確保し、「支那本部」の排日の終熄をはかろうとする「国運転回ノ根本政策」とみなされたのである。

張作霖爆死事件（一九二八年）以後、張学良のもとに時局が安定し、張による「易幟改組《えきしかいそ》」とともに東北政治組織の国民党化が進み、「保境安民政策」は徹底的に廃棄され、日本の特殊権益は決定的な危機に陥りつつあった。すなわち、一九二九年一月九日、東北政務委員会の成立とともに、同じ月の一六日には南京政府派遣の監政委員会のもとに政務委員の就任式と国民党への入党式が挙行され、「支那の国民主義の勃興《ぼっこう》」は東北地方を席巻し、もはや日本の特殊権益は風前の灯となったのである。

さらに一九三〇年一一月には蔣介石と張学良の両者が南京で軍事・政治協定を結ぶに及び、東北政治組織の国民党化は決定的になった。

他方、中国の領土保全、門戸開放、機会均等主義を確認した石井・ランシング協定も、日本の特殊権益の拡大とともに一九二三年、廃棄に追い込まれ、アメリカの門戸開放政策は、「満州に於ける日支の紛争」に関して日本の特殊権益にとって不利に働いていた。

またソビエト連邦（露国）の「赤化運動」は、植民地・朝鮮の統治を危うくし、さらには日本の赤化をもたらす脅威であった。しかも、ソビエト内の五ヵ年計画の充実にともなって「北満経営の利益」がソビエト側に帰するおそれすらあった。

このような事態は、日本の満蒙権益の根幹を揺るがし、あまつさえ植民地・朝鮮の統治すらも危殆に陥れかねなかった。石原ら、関東軍参謀たちにとって、このような危機を見過ごせば、朝鮮統治のみならず、帝国・日本の屋台骨すらも累卵《るいらん》の危機に置かれかねないとみなされたのである。この危機を覆し、「帝国の地位を泰山の安きに置かむとする」ラディカルな解決策こそ、満蒙の武力領有であった。

朝鮮防衛を全うし、露国東漸を牽制する

もとより、満蒙領有は、石原の言葉を借りれば、世界恐慌以来の、日本の経済上の「刻下ノ急ヲ救フ」決定的な切り札だった。すなわち、「満蒙ノ農産」は、「我国民ノ糧食問題ヲ解決」し、「満蒙ニ於ケル各種企業」を通じて「有識失業者ヲ救ヒ」、さらにその豊富な資源によって「我重工業ノ基礎ヲ確立」（石原莞爾「満蒙問題私見」）することが期待されたのである。このように満蒙は、「国防資源」を供出する「帝国の自給自足上絶対必要なる地域」であった。

石原らにとって、満蒙領有は、総力戦を戦うために是非とも必要な「国防資源」確保のた

めの自給自足的な勢力圏（アウタルキー）獲得を意味していた。ただし、それは、石原の場合、「日米最終戦争」という特異な戦争観と結びついていたが、自給自足的な経済圏の確立が、同時に日本の国家改造と結びついていたことはいうまでもない。北一輝や大川周明らの構想は、革新的な幕僚たちによって日の目をみようとしていたのである。

後に石原が、「満洲事変は当時の日本国内の政治、経済思想の行詰まりと之が維新の要求とにも大きな関聯を有して居たのである。昭和維新の先駆としての満洲事変である」（「満洲建国前夜の心境」）と振り返っているのは、そうした事情と関連している。

だが、満蒙領有の理由は、それだけにつきるものではなかった。

満蒙は、食糧の供給地、過剰人口のはけ口、さらに「国防資源」の宝庫というだけでなく、「帝国国防の第一線を成形」する「戦略的枢機」だったのである。つまり、満蒙は、「朝鮮の防衛」を全うするとともに、「露国の東漸」を「牽制」し、「支那に対し力強き発言権」を発揮するために不可欠な「帝国存立」（板垣征四郎「軍事上より観たる満蒙に就て」）の要《かなめ》石《いし》とみなされていたのである。

すでに第二章で詳しく述べたように、満蒙問題は、東北四省に盤踞《ばんきよ》する軍閥割拠の悪弊にとどまらず、植民地・朝鮮を巻き込んだ在満朝鮮人問題と密接にかかわっていた。満州は、朴正熙《パクチョンヒ》がそうであったように、在満朝鮮人には「東洋のエルドラド」であると同時に、他面では日本の特殊権益、ひいては朝鮮統治を揺るがしかねない「反日運動の策源地」でもあった。

しかも石原たち参謀にとって由々しいのは、そのような「反日運動の策源地」が、アカに染まった赤化の震源地と化しつつあったことだ。前章で触れたように、「不逞鮮人」や「匪《ひ》兵猖獗《へいしょうけつ》」の芟除《せんじょ》を名目とする間島《かんとう》出兵など、朝鮮人住民虐殺をともなう苛烈な弾圧が繰り返されたのも、そうした危機意識のあらわれだった。満蒙の赤化が、朝鮮の赤化に、そしてひいては帝国・日本本土の赤化に繋がりかねない、こうした共産主義の「ドミノ現象」への脅威感が、現地の関東軍参謀たちにより切実な危機意識を植えつけたことは間違いない。

こうして石原は断定して憚らなかった。「朝鮮ノ統治ハ満蒙ヲ我勢力下ニ置クコトニヨリ初メテ安定スヘシ」（「満蒙問題私見」）と。

改定された帝国国防方針

もとより、満蒙領有は、そうした朝鮮統治の安定だけにつきなかった。満蒙は、北からの最大の脅威であるソビエトの軍事力を防遏《ぼうあつ》する戦略的拠点としても決定的に重要な意味をもっていた。関東軍が、露国に対してどれほど大きな脅威を抱いていたかは、次のような板垣征四郎の発言をみれば明らかである。

若《も》し仮りに日露戦争に於て彼我勝敗を異にしましたならば如何なる形勢を惹起したであ

りませう。露国は永久に満洲に蟠踞し東朝鮮を風靡《ふうび》して我本土を窺《うかが》ひ西支那の国都（北京）を脅かすに至るべきは火を睹《み》るより明であります。果して然らば島帝国の運命は如何でありませう。又阿片戦争以来積弱を暴露し列国利権競争の舞台と化せる当時の支那が之を端緒として遂に列国の為に分割の悲運に際会すべきは寧ろ当然の経路でありませんでせうか。今日之を思ふだに慄然たるものがあります。（「軍事上より観たる満蒙に就て」）

満州事変の首謀者を慄然とさせるほど露国の軍事的脅威は大きく、その分、満蒙の対ソ戦略の拠点としての意義は高まるばかりだった。とりわけ、世界恐慌に喘《あえ》ぐ日本を尻目に第一次五ヵ年計画の実行によって確実に軍備力の近代化を推し進め、特別極東軍の増強にも弾みをつけつつあったソ連軍は、日本の満蒙生命線を危うくしかねない最大の脅威だった。

しかし、第一次世界大戦後の一九二三年に改定された「帝国国防方針」でソ連が第一位の「想定敵国」から外されたように、その軍事的脅威は、差し迫った緊急のものとは想定されていなかった。実際、松木侠《まつきたもつ》の起草による満州事変直後の「満蒙自由国設立案大綱」には、「我満蒙に於ける地位を危殆に導きたる理由」として、「始めは露西亜の脅威」であったが、「最近に於ては外国の脅威並干渉は満蒙に関する限り概ね薄らぎ専ら支那軍閥の策動のみとなれり」（「満州事変機密政略日誌」）と綴られており、むしろ「支那軍閥政権による条約蹂躙《じゅうりん》、排日、侮日」こそが、目前の「危殆を招来」する要因とみなされていたのである。

そうであるがゆえに、石原莞爾もまた、「戦略上特ニ重要ナル価値」を有している「呼倫貝爾興安嶺《ホロンバイルこうあんれい》ノ地帯」をはじめ「北満地方ヲ其勢力下ニ置」けば、「満蒙ノ力ノミヲ以テ」「露国ノ東進」をくい止めることができると、比較的楽観的に考えていた。石原にとって「日蘇間ニ於ケル自然ノ国防的境界」である「興安嶺黒竜江《こくりゅうこう》ノ線」を維持するために満蒙を直接日本の領有下に置けば、さし当たり対ソ戦略の目的は果たされたことになる。それを意識してか、石原は「極力露国トハ親善関係ヲ継続スルコトヲ勉ム」（「満蒙問題解決ノ為ノ戦争計画大綱」）と述べ、ソ連邦との開戦を極力避けようとする意図を明らかにしている。

このようにみる限り、「極東蘇領」の領有をも視野に入れた北進論は石原の採るところではなかった。石原にとっては、それよりももっと重要な「目標」があったからである。アメリカがそれだった。

満蒙占領は「欧米覇道勢力の覆滅の為」

石原の「世界最終戦争論」という特異な戦争観によれば、「日米戦争ハ必至ノ運命」であり、「二十世紀ニ於ケル最大重要事」であるとともに「世界歴史ノ大関節」にほかならなかった。なぜなら、「東西両文明ノ最後的選手タル日米ノ争覇戦」こそ、世界史上必至の「最終戦争」とみなされていたからである。「日本がアングロ・サクソンの世界制圧に対抗して世界新秩序の建設を目ざしている以上、日米両国の衝突は不可避の運命」（山室信一『キメラ――満洲国の肖像』)であるとする大川周明らの東西文明対抗史観は、軍事的には石原のような戦略家のなかに具体的な表現を見出すことになったのである。

しかも石原の「世界最終戦争論」のユニークさは、「大地のノモス」(カール・シュミット)から切り離された、戦略爆撃機による都市の殲滅戦にみられるように「決勝戦争」になると想定されていたことである。このような最終戦争に至る持久戦争に備えてアジア地域の兵站基地化が急務であり、満蒙領有はその決定的に重要な足がかりだった。

この意味で「支那問題満蒙問題ハ対支問題ニ非スシテ対米問題」であると自覚されていたのである。

この自覚にもとづく持久戦争は、「露国ノ復興及米国海軍力ノ増加前即チ遅クモ一九三六年以前ニ行ハルルヲ有利トス」と考えられていた。そして「相当長期ニ渉ル」戦争のために「本国及占領地ヲ範囲トスル計画経済」の断行が想定されていた。ちなみに、この「計画経済」の先駆となるのが、宮崎正義らが中心となる「日満財政経済研究会」であり、やがてそこから「満洲国産業開発五ヵ年計画」が立案され、それが国策として実施されていくことになるのである。

こうして石原にあっては「欧米覇道勢力の完全な覆滅《ふくめつ》の為」(石原莞爾「満洲建国前夜の心境」)に満蒙占領は決定的に重要な「国運転回ノ根本政策」たらざるをえなかった。

しかも、それが日本の「国運転回ノ根本政策」にとどまらず、「正義」に適っていると信じられていた。なぜなら、「漢民族は自身政治能力を有せざるが故に日本の満蒙領有」は「中国人自身の幸福」であると考えられたからである。この独善的な「正戦」論を石原は次のように断言している。

満蒙問題ノ解決策ハ満蒙ヲ我領土トスル以外絶対ニ途《みち》ナキコトヲ肝銘スルヲ要ス

而《しか》シテ此ノ解決策ノ為ニハ次ノ二件ヲ必要トス

（1）満蒙ヲ我領土トナスコトハ正義ナルコト

（2）我国ハ之《これ》ヲ決行スル実力ヲ有スルコト

漢民族社会モ漸ク資本主義経済ニ進マントシツツアルヲ以《もっ》テ我国モ満蒙ニ於《お》ケル政治軍事的施設ヲ撤回シ漢民族ノ革命ト共ニ我経済的発展ヲナスヘシトノ議論ハ固《もと》ヨリ傾聴検討ヲ要スルモノナルヘシト　雖《いえども》吾人ノ直観スル所ニヨレハ支那人カ果シテ近代国家ヲ造リ得ルヤ頗《すこぶ》ル疑問ニシテ寧《むし》ロ我国ノ治安維持ノ下ニ漢民族ノ自然的発展ヲ期スルヲ彼等ノ為幸福ナルヲ確信スルモノナリ

在満三千万民衆ノ共同ノ敵タル軍閥官僚ヲ打倒スルハ我日本国民ニ与ヘラレタル使命ナリ（「満蒙問題私見」）

こうして「柳条溝の暗夜にひらめいた爆破の閃光は、「アジアのバルカン」と呼ばれていた満蒙の低迷した暗雲を破り、あらゆる人びとを新しい状況の中に投げこむことになった」（橋川文三編『アジア解放の夢』）のである。

王道楽土の夢と現実

「占領案」から「親日政権樹立」へ

石原の満蒙領有の計画は、それまでの「満蒙問題」の行き詰まりを打開し、さらに領有を日米最終戦争というユニークな戦争史観と結びつけることで、「満蒙問題」解決の新たな次元を切り開くことになると思われた。

しかし、満州事変後、わずか数日にして、早々と領有の計画は頓挫し、独立国家建設という方針転換を余儀なくされるに至る。

そもそも、満蒙の軍事占領と軍政支配という、石原ら関東軍参謀たちの計画は、中国をめぐる国際秩序の枠組みとなっていた九ヵ国条約さらに太平洋に関する四ヵ国条約や海軍軍縮条約など、いわゆるワシントン体制に真っ向から挑戦するものであった。

ワシントン体制の中核をなす九ヵ国条約は、第一次世界大戦中、二十一ヵ条要求などによって中国への進出を加速させつつあった日本を掣肘《せいちゅう》しつつ、大戦後の極東・太平洋地域の国際秩序を確立しようとするものだった。それは、日英同盟と米国など新秩序形成勢力との妥協の所産であったといえる。これによって、大戦中の日米間の石井・ランシング協定は廃棄されるとともに、山東半島での権益の放棄も余儀なくされ、日本は事実上、二十一ヵ条要求以前の状態に押し戻されてしまった。

この意味でワシントン体制の中核をなす九ヵ国条約は、アメリカ外交の勝利であり、その国際的指導力の向上を意味していた。石原が、アメリカとの最終戦争を想定するようになったのも、そうした新たな国際秩序形成の中心として台頭しつつあったアメリカへの対抗心があったことは間違いない。その敵愾心《てきがいしん》は、一九二四年の排日移民法によって決定的になり、軍内部に超国家主義的な思想が広がっていくことになる。

これに対して同年、外相を務めるようになった幣原喜重郎《しではらきじゅうろう》は、ワシントン体制の尊重を掲げ、国際協調の外交方針をとるとともに、蔣介石率いる南京革命軍に対しても慎重な姿勢を崩さなかった。このような幣原外交を軟弱外交となじる関東軍の巻き返しは、田中義一内閣の強硬な対中姿勢に乗じるように張作霖爆死事件を引き起こし、満州事変への伏線となっていくのである。

満蒙の軍事占領と軍政支配の計画は、こうした脈絡のなかで内外の既成事実を覆そうとする大胆な、ある意味で無謀ともいえるプロジェクトだった。

しかし、関東軍の緒戦の軍事的成功にもかかわらず、陸軍中央の反応は芳しくなく、数日にして満蒙領有の計画は、早々と後退を余儀なくされてしまう。

満蒙問題解決策を決めた関東軍参謀　上から土肥原賢二、板垣征四郎、片倉衷。片倉は『戦陣随録』(片倉著、経済往来社)より

満州事変発生から四日後の一九三一年（昭和六）九月二二日、関東軍は、三宅光治《みやけみつはる》参謀長の意を体して土肥原賢二大佐、板垣征四郎大佐、石原莞爾中佐、片倉衷《かたくらただし》大尉など、主だった参謀による鳩首会議を開き、「満蒙問題解決策案」を決定するに至った。それは、「親日政権の樹立」によって「国防外交」を日本が掌理しようとするものであったが、明らかに「占領案」に較べて後退したものであった。この段階では、軍中央の意を体した建川美次《たてかわよしつぐ》少将の建議を容れて「独立国」という表現すら憚《はばか》られていたが、他方では「新政権」という言葉にそれを「支那本土と切り離す」という意が込められており、「濁らすを可とす」曖昧な状態だった。

満蒙独立国家建設の画策

にもかかわらず、この「満蒙問題解決策案」には、関東軍によって創設される「傀儡国家」の範囲とその狙いがはっきりとあらわれている。

すなわち、建前は、日本の支持を受けて「東北四省及蒙古ヲ領域」とする、「宣統帝《せんとうてい》ヲ頭首トスル支那政権ヲ樹立シ在満蒙各民族ノ楽土タラシム」ことにあったが、真の狙いは、「国防外交」を「日本帝国」が掌理し、主だった「交通通信」を「管理」することにあった。この「新政権」という名の事実上の日本の「傀儡政権」に独立の擬制を施すために、「新政権ノ委嘱」が書き加えられ、内政などを「新政権」自らの統治に委ねることが盛り込まれたのである。

占領案からの譲歩を余儀なくされたとはいえ、ここにみられるように関東軍は絶対的に譲れない線を死守することを決めていた。すなわち、板垣大佐の発言にあるとおり、関東軍は、「満蒙」を「支那本土」から切り離すこと、「満蒙の統一を図り」表面は「支那人」に内政を委ねること、しかし実質は日本の「手裡に掌握する」こと、これら三つの点を「絶対的要件」とみなしていたのである。

ただ、「新政権」とも「独立国」ともつかない曖昧さもあり、「頭首政態」は問わないという板垣の発言からもわかるように、関東軍に明確な国制と政体の構想があったわけではなかった。

それでも、一〇月二日には、先の「解決策案」をより具現化した「満蒙問題解決案」が決定されるに至る。ここにおいて、関東軍は「満蒙」を「独立国」とする旨、はっきりと明記し、「在満蒙各民族ノ平等ナル発展ヲ」謳うに至った。「解決策案」では吉林《きつりん》地方の熙洽、黒龍《こく りゅう》洮索地方の張海鵬、東辺道《とうへんどう》地方の于芷山、ハルビン地方の張景恵などを起用し、それぞれ「鎮守使」にすることが定められていたが、「満蒙問題解決案」では各地での独立運動を促進し、中国本土からの分離独立を目ざす「統一運動」への援助や工作などの必要が盛り込まれている。すなわち、遼寧《りょうねい》、吉林、黒龍江、熱河《ねっか》などの東北四省と内蒙古を版図とする満蒙独立国家の建設を画策するためにさまざまな懐柔や恫喝、買収や援助、軍事的支援や帰順工作などを進めることが明記されているのである。

ただ、こうした「連省統合」による「新国家」の樹立にもかかわらず、ここでも「国防ハ之ヲ日本ニ委任」すること、さらに「鉄道（通信）ヲ日本ノ管理」に置くことは一貫して変わらなかった。

執政を元首とする民主政体に

この方針にもとづき、関東軍は、先にみたように、国際法顧問の松木俠《まつきたもつ》に「満蒙共和国統治大綱案」を策定させた。この大綱案は、板垣や石原ら、関東軍首脳との数次にわたる意見交換のうえに策定された独立国家の基本的な統治方針と統治組織の骨子を明らかにしたものである。

統治方針の要旨をみる限り、「内民意」の尊重や「外門戸」の開放などが謳われ、明らかに九ヵ国条約など、中国をめぐる国際関係諸国を刺激しないような穏健な表現が採用されている。同時にそこには、関東軍の「独立国家運動」を防止しようとする軍中央への配慮が窺える。

注目すべきは、政体として「立憲共和制」が定められ、「大総統」を置き、その下に「立法、司法、行政、監察の四院」を設置することが明記されていることである。さらに、上下両院より成る立法院の設置と、制限選挙にもとづく下院議員の選挙、さらに「条約の批准」を除いた中央法令の制定や「予算案の議定及決算の承認」など、立法院の権限が規定されている。

後にみるように、松木俠の起草になる第二次建国案ともいうべき「満蒙自由国設立案大綱」（昭和六年一一月）でも、「満蒙独立国の機構」――政体に関して「満蒙独立国は民主政体たる可きものなり」とはっきりと謳われている。

建国会議終了後の記念撮影　前列中央が本庄繁関東軍司令官。その右が熙洽、左が張景恵。後列左から３人目が板垣征四郎、その右が駒井徳三、ひとりおいて石原莞爾、三宅光治。1932年2月

それでは、なぜ民主政体でなければならなかったのか。松木の言によれば、実際には民主政体の形式に固執する必要はないが、しかしそれでも「民意に基く政治を布き得る制度をとることが肝要」だった。なぜなら、新しい独立国家は、中華民国の政体と元首を意識し、同時にそれとの違いを打ち出す必要があったからである。さすがに松木をはじめ、関東軍参謀といえども、中華民国誕生のベースになっている、「天子は天命を行ふもの即ち今日の言を以てすれば民意を代表するもの」という「五千年来支那民衆の間に流れ来れる伝統的思想」を無視することはできなかった。

しかも、独立国が、「満蒙三千万民衆の利益」を掲げ、「五族協和の旗幟《きし》を鮮明にしている以上、満州国の王朝復活では民族間の反目は必定だった。したがって、あくまでも民主政体を前提にその元首が定められる必要があったのである。大総統や委員長あるいは監国など、さまざまな元首の案が浮上し、最終的には「執政」に落ち着くことになる。

総務庁中心の独裁的な中央集権制

さらに満州国の統治組織は、最終的には松木の四院案がベースになり、立法機関となる立法院、行政機関となる国務院、司法機関となる法院、さらに行政の監察や会計検査を行う監察院の四院から中央政府が成り立つことになるが、それは決して満州国の政治機構のユニークさをあらわしていたわけではない。なぜなら、それらは、「孫文の唱えた立法・司法・行

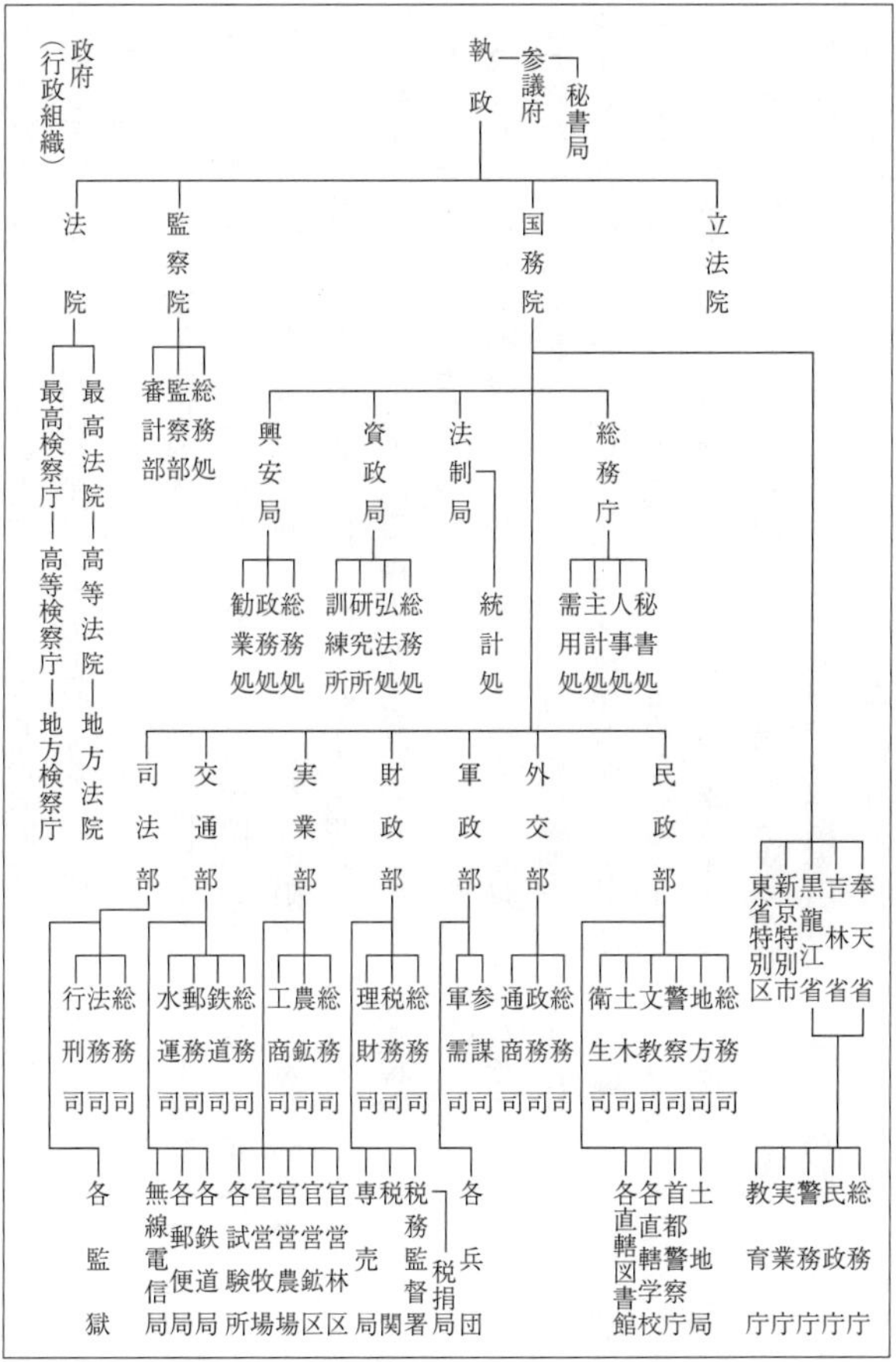

満州国の政府組織図　1932年3月。『〈満洲〉の歴史』（小林英夫、講談社）をもとに作成

政・監察・考試の五権憲法に準拠し、このうち常設的な官吏選考機関でありながら実際上は機能していなかった考試院を無用のものとして除いて成り立っ」(山室、同前)ていたからである。

しかも、先の「満蒙共和国統治大綱案」では、「内民意を尊重」すること、「自治的行政」を行うことが強調されているにもかかわらず、立法院の権限は、南京国民政府のそれと較べても、「予算案の議定及決算の承認」という、きわめて限定された翼賛的権限しか与えられていなかった。そして結果的にはその立法院すら開設されず、事実上、後述するような、「国務院中心主義」あるいは「総務庁中心主義」の独裁的な中央集権制が満州国の統治様式として定着していくことになる。

こうした立法院の開設すら反故にする関東軍の本音は、すでに松木の「自由国設立案大綱」のなかに読み取れる。この「大綱」では、「満蒙独立国は立憲政体とす」とその政体の特性を明らかにしながら、立憲政体の「法律的意義」と「政治的意義」を巧みに峻別することで、議院内閣制の代議政治を完全に封じ込めている。すなわち、松木によれば、立憲政体の「法律的意義」は、三権分立と「人民代表より成る機関をして国政特に立法に参与せしむること」を指す。他方、その政治的意義は「議会に多数を制する政党が内閣を組織する」「代議政治」にあるとされたが、「満蒙独立国」は「民衆の政治意識」が薄弱、未熟なため、法律的な意義での立憲政体にとどまるべきだというのである。

「満蒙領有は中国人自身の幸福」と盲信して

このような中国人の政治意識や国家意識の未熟や不明を理由に、外部の、とりわけ日本の指導や介入を正当化する論理は、松木だけに特有のものではない。当時の関東軍参謀たちにほぼ共通した「支那認識」であり、また日本のパワーエリートや指導層だけでなく、メディアや国民のなかにも深く巣くっていた「中国停滞観」のあらわれであったに違いない。

実際、石原が「満洲建国前夜の心境」（一九四二年）で率直に吐露しているように、「漢民族は自身政治能力を有せざるが故に日本の満蒙領有は日本の存立上の必要のみならず中国人自身の幸福である」という、盲信にも近い思い込みが、満蒙領有論の有力な根拠になっていたのである。「支那人カ果シテ近代国家ヲ造リ得ルヤ頗《すこぶ》ル疑問ニシテ寧《むし》ロ我国ノ治安維持ノ下ニ漢民族ノ自然的発展ヲ期スルヲ彼等ノ為幸福ナルヲ確信スルモノナリ」という石原の「満蒙問題私見」は、満蒙独立国の建国にまでそっくりそのまま受け継がれていったことになる。

こうして「新国家建設の旨は一に以て順天安民を主と為す。施政は必ず真正の民意に徇《したが》ひ、私見の或存を容さず」という「満洲国建国宣言」（一九三二年〈大同元〉三月一日）の麗々しい文言にもかかわらず、現実に満州国では議会の開設が実現されることはなかったのである。立憲政体あるいは民主政体の謳い文句が、いかに虚妄に満ちていたかは、このような現実をみても明らかである。

それでは、なぜ欺瞞的な擬制の外衣を施してまで関東軍は独立国の建設にこだわったのであろうか。

関東軍の当初の狙いが、満蒙の軍事占領であったのであるから、満蒙という帝国の「特殊権益」の地を「我が意の儘《まま》に動かさん」とするのが、最善の策であったことはいうまでもない。しかし、それが内外の制約要因によって中断せざるをえなかったことはすでにみたとおりである。

では、その実質において満蒙領有に限りなく近く、しかしその形式において九ヵ国条約などの国際的条件に背馳《はいち》せず、しかも帝国政府の不拡大方針に一定の配慮を示しながら満蒙を「支那中央」から完全に切り離すことはできないか。この難問に対する解答が、満蒙独立国の建設だった。独立政権のままで「我が意の儘に動かさん」としても、それが中央政府との微妙な関係にある以上、南京政府の歓心を買ったり、「軍閥の内部崩壊運動を阻止するため」「排日運動」がわき起こる危険があり、この禍根を完全に断つためには「支那本土より完全に独立」させるしかないというわけである。

「次善の策として満蒙独立国家を建設し支那の行政的支配より完全に分離せしめ以て三千万民衆の安寧を保持し其《そ》の福利を増進すると同時に東洋の平和を永遠に確保する道を講ずること是《こ》れ帝国として為す可《べ》き最小限の国際的且《かつ》道義的義務なり」(「満蒙自由国設立案大綱」)。

翻って、このような独善的な侵略的介入を当然とみなすだけでなく、それが「東洋平和」

につながる「道義的義務」とすら強弁できる根拠はどこにあると考えられたのであろうか。驚くべきは、そのような介入を、「国際連盟及不戦条約」の「例外的規定」として認めていないという、牽強付会《けんきょうふかい》としかいいようのない解釈の押しつけである。だが、関東軍にはそれは全く押しつけとはみなされていなかった。なぜなら、「支那は国土厖大《ぼうだい》にして国家的統制なく国内の秩序を維持する能力を欠」いており、「帝国の生命線」である満蒙を、この「混沌たる支那の支配下」に置くことは、国際平和を乱すことになるからである。かくして、「支那」のような「弱小後進の国家」には、「善導」や「保護」、「監督」さらには「膺懲《ようちょう》」すらも正当化されることになる。

大綱を抑え、秘密協定で意のままに

こうして「満蒙独立国家」建設の「階梯」（手段）の要諦は、「帝国の指導監督は成る可く表面に現」れないように「裏面により糸を引く程度に止」め、「細かな問題」は「支那人」に一任しつつ、「大綱を抑ふるを以て足る要之急所を抑へて指導監督の実効を挙」げることにあった。

この場合の「大綱を抑ふるを以て足る」とは、帝国が独立国（満蒙自由国）の国防を抑え、さらに国防上必要な鉄道や航空路などを帝国が統制することを意味していた。この急所を抑えておき、それ以外の内政の些細な点には介入せず、独立国家の体裁を整えようとした

日満議定書調印後の乾杯　左端で杯をかざすのが満州国執政・溥儀、右端が武藤信義駐満全権大使。1932年9月

のである。松木の「大綱」では、満蒙自由国を「指導監督」する要として「顧問府」の設置が提案され、この「顧問府」を通じて条約の締結や重要法令の公布等を掌握しようとしたが、満州国建国時の政府組織では執政のもとに参議府が設けられ、外交交渉の担当官吏や条約批准を職掌することになる。関東軍が、この参議府の参議に日本人を任用することにこだわったのも、まさしくそれが「指導監督」の要であるとみなされていたからである。

　以上の点からわかるように、関東軍は、独立国建設へと次善の策に打って出てからも、その内実において限りなく領有に近い満蒙支配の道を探っていたことになる。「傀儡国家」の「傀儡」たる所以である。

　さらに「傀儡国家」の「指導監督」を保証する有力な「担保」となったのが、いわゆる「溥儀・本庄秘密協定」だった。

「日満議定書」の付属文書とされる、溥儀が署名した本庄《ほんじょう》繁《しげる》関東軍司令官宛の書簡は、「貴国の許諾を求むる」という「允可」（許可）を請う形式をとりつつ、満州国の外交・治安・国防および国防上必要な施設（鉄道・水路・港湾・航空路など）をすべて日本に委ね、またそれらを職掌する参議府の参議や中央および地方の官署の官吏の人事についても日本の「援助指導」に委ねるものだった。ここに「我が意の儘に動かさん」とする関東軍の一貫した狙いは、決定的な「担保」を得ることになったのである。

満州国承認に伴う「日満議定書」は、わずかに日本の既得権益の尊重と両国の共同防衛および日本軍の満州国内駐屯を確認した文書にすぎない。実際には戦後になってはじめて公表された付属文書の内容と形式にこそ、「傀儡国家」の「傀儡性」がはっきりと示されていたのである。

こうして「秘密協定」のような工作や日満議定書のような外交上の取り決めの確認などを通じて、関東軍は満州国全域にわたって自由に軍を展開できるようになり、また各種施設を思うがままに使用することができるようになった。まさしく「満州国は関東軍の基地国家」（山室、同前）となったのである。これを、帝国と満州国との関係からみるならば、矢内原が指摘したように、満州国はその誕生から「合弁的独立国家」の性格を刻印されていたことになる。

表面は立憲共和国、内面は中央独裁主義

これまでの経緯からわかるように、満州国の統治形態の主眼は、要約すれば「我が意の儘

に動かさん」とするところにあった。先の「溥儀・本庄秘密協定」にみられる国防・治安の掌理や参議府の日本人参議、主要な官吏の選任・解任に関する人事権の掌握などは、そのような狙いを支える橋頭堡《きょうとうほ》だった。そして満州国の実際の統治形態とその運用も、まさしくそのような非公式の権力のネットワークを通じて具体化されていったのである。その限りで、新国家の国制にはその建前と本音に大きな隔たりがあった。

この点を「満蒙問題善後処理要綱」（昭和七年一月二七日）はあけすけに明らかにしている。

新国家は復辟《ふくへき》の色彩を避け溥儀を主脳《ママ》とする表面立憲共和国的国家とするも内面は我帝国の政治的威力を嵌入《かんにゅう》せる中央独裁主義として地方行政は特異の自治機構を助長する如くす

この要綱による限り、執政・溥儀は立憲共和制という満州国の政体の頂点に設《しつら》えられたたんなる「御輿」にすぎず、これは建国から二年後、帝政に移行してからも、その「空虚な中心」としての位置づけは変わらなかった。そして立法院もまったく機能しない、名ばかりの代議政治に変わって独裁的集権主義が、「我帝国の政治的威力を嵌入せる」国家機関によって推進されていくことになるのである。この国家機関こそ、「満蒙に関する帝国の政策遂行の為速に」設置されるべき「統制機関」であった。

かくして満州国の軍事上の「実権」は関東軍が、そしてその「内面的指導」のもとに「外交上及内政上の実権」は「少数の日本人官吏又は顧問」が、それぞれ掌握することになるのである。とりわけ、先の「統制機関」の中心になったのが、総務長官（一時期、総務庁長と改める）、さらに次長、処長、科長からなる総務庁であった。

総務庁は、満州国建国時の国務院官制に示されたように、国務総理が部内の機密、人事、主計および需用に関する事項を直宰するために設けられた組織であり、新設当時は、秘書、人事、主計、需用の四処から構成されていた。以後、改廃新設を重ね、企画、法制、人事、主計、弘報、地方の各処を包含するにいたる。

岸信介も推薦の言葉を寄せている『満洲国史各論』（満洲国史編纂刊行会編）は、このような満州国の事実上の「統制機関」であり、その

満州国皇帝となった溥儀　新京の勤民楼で行われた菱刈隆駐満大使信任状捧呈式での記念撮影。前列中央が溥儀、その左に菱刈駐満大使。1934年4月11日

中枢神経ともいえる総務庁について次のように指摘している。「総務庁は単に各部局に対する指導方針の決定及び政策の調整統一の作用を営むのみならず、事実上国政の中軸をなしおり、満洲国独特の革新的な組織であった」と。

すなわち、総務庁の主計処が国の予算を管轄し、人事処が官吏の人事を掌理し、需用処が国の営繕需品を統一調弁することで、総務庁は、「「人・物・金」の三権を集中管理」し、実質的に満州国を「我が意の儘に動かさん」としたのである。このため、総務長官から総務科長まで、その部署はすべて「日系定位」と定められ、日本人官吏が枢要な地位を独占していた。

新京の関東軍司令部　関東軍幹部の記念撮影。1938年1月。『戦陣随録』より

かくして、執政（後には皇帝）の「旨を奉じて諸般の行政を掌理する満州国政府の中枢行政機関」である国務院の、いわば「幕僚的部署」にすぎない総務庁が「国政の軸心」として絶大な権限を振るうことができたのである。そしてこの総務長官主宰のもとで総務庁次長から各科長を交えて開かれる定例の事務連絡会こそ、国務院に上程される議案や法案が実質的

に審議、決定される最高会議にほかならなかった。この国制上、国務院の補佐機関にすぎない総務庁は、山室が指摘しているように、満州国の「権力核」（マハトケルン）といっても過言ではなかったのである。

内実は日本が背後で糸を引く保護国

一九三六年（昭和一一）、商工省工務局長から満州国に着任した岸が、実業部総務司長からやがて産業部次長に、そして総務庁次長に昇格し、星野直樹総務長官のもと、満州国の産業開発に辣腕を振るうことになるのも、このような「総務庁中心主義」がベースにあったからである。

このように、満州国の統治過程とその実態は、関東軍の内面的指導にもとづく「総務庁中心主義」の独裁的集権主義にほかならなかった。このような実態を帝国として追認した「満洲国指導方針要綱」はいう、「満洲国に対する指導は現制に於ける関東軍司令官兼在満帝国大使の内面的統轄の下に主として日系官吏を通じて実質的に之を行はしむるものとす」と。同じく「要綱」が謳った、「民族協和と安居楽業とを実現せしめ以て上下官民に光明と安心」とを与えるという満州国の理想にもかかわらず、その内実は日本が思うがままに背後で糸を引くことのできる保護国に等しかったことになる。この政治形態を、矢内原は鋭くも次のように指摘している。

満洲国は一つの国家として満洲人たる執政と大官と官吏と軍隊とを有《も》つが、それと共にまた日本人側より質に於《お》いても量に於ても有力なる大官以下官吏の一隊を供給せられ、強力なる日本軍隊に国防を委ね、日本資本に経済的開発を託するものである。故に満洲国の組織及経営は之を企業に喩《たと》ふれば日満合弁である。之が日本帝国発展と満洲独立国主義との協調として現はれたる政治的形態である。（「満洲問題」）

満洲国の国制と統治形態の建前と本音の乖離はいかようにも埋められなかった。にもかかわらず、というか、そうであるがゆえに、満洲国の建国には、尋常ではないほどの独立国家成立のレーゾン・デートルが求められたのである。

翻ってすべての近代国家には暴力の記憶が焼きつけられている。それは、近代国家の誕生に不可避的にともなう起源の暴力といってもいい。だからこそ、E・ルナンは、国民とは忘却の共同体であると喝破したのである。フランス国民という単一の共同体は、それ以前の割拠的な郷党意識や宗教対立の記憶を拭い去ることではじめて成立可能だからである。近代国家は、想像の共同体としての国民の、絶えず国民たろうとする決断の意思を通じて国家として存続できるのである。この限りで、近代国家はその起源における内戦の暴力の記憶を、国民の神話へと昇華できたときはじめて国民―国家として存続できるのである。

だが、満州国は、明らかに関東軍という、外部の暴力によって突如として生み出された人工国家だった。この流血と恐怖によって誕生した新国家のレーゾン・デートル、そのイデオロギーはどうあるべきなのか。この困難な問いは、満州国の成立からつきまとう難題だった。この点を意識していたのか、石原莞爾も参加した朝日新聞社主催の「満洲建国前夜の日支名士座談会」（昭和七年一月一一日）で、満鉄の奉天図書館長だった衛藤利夫は次のように述べている。

在満邦人には明日の満洲をいかなるイデオロギーの下にリードして行くかといふことにつき、ハッキリした識見がないやうに思ふ。アメリカ開国の昔イギリスのピューリタンの一派がいかなる苦心を忍んでも明日の彼等の生存の郷土を開かうとしたその豊かな夢がないことを感ずる。これは空虚のやうなことですが、私は新国家のイデオロギーを開いて行くにつれて、その夢のやうな憧れの足りないことを甚だ遺憾とする。

建国宣言で孫文の三民主義を論難

衛藤が足りないと感じていた新国家のイデオロギー、あるいはそれを牽引する夢は、果たして満州建国に漲《みなぎ》っていたであろうか。この意味で「満洲国建国宣言」（一九三二年〈大同元〉三月一日）をみる限り、確かに衛藤のいうように、当の新国家の住人たちを奮い立たせるような夢が掲げられているようには思えない。

満州国という独立国家の建設が、「支那本土」、とりわけ中華民国の支配からの離脱だった以上、国民党政府のレーゾン・デートルになっている孫文の三民主義への否定が何よりも急務だった。

「建国宣言」はそれを次のように激しく論難している。「是《これ》を惟《おも》ふに内、中原を顧みれば改革自《よ》り以還、初めは則ち群雄角逐して争戦頻年、近くは即ち一党専横にして国政を把持す、何をか民生と云ふ、実に之を死に置くなり。何をか民権と云ふ、唯《ただ》利を是れ専らにするなり。何をか民族と云ふ。但だ党あるを知るのみ。既に曰く、天下を広と為すと又曰く党を以て国を治むと。矛盾乖謬。自ら欺き、人を欺く。種々の詐偽は究詰するに勝へず」と。

国民党政府の一党独裁や民生主義、民権主義、民族主義に対するアンチテーゼは激烈である。しかし、先にみたように、満州国の国制と統治形態をめぐる建前と本音の甚だしい乖離をみるならば、「建国宣言」の批判は、ブーメランのように自らに還ってこざるをえないはずだ。衛藤が、新国家のイデオロギーに物足りなさと空虚さを感じたのも、こうした点を見抜いていたからではないのか。

これに対して「建国宣言」が打ち出したポジティブなテーゼは、「順天安民」「民本主義」「民族協和」であり、それらを総括する「王道主義」だった。

竊《ひそか》に惟《おも》ふに政は道に本づき、道は天に本づく。新国家建設の旨は一に以て順天安民を主と為す。施政は必ず真正の民意に徇《したが》ひ、私見の或存を容さず。凡《およ》そ新国家領土内に在りて居住する者は皆種族の岐視尊卑の分別なし。原有の漢族、満族、蒙族及日本、朝鮮の各族を除くの外、則ち其他の国人にして長久に居留を願ふ者も亦《また》平等の待遇を享《う》くることを得。其の応に得べき権利を保障し、其をして絲毫《しごう》も侵損あらしめず……王道主義を実行し、必ず境内一切の民族をして熙熙皞皞《ききこうこう》として春台に登るが如くならしめ、東亜永久の光栄を保ちて世界政治の模型と為さむ。

満州国という人工国家は、果たして「世界政治の模型」にふさわしい内実を具えることができたであろうか。

統制経済の実験場

中間層を引き寄せた「王道楽土」の理想

満州国の実際の統治形態とその運用の実態をみれば、それは、日本浪曼派の保田與重郎《やすだよじゅうろう》が唱えたような「フランス共和国、ソヴエート聯邦以降初めての、別箇に新しい果敢な文明理想とその世界観の表現」（「「満州国皇帝旗に捧ぐる曲」について」）などという代物ではなかったことは明らかである。しかしにもかかわらず、満州国の誕生は、日本社会の底辺に澱んでいた鬱屈《うっくつ》した情念や抑圧、貧困のはけ口となり、過剰な希望と夢、野望の渦巻く百鬼夜行の図を現出させることになった。

このような熱に浮かされたような「満州ブーム」が、やがて植民地・朝鮮にまで「伝染」していった経緯は、すでに前章でみたとおりである。

こうした人工国家にさまざまな願望や理想を託したのは、もちろん、関東軍の参謀や革新官僚のエリートたちだけではなかった。失業者やインテリルンペン、右翼や仕事師、さらに小作農の農民など、有象無象《うぞうむぞう》の人々が、それぞれに「王道楽土」に自らの情念を託したのである。あたかも満州国は、この時代のさまざまな階層の日本人を呑みつくす巨大なブラックホールのようにぱっくりと口を開いていた。

それではどうしてかくも多くの人々が、満州国という、いわば巨大なスクリーンに自らの夢を投影したのであろうか。そこには、すでに触れたように、大川周明や北一輝さらに岸信介らが鋭敏に感じていた「混沌未形の時代的感情」があった。この点を橋川文三《はしかわぶんぞう》は次のように述べている。

第一次大戦前後に始まる我国独占資本主義の急速な——しかし跛行的《はこうてき》な——発達・巨大化にともなう数次の大恐慌過程において、とくに農村を基盤とする我国中間層が未曾有《みぞう》の解体を経過したことを意味する。昭和七、八、九年という時期は、いわばそれに先行するおよそ十年間の歴史の収斂《しゅうれん》過程であり、同じ意味で、それまでの社会主義運動全体が一つのサイクルを完了する時期であった。(『日本浪曼派批判序説』)

橋川が指摘しているように、満州国建国前後の、挫折・失意・頽廃《たいはい》の状況こそ、「昭和の青春像の原型」だったのであり、この「デスパレートな心情」こそ、「深い夢を宿した強い政治」への渇望の燃料となったのである。そこには、マス化や原子化（アトマイゼーション）といった、第一次世界大戦後の急激な大衆的疎外現象があった。それは、とりわけ中間層の意識において「郷土喪失」「根柢喪失」の感情となって迸《ほとばし》ることになり、それが逆に「失われた根柢に対する熱烈な郷愁」をかき立てることになった。満州国の「王道楽土」の理想は、こうした都市的中間層の浮動心理を鷲づかみにしたに違いない。

「何か面白い事は無いかねえ」とキョロキョロと辺りを見渡しては、結局、自分の生命を持て余しているような中間層的なインテリたち。その原型は、すでに明治の終わり（第一次世界大戦の直前）に文豪・夏目漱石が『彼岸過迄』で、「平凡を忌む浪漫《ロマンチック》趣味の青年」敬太郎として造型していた。このような青年インテリたちが、実際に、大雄峯会《だいゆうほうかい》といった民間青年有志として満州国の「自治指導部」の中核を形成していくことになるのである。

大日本帝国に呑み込まれる満州国

他方、「郷土喪失」の感情は、都市的中間層のみならず、郷土と直結しているはずの農村においてより深刻だった。満州事変前後の農村恐慌ともいえる惨状を、血盟団事件、五・一五事件の「黒幕思想家」ともいわれた権藤成卿《ごんどうせいきょう》は、次のように慨嘆していた。「我農村は実に甚しく疲弊せり、将《ま》さに疲弊より衰滅に近づかんとする状況である」(『農村自救論』)と。権藤や橘 樸《たちばなしらき》らに共鳴する農村の青年層こそ、石原莞爾によって満州国の「民族協和」を実現する代表機関として期待された満州国協和会を支えていたのである。

こうした時代の閉塞のなかに鬱積された青年や農民、インテリたちのさまざまな夢を宿した満州国の理想も、やがて急速に色褪せ、日満一体のかけ声のもと、満州国は、日本の「従属国」、事実上の「植民地」へと転成していくことになる。

その直接のきっかけは、満州国建国から程なくして、本庄繁、石原莞爾、片倉衷《かたくらただし》など板垣征四郎を除く、満州国誕生をリードした幕僚たちが関東軍から転出したことにあった。その空隙《くうげき》を埋めるように軍中央の統制が強化され、大雄峯会のみならず、「民族協和」の理念を受け継ぐはずの満州国協和会すらも関東軍と満州国公認の上意下達の機関へと変質していった。

そして「日本政治機関ノ清算」と「満洲国ノ主権タルヘキ満洲国協和会ノ立直シト堅実ナル発達」さらに軍の干渉の回避と「日満協和」の実現を板垣に託した(「板垣少将へ」)石原

は、満州の地を去らざるをえなくなるのである。ここに矢内原がいみじくも喝破したように、「満州国厳然独立国家主義と大日本帝国発達主義」という「対立物」は、結局「止揚《しよう》」されることなく、満州国は、その「独立国家主義」の内実を失い、「大日本帝国発達主義」のなかに陥入していくことがはっきりとすることになった。

いまや、軍中央の合法的革新派とそれと結びついた革新官僚、さらに新興財閥のトライアングルが、満州国の支配グループを形成していくことになるのである。ここに岸の出番が準備されていた。

先遣隊として送り込まれた満州人脈

岸は当時を回想して「満州の産業行政については関東軍の第四課が勝手なことをしている。軍人だから見当違いのこともずいぶんあるし、日本の財界も、関東軍が威張りすぎているものだから脇を向いている。これではいかん、産業行政の問題については、商工省の最も優秀な人間が行って、軍人から産業行政を取り上げてやるべきだ、いずれ自分が行ってやらなければいかんというのが私の考え方だった」（『岸信介の回想』）と述懐している。満州行きを、「白紙に図面を書く仕事には興味をそそられる」と豪語した革新官僚の若きリーダー、岸の自負心と意気込みが伝わってくる。

岸が渡満する一九三六年（昭和一一）以降、二・二六事件の後の広田弘毅《ひろたこうき》内閣で軍部大臣

満州時代の岸信介　1936年から1939年まで3年間、産業部次長、総務庁次長として満州国で統制経済を実行した。『満州裏史』(太田尚樹、講談社)より

現役制が復活し、統制力の強化、派閥勢力の排除という名のもとに軍はますます横暴を極め、政党政治は決定的に弱体化を余儀なくされるようになった。このような政党勢力の没落と、他方での戦時体制に対応する経済統制の必要を背景に、「軍の合法的革新派」と結びついて総動員体制の進路に決定的な影響を与えたのが、岸ら「革新官僚」と呼ばれた一群のテクノクラートたちだった。岸は、一九三六年の一一月、先に述べたように、着任早々、産業部次長に昇格し、やがて総務庁次長として、満州国産業開発五ヵ年計画の実際の指揮をとることになるのである。

満州国の建設は、日本の国家改造の先導役として、関東軍のみならず、彼ら革新官僚たちにも意識されつつあった。そのためか、大蔵省からは、後に総務庁長として岸の上司となり、さらに東条内閣では内閣書記官長に就任することになる星野《ほしの》直樹《なおき》などを筆頭に古海《ふるみ》忠之《ただゆき》、松田《まつだ》令輔《れいすけ》などが満州国のスタッフとして招請されていた。また商工省からは特許局審判長の高橋康順が渡満して実業部次長に就任しており、その後、一九三三年（昭和八）八月以降、岸の片腕だった椎名《しいな》悦三郎《えつさぶろう》や美濃部《みのべ》洋次《ようじ》、山本繁らが渡満し、実業部の総務、商工を中心に満州国の産業建設の主要な部署に配置されて

役職	人名	経歴
総務長官	星野直樹	大蔵省
総務庁次長	神吉正一	外務省
〃　主計処長	古海忠之	大蔵省
〃　人事処長	源田松三	〃
〃　法制処長	松木俠	満鉄
〃　弘報処長	堀内一雄	退役軍人
〃　企画処長	松田令輔	大蔵省
内務局長官	大津敏男	内務省
外務局長官	大橋忠一	外務省
経済部次長	西村淳一郎	大蔵省
〃　税務司長	青木実	〃
産業部次長	岸信介	商工省
〃　農務司長	五十子巻三	農林省
〃　鉱工司長	椎名悦三郎	商工省
〃　拓政司長	森重千夫	拓務省
民生部次長	宮沢惟重	満鉄
〃　教育司長	皆川豊治	司法省
司法部次長	古田正武	〃
〃　刑事司長	前野茂	〃
治安部次長	薄田美朝	内務省
〃　警務司長	渋谷三郎	退役軍人

満州国の日本人高級官僚　1937年7月。星野直樹、岸信介ら大蔵省、商工省出身の高級官僚が満州国中枢の要職を占めた。『満州国』(岡部牧夫、講談社学術文庫)をもとに作成

いた。彼らは、当時、大臣官房文書課長だった岸信介の推薦によるものであり、いわば岸人脈に連なる官僚たちだった。

彼らは、岸の「先遣隊」として揺籃《ようらん》期の満州国に送り込まれたのであり、岸は、そのような工作のうえで満を持して満州に渡ることになったのである。広田内閣の組閣とともに、商工省内の人事刷新で岸の立場も危うくなったことが渡満の直接のきっかけになったとしても、機は熟していた。

ただ、岸が実際に満州国産業開発五ヵ年計画の実施に手を染める前に、その計画・立案はすでに、石原莞爾のブレーン・トラストともいうべき「宮崎（正義）機関」を中心とする日満財政経済研究会と片倉衷《かたくらただし》や秋永月三《あきながつきぞう》といった陸軍省軍事課満州班によって形作られていた。とりわけ、そのキーパーソンとなったのは、宮崎正義であり、彼を中心とする日満財政経済研究会こそ、満州国産業開発五ヵ年計画の産みの親となり、計画的統制経済のひな型を作り上げるうえで決定的な役割を果たすことになるのである。

岸より三歳年上で、ロシアのペテルブルク大学卒業という異色の経歴をもつ宮崎は、奇しくもメンシェヴィキ革命の嵐のなかにあったロシアを体験している。

経済調査会による国創りの実験

すでに触れたように、岸が東京帝国大学法学部に入学した年に勃発したロシア革命は、彼に世界史的激動の予兆を印象づけ、さらにその後のソ連邦の五ヵ年計画の動向は岸に強い衝撃を与えていた。遅れた農業国が、社会主義的計画経済を通じて、一挙に工業国へと変貌していく、その圧倒的にダイナミックな転換に少壮の官僚エリート、岸が危機感と強い共感を抱いていたとしても、決して不思議ではない。北一輝の国家社会主義的な日本改造に惹かれていた岸にとって、ソ連邦の「実験」は、脅威であると同時に、日本の危機突破のインスピレーションを与えてくれるものだった。

これに対して、宮崎は、岸がさまざまな情報で知り得たソ連邦の現状を、実際に自ら見聞しえた数少ない「ロシア・ウォッチャー」であった。ロシア革命の明くる年、満鉄に入社した宮崎は、一九二三年（大正一二）に総務部調査課ロシア係主任に配属になり、やがて革命後のソ連邦を訪問し、その実情を視察している。宮崎は、左右を問わず、革命とその後の計画経済に過大な評価をしがちな日本の知識人や学者、ジャーナリスト、政論家などとは違って、その実情を冷静に観察し、ロシアに起こったことが、ロシアの置かれた特殊な歴史的事情にもとづくことを的確に理

宮崎正義　ロシア革命後のソ連を見聞して、計画統制経済に日本の国家改造のモデルを求めた。『「日本株式会社」を創った男』（小林英夫、小学館）より

満鉄経済調査会　1932年設立の経済調査会は、満鉄付属機関でありながら当初から関東軍の影響を強く受けていた。『「日本株式会社」を創った男』より

解していた。と同時に、宮崎は、社会主義革命を通じてソ連邦に実施されるようになった計画的統制経済のなかに日本の国家改造のモデルを見出そうとしたのである。

そのような宮崎に目をつけたのが、石原莞爾だった。満州国の出帆とともに日満一体化の経済ブロックを形成し、北方のソ連邦の脅威に備えつつ、「世界最終戦争」としての日米殲滅戦への準備を整えようとしていた石原にとって、日本の国力調査はもちろん、自動車や飛行機などの生産力拡充に裏づけられた戦時体制の構築は、最も重要な課題だった。その意味で本格的な調査、政策、立案の能力を備えたブレーン・トラストが不可欠だったのであり、宮崎に白羽の矢が立ったのである。

その結果、「満洲国建国宣言」の二ヵ月ほど前、関東軍参謀の石原と片倉衷に宮崎ら満鉄社員を加えた会合で満鉄調査課を中心とする大調査立案機関の設立の骨子が出来上がり、やがて一九三二年（昭和七）一月二六日、経済調査会の職制が発表されて、調査会は正式に発足することになる。委員長に就任したのは、戦後、国鉄総裁として新幹線の産みの親となった十河信二《そごうしんじ》満鉄理事だった。

こうして満鉄の付属機関でありながら、国家的利益の見地から「調査並建設的方策及計画の研究立案」を行う経済調査会は、事実上「関東軍の経済調査会」（小林英夫『「日本株式会社」を創った男』）として国策立案に邁進することになるのである。その最大の眼目は、統制経済にもとづく満州国の国家建設プランを練ることにあった。ロシアとは資本主義の発展段階も、それを取り巻く環境も違う日本で計画的な国家統制による新たな国創りの実験が、満州という場で試されることになったのである。

国家社会主義的な統制経済モデル

調査会の基本方針は、要約すれば、満蒙の産業開発の計画、日満経済関係の合理化、日本経済勢力の扶植などを目的として満蒙全域とその経済部門全般にわたる総合的第一期経済建設計画を立案することにあった。この基本方針のもと、日満の自給自足経済（アウタルキー）の確立、経済的開発とくに国防資源の開発の推進、人口的勢力の扶植、さらに国家統制の確立などが基本的な綱領として掲げられるにいたった。

このような経済調査会の方針と綱領は、具体的には、その後の満州国の産業開発の青写真になる「満州国経済建設要綱」となって結実することになる。

調査会のみるところ、満州は、「前資本主義を脱却して遠からざる」（矢内原忠雄）、国民経済の著しく立ち後れた地域であり、単独の経済力をもって国家の政治的独立を保つことは困難であった。したがって、「日満経済ブロック」を形成し、資本主義経済を修正して計画経済にもとづく国家的統制によって産業開発を推進する方策がとられることになった。その満州国経済統制案は、特務部の検討を経て一九三三年（昭和八）三月一日「満州国経済建設要綱」として日の目をみることになった。

「要綱」の「経済建設の根本方針」は、「我が国経済の建設に当りては無統制な資本主義経済の弊害に鑑《かんが》みこれに所要の国家統制を加へ資本の効果を活用し、以て国民経済全体の健全且《か》つ溌剌たる発展を図らんとす」として、四つの眼目をあげている。（1）王道主義（国民全体の利益）、（2）経済統制（重要産業部門の国家的統制）、（3）門戸開放、機会均等、（4）日満共存（東亜経済の融合、日満の相互扶助と協力関係）がそれである。

さらに「経済統制の方法」としては、（1）経済的計画の統制、（2）国防、公共、公益的重要事業の官公営または特殊会社による経営、（3）これ以外の経済事項を法的統制のもとに民間の自由経営に付すこと、などがあげられている。

以上の「要綱」の方針と方法の底流に流れているのは、明らかに北一輝の『国家改造案原理大綱』に示されたような、国家社会主義的な立場にもとづく統制経済モデルの形成であった。帝大生の頃、北の『大綱』から大きな影響を受け、さらに少壮官僚としてドイツの産業合理化運動に多大の関心を払っていた岸にも、この「要綱」の方針と方法を貫く通奏低音が同じように鳴り響いていたはずだ。

岸の回想によれば、岸は石原とはさほど面識もなく、また宮崎と個人的に接触した形跡は窺えない。にもかかわらず、満州経済の基礎的計画立案のベースとなった「要綱」の狙いは、革新官僚、岸信介が心中深く蔵していた思想と共鳴し合っていたに違いない。「満州国経済建設要綱」の発表から一年、満州国に対応するかたちで、日本では「日満経済統制方策要綱」が閣議決定され、本格的に日満経済ブロックの形成を目ざす経済統制の原則が示されることになった。

国家権力の統制で重要産業を育成

この「方策要綱」は冒頭、日満経済ブロックの形成に向けて、日満不可分の関係、その共存共栄をはかりつつ、あくまでも満州国の独立国家としての発展を目ざすと謳っている。一方で日満経済の融合、一体化をはかりつつ、他方で独立国家としての満州国の発展を促す。この二重性は、すでに矢内原が「満洲問題」で鋭く指摘していたように、「『厳然たる』独立国家たると同時に日本と特別密接なる『親善関係』に立つ」「合弁的独立国家」、満州国に内在する矛盾だった。日満経済ブロックの形成を目ざす経済統制は、こうした矛盾を「止揚」しようとする強権的な「見える手」の干渉を意味していた。

そうした強引な「見える手」の介入にもかかわらず、統制の分野、規模、方式は決して判然としていたわけではなかった。また財閥入るべからずという関東軍の方針もあり、日本資本の対満進出は遅々として進まなかった。その結果、満州国政府は、統制を加える分野と自由経営に任せられる分野をはっきりと分ける必要に迫られたのである。

そこで発せられたのが、「一般企業に対する声明」（一九三四年〈康徳元〉六月二八日）であった。国防上の重要産業や公共及び公益的事業さらに交通・運輸・通信などインフラにかかわる産業などは、特殊会社または準特殊会社とし、それ以外の産業は「自由企業」に委ねることが定められた。これによって、特殊会社または準特殊会社が産業開発の中核を担うことになったのであり、これらが統制経済のケルン（核）をかたち作ることになったのである。

さらに、後に日満財政経済研究会を中心に立案された満州国産業開発五ヵ年計画が一九三七年（昭和一二）から実施されるにあたり、「重要産業統制法」が制定公布されるに至った。それは、先の「経済建設要綱」をベースに、行政的統制を行ってきた産業統制にまで法的根拠を与えようとするもので、「重要産業統制法」は、「各特殊会社法と相まって、一九三七年の治外法権の撤廃並びに満鉄付属地行政権の移譲に呼応して国内の産業制度を整備統一し、一方この年から開始された産業開発五ヵ年計画の遂行に備える」（『満洲国史　総論』）ことになった。このように、満州国の統制経済の狙いは、特殊会社または準特殊会社の形態をとった国家権力の強大な統制のもとで国防的重要産業もしくは公共公益的重要産業を育成し、生産力拡充を通じて日満経済ブロックを形成していくことにあった。

以上のような満州国の統制経済政策を矢内原は、三つの特徴に要約している。そのひとつは、「一業一社主義」の制度にもとづく特殊会社の設立である。満州電信電話会社、満州石

会社名	創立年月	業務内容
満州中央銀行	1932. 6	中央銀行業務
満州航空	1932. 9	航空業務
満州電信電話	1933. 8	電信電話事業
満州石油	1934. 2	石油精製採掘
同和自動車工業	1934. 3	自動車組立
大安汽船	1934. 3	船舶運航
満州棉花	1934. 4	棉花買入
満州炭鉱	1934. 5	石炭採掘、販売
満州採金	1934. 5	採金及精製
満州電業	1934. 11	電灯、電力事業
奉天工業土地	1935. 3	工業土地経営
満州鉱業開発	1935. 8	鉱業権取得
本渓湖煤鉄公司	1935. 9	製鉄事業
満州火薬販売	1935. 11	火薬類販売
満州拓殖	1936. 1	日本人移民事業
満州林業	1936. 2	森林開発事業
満州塩業	1936. 4	塩製造販売
満州曹達	1936. 5	曹達、爆薬製造
奉天造兵所	1936. 7	兵器、弾薬製造
満州弘報協会	1936. 9	新聞事業
日満商事	1936. 10	物品売買、委託
満州生命保険	1936. 10	生命保険事業
満州計器	1936. 10	計器製造
満州軽金属	1936. 11	アルミニウム製造
満州興業銀行	1936. 12	産業金融

満州国の特殊・準特殊会社　1936年末当時。満州国政府や満鉄が出資した会社が様々な産業分野につくられた。『「満州国」経済史研究』（山本有造、名古屋大学出版会）をもとに作成

油、同和自動車工業、満州炭鉱などは、そうした政策によって誕生した巨大な日満合同企業であった。第二に、自由競争もしくは独占による資本主義の弊害の矯正という思想があげられる。さらに第三に政策の焦点が、「軍事的必要ある産業及び満洲開発の基礎産業と認むべき企業」(「満洲問題」)、つまり、特殊会社及び準特殊会社の統制に絞られていたことである。

戦時動員体制に向けた国家改造

このような満州国における統制経済が、どのような難点を抱えていたかは後述するが、ここでは、岸が実際に手がけることになる満州国産業開発五ヵ年計画について述べておかなければならない。

満州の産業開発計画が本格化するのは、「軍事中心の国防から国力増強の国防」への転換を主張した石原莞爾が、先の満鉄経済調査会の参事であった宮崎正義を中心に一九三五年(昭和一〇)秋、日満財政経済研究会を立ち上げ、生産力拡充の統制経済政策を作成させて以来のことだった。やがて日本の国力を調査し、「日米最終戦争」に備える生産力拡充の計画立案を目的とする研究会は、一九三六年(昭和一一)八月、生産力拡充五ヵ年計画の原案となる「昭和一二年度以降五年間歳入及歳出計画、附緊急実施国策大綱」を発表する。

この「計画附大綱」は、一九三七年(昭和一二)以降五ヵ年の歳入と歳出の動向を検討し、その基本的なバランス（収支）のうえに軍事費の伸びと幅を推定し、必要な生産力拡充を図ろうとする意欲的なプランであった。そして「附大綱」は、そのようなプランを実施するために不可欠な統治・行政機構の抜本的な改革案を意味していた。まさしく、戦時動員体制に向けた国家改造のマスタープランであった。内閣制度を廃止し、国務院を設置、そのもとに総務庁が直属し、企画院や予算局、資源局などが配置されるといった構想は、すでに述べたように、満州国の、総務庁中心主義による独裁的集権制を今度は日本の国家改造に活かそうとするアイディアだった。

もっとも、東条内閣でごく一部、この「附大綱」の改造案が活かされたものの、実際には日本の戦時体制は、独裁的な集権制による国防費の合理的かつ効率的な目的使用すら達成できなかった。宮崎が「附大綱」であるべき姿とした「陸海軍の完全なる協調」はおろか、陸軍と海軍のそれぞれの内部でも政治力の分裂と多元化に悩まされることになるからである。

この点を丸山真男は辛辣にも次のように批判している。「文官と武官が対立するかと思うとその下で陸海軍が対立し、陸軍は陸軍でまた、陸軍省と参謀本部、更に陸軍省内部で軍務局と兵務局というごとく……。企画院官僚、満洲官僚、内務官僚相互の抗争もよく知られている。そうしてこのような政治力の多元性を最後的に統合すべき地位に立っている天皇は、擬似立憲制が末期的様相を呈するほど立憲君主の「権限」を固くまもって、終戦の土壇場まで殆ど主体的に「聖断」を下さなかった。かくして日本帝国は崩壊のその日まで内部的暗闘に悩み抜く運命をもった」(「軍国支配者の精神形態」)と。

在満産業への投資増進を謳う関東軍

宮崎の慧眼は、丸山が近代日本の「原罪」とまで言い切った「政治力の多元的併存」を打ち破らなければ、「計画」の遂行など覚束ないことを誰よりも見抜いていたはずだ。とりわけ、「官(軍)、民の協力」による経済の国家統制と強力な軍事経済体制の構築には、そのような「原罪」を「止揚」する国家改造が不可欠だった。そのような改造のうえに「計画附大綱」は、国防産業の飛躍的増産と輸出をはかるとともに、他方で社会政策的施策や社会保障制度の拡充をはかり、国民生活の安定を確保することで、戦時動員への体制的な統合を推し進めようとしたのである。

こうした事実上の宮崎案が、「日満産業五ヵ年計画の最初の案」になったことは、「日満財政経済研究会業務報告書」(昭和一三年一月)で宮崎が報告しているとおりである。

他方、陸軍中央は、関東軍と連携しつつ、「満州国開発方策要綱」(昭和一一年八月三日)を決定し、「満州国政府に対する要望事項は本綱要を基礎とし主として関東軍に於て適宜指導するものとす」という方針を確認した。これを受けて関東軍は、「満州国第二期経済再建要綱」(昭和一一年八月一〇日)を作成し、産業五ヵ年計画や財政、農政、移民準備、特殊会社の指導監督に関する方針を確立しようとした。この「要綱」では、とくに「対満投資」

について言及し、資本の動員とともに、「一般民間の在満産業に対する直接的投資」の増進を謳っている。後に日産の満州進出による満州重工業開発株式会社の設立によって「対満投資」に画期的な機会が訪れることになるが、この間、関東軍は陸軍省軍務局と連携しつつ、実際に日産の総帥、鮎川義介《あゆかわよしすけ》らに資本や技術の導入を働きかけていた。

他方で、陸軍省の軍事課満州班長の片倉衷少佐と同じ班員の平井豊一主計少佐が中心になって、先の宮崎案から満州にかかわる部分を摘出し、「満州国第二期経済再建要綱」を実現するための計画案として「満州国産業開発五ヵ年計画に対する目標案」が作成された。その冒頭、「目標案」は、「軍事課満州班一課員の一考案にして特に日満経済研究所（正確には日満経済研究会――引用者）、戦備課等の研究を利用せり」と断っている。

鮎川義介　日産コンツェルンの創始者。満州事変後に重化学工業の多角化を推進。軍部と提携して日産を満州に移駐し、満州重工業開発とした

「目標案」では、基本的方針として、一九四一年（昭和一六）頃を目処にした「日満国防産業の飛躍的発展」を期して日満北支を通じた広域圏における「自給自足」体制の確立と、戦争に備えた軍需、民需に対応できる生産力の拡充が掲げられている。このために、北満では開発が、南満では軍需工業の

振興が急務であると指摘されている。この「目標案」が、やがて一九三六年（康徳三）九月、関東軍、満州国政府、満鉄の関係者が集合した湯崗子《とうこうし》温泉会議のたたき台になり、「満州国産業開発五ヵ年計画」の骨子が出来上がることになるのである。

ただし、この会議では、満州国で計画どおりに生産設備が完成しても、生産過剰に陥ってしまわないか、懸念されていた。また計画どおりの軍需と民需に応じられる資材や労力とりわけ資金が果たして調達可能なのかどうか、とくに危惧されていた。こうした懸念材料を抱えつつ、「満州国産業開発五ヵ年計画要綱」が日の目をみることになるのである（一九三七年一月）。

満州重工業開発の設立

その方針によれば、五ヵ年計画は、「日満経済統制方策要綱」の根本方針を踏まえ、戦争に備え、「資源の現地開発に重点を置き」、同時に「国内の自給自足と日本不足資源の供給」をはかり、「満州国産業開発の根基」を確立するため、鉱工業部門、農畜産部門、交通通信部門などの生産力増強を達成しようとするものであった。明らかに、「王道楽土」や「五族協和」といった、満州国の当初の理想は色褪せつつあった。いまや、満州国は、有事、すなわち戦争遂行という国策に沿って、軍需重工業化の兵站基地への道をたどっていくことになるのである。そして、日中戦争の勃発とその長期的な持久戦とともに、日本経済の戦時体制化が強まり、それに即応して満州国の産業開発計画は、「支那事変」以後、「日満を通ずる軍需生産力の拡充に一本化され包摂され」るようになっていく。それは、計画が本来掲げていた、「現地調弁的自給自足主義と日満分業的な適地適業主義」の総合という目標を否定するものだった。

ここにおいて、満州国の統制経済政策の三つの特徴に関する矢内原の指摘をあらためて思い起こしてみたい。

矢内原は、建国当初から満州国の統制経済政策の三つの特徴に内在する矛盾を剔抉《てっけつ》していたが、その後の満州国の展開は、まさしく矢内原の指摘を実証するかのように進行していったのである。すなわち、満州と日本のように、発展段階を著しく異にする社会における「業種別全国トラスト」（独占企業）の創設は、「経済的産業合理化」にはなりえないということ。さらに、満州国における統制経済政策は、「反資本主義的なイデオロギー」にもかかわらず、「相当広汎なる自由企業の範囲」を残しており、それは「国家社会主義」でもなく、「国家資本主義」でもなく、「精々《せいぜい》の処《ところ》修正独占資本主義」にほかならないということ。また、満州国の統制経済政策は、「軍事と経済との合作」から成り立っているがゆえに、それは軍事上の考量と経済上の考量の不均衡に悩まざるをえないということ。こうして矢内原は結論づけている。「抑《そもそ》も満洲事変の当初にあたりては、満洲国の経済組織は王道主義なるものに基礎を置くべしとなし、資本家の活動を抑制するの声があった。併《しか》し乍《なが》ら満洲の現実上かくの如き議論は忽《たちま》ち勢力を失い、資本の流入なくしては開発行はれず、資本家の活動なくしては資本の流入行はれざることが知られ、満洲国は資本の流入を歓迎するといふ立前に変わった」（「満洲問題」）と。

この大規模な資本の導入こそ、日産の鮎川義介を総裁とする満州重工業開発株式会社（満業）の設立だった。そしてその実現に裏舞台で辣腕を振るったのが、岸信介だった。

先に述べたように、満州国の産業開発は、一九三三年（昭和八）三月発表の「満州国経済建設要綱」以来、満鉄と一業一社の特殊会社を中心に進められてきた。しかし、国際情勢が緊迫の度を深め、日中関係が懸案になるにつれて、関東軍と満州国は、大規模な国防経済と生産力の拡充のために満州国産業開発五ヵ年計画の実施を急いでいた。それには、こうした従来の開発方式ではなく、大規模な独占的特殊会社の傘下に重工業関係の特殊・準特殊会社をはじめとする諸生産会社を配置するという産業機構の大規模な再編が必要となったのである。満業はまさしくこれに応えようとするものだった。

満州を支配する「二き三すけ」

満鉄は交通部門に限定し、鞍山《あんざん》、撫順《ぶじゅん》などの鉱山事業を満鉄から分離し、満鉄改組を断行する。この大胆な再編・変革は、岸には打ってつけの仕事だったに違いない。日立製作所や日産自動車、日本鉱業など、関連会社百数十を傘下に収め、従業員数一五万人におよぶ日本産業（日産）は、重化学工業分野で躍進する新興財閥であり、その総帥である鮎川と岸とは同じ長州出身で遠縁にあたっていた。しかも、満業の設立に反対の満鉄総裁が、松岡洋右であり、松岡は岸の姻族にあたっていた。もっとも、松岡は、満業の設立に関して完全に蚊帳《かや》の外に置かれ、日産誘致を聞いて激怒したといわれるが、岸と松岡のただならぬ関係を考えると、裏で暗黙の了解が成り立っていたに違いない。

残された課題は、関東軍への根回しであったが、満鉄改組と大規模な資本の導入を望んでいた関東軍の意向は、岸の試みと合致していた。関東軍参謀は、時あたかも、後に太平洋戦争以後の総力戦体制に向けてコンビを組むことになる東条英機であり、両者の思惑に平仄《ひょうそく》が合わないわけはなかった。こうしていわゆる「二キ」（東条英機、星野直樹）と「三スケ」（岸信介、松岡洋右、鮎川義介）と呼ばれる、満州国の実質的な支配者たちが揃うことになったのである。そして「三スケ」は奇しくも縁戚のトライアングル」（原彬久）をなしていた。ここに先にも触れたように、軍中央の合法的革新派とそれと結びついた革新官僚そして新興財閥とのトライアングルによる満州国の支配グループが形成され、石原らが曲がりなりにも夢見た東亜共同体的な満州国の理想は、跡形もなく潰え去っていたのである。そして宮崎らの五ヵ年計画の統制経済は、戦争遂行のための手段として満州のみならず、総力戦体制期の日本において岸が主導した統制会による物資動員計画に活かされていくことになる。そして次章で述べるように、戦時期の統制経済の実験は、敗戦を跨いで戦後復興へと連続し、

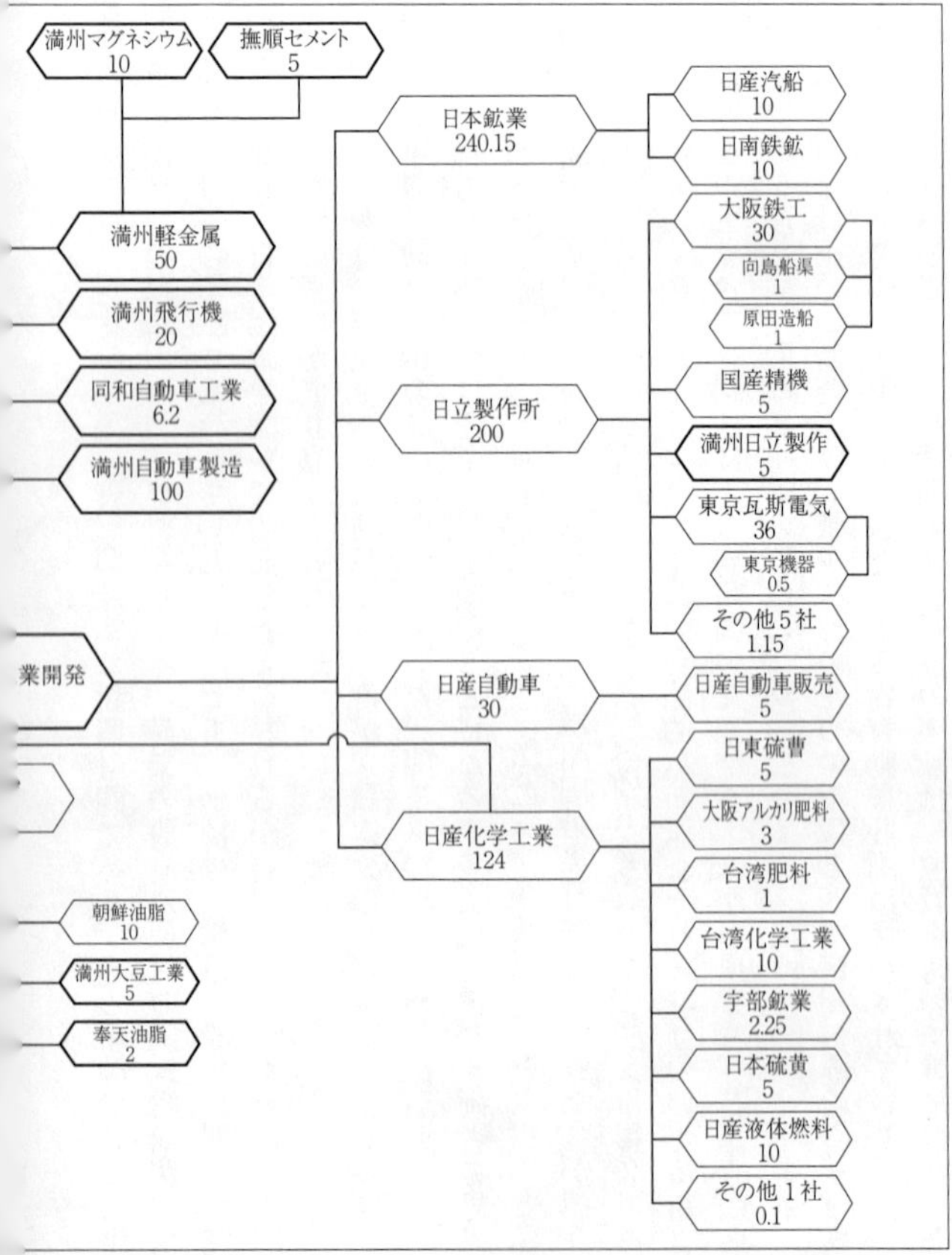
満州マグネシウム
10
撫順セメント
5
満州軽金属
50
満州飛行機
20
同和自動車工業
6.2
満州自動車製造
100
業開発
朝鮮油脂
10
満州大豆工業
5
奉天油脂
2
日本鉱業
240.15
日産汽船
10
日南鉄鉱
10
日立製作所
200
大阪鉄工
30
向島船渠
1
原田造船
1
国産精機
5
満州日立製作
5
東京瓦斯電気
36
東京機器
0.5
その他5社
1.15
日産自動車
30
日産自動車販売
5
日産化学工業
124
日東硫曹
5
大阪アルカリ肥料
3
台湾肥料
1
台湾化学工業
10
宇部鉱業
2.25
日本硫黄
5
日産液体燃料
10
その他1社
0.1

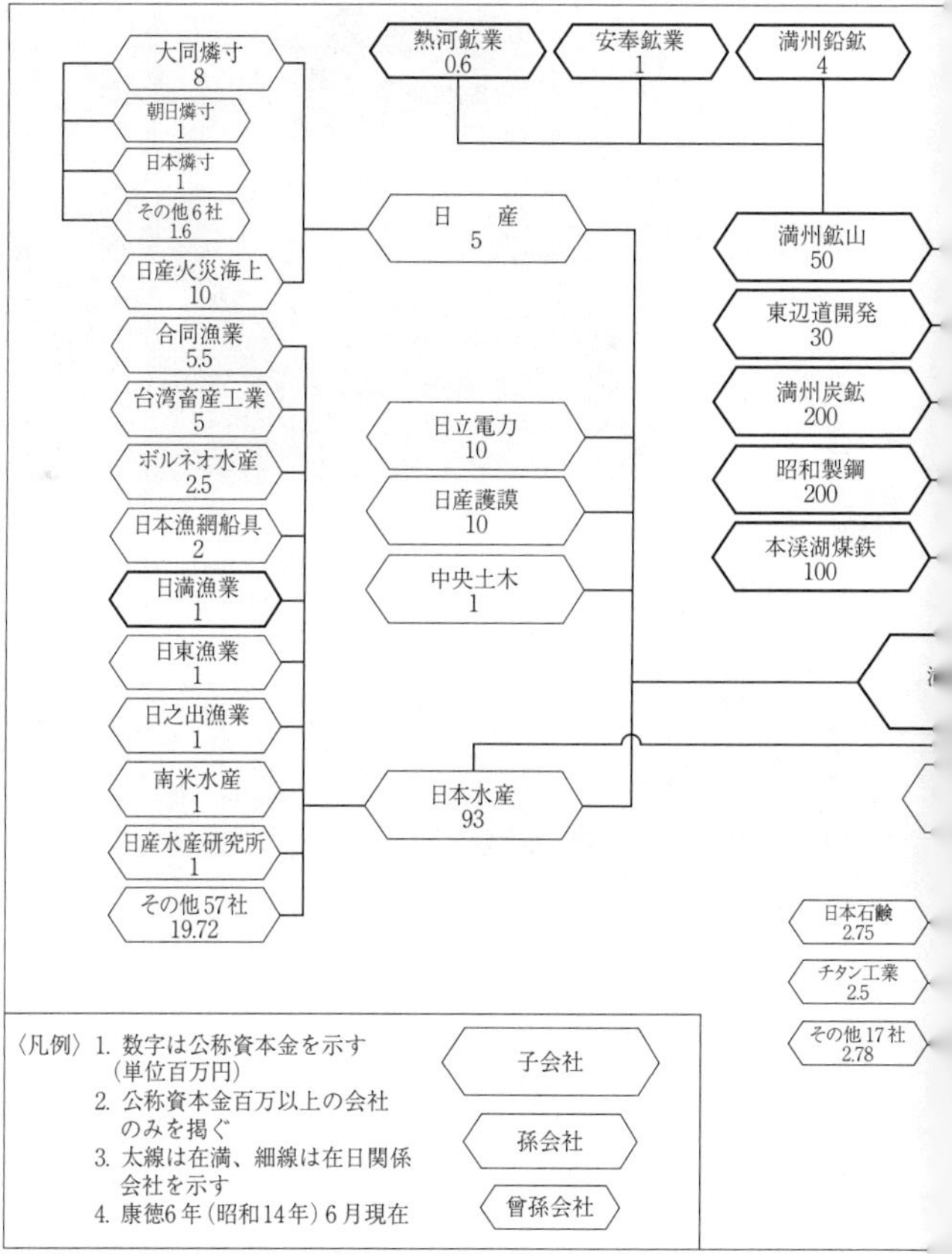

満業関係会社系統図解　1929年、満州重工業開発株式会社編の「満業並在満関係会社事業概要」に掲載されたもの。『社史で見る日本経済史　植民地篇　第29巻』（2004年、ゆまに書房）をもとに作成

東条内閣と岸信介　1941年10月に組閣され、2ヵ月後に太平洋戦争を開戦する東条英機（前列中央）内閣で、岸信介（後列右端）は商工大臣となる。星野直樹（後列左から3人目）は内閣書記官長だった

「日本的経済システムの原型」（小林英夫『「日本株式会社」を創った男』）となって戦後日本の保守政治の頂点に君臨することになる「昭和の妖怪」こと岸信介によって再び甦ることになる。この意味で次のようなジョン・ダワーの指摘は傾聴に値する。

こうした展開（戦後改革）のほとんどの局面で、見える手がはたらいていた。より正確には、目に見える手は何本もあって、そのなかでももっとも露骨に事態を操作したのが軍官僚と文民官僚から伸びる手であった。当時は、日本という国家にたいする途方もない干渉と実験の時代であり、そこに生々しく現われている官僚支配の実践と思想は、たしかに戦時から現代日本へ引き継がれた遺産のなかでももっとも目を惹くものであり、また、議論を呼ぶものでもある。

官僚制は戦争によって強化され、その後の七年ちかくにおよぶ占領によってさらに強化された。戦争と平和はどちらも、それぞれ独自の方法で、極度の危機感と国家安全保障への強烈な関心を抱かせた。戦争と平和は、官僚たちのあいだに革新主義的な考え方——指導された変革の必要性への傾斜——を鼓舞し、そしてこの意味で降伏以前と降伏以後のあいだになんら真の断絶はなかった。もちろん、眼前の任務は「戦争」から「平和」へと劇的に変化した。変わらなかったのは、現状維持にたいする根強い不満であり、新らしい世界秩序のなかで強い国を創造するためのトップダウン方式による長期計画への傾倒である。（ジョン・W・ダワー「役に立った戦争」『昭和』）

ダワーがいうように、戦時動員は戦後日本の経済全般にとって強力な遺産となったのであり、この意味で岸の復権は権力とシステムの連続性を象徴していた。

さらにこの連続性は日本だけにとどまらず、旧植民地・韓国でより露《あらわ》になった。しかも韓国において戦時動員の遺産はよりドラスティックな「成果」を生み出すことになったのである。高木（岡本）中尉こと朴正熙を「中興の祖」とする開発独裁型の「指導された資本主義」の成果がそれである。

こうしてみると、戦時動員の先がけとなった満州国の「実験」は、海峡をはさむふたつの国の「再生」に巨大な影を落としていたことになる。次章ではその様相を、岸信介と朴正熙の復権と「癒着」を中心にみていくことにしたい。

第四章　戦後と満州国の残映

甦る「鬼胎」たち

冷戦がもたらした新たな舞台

敗戦とともに満州国もあっけなく瓦解した。「日本の夢と野望の実験場」であった満州国の崩壊は、満州国に託した高木正雄（岡本実＝朴正熙《パクチョンヒ》）中尉の夢を無残にも踏みにじることになった。すでにソ連軍参戦とともに、軍幹部は民間人を置き去りに蜘蛛の子を散らすように遁走していた。南方戦線に主力を取られ、精鋭とは名ばかりの関東軍に、怒濤の勢いで満州に雪崩れ込んでくるソ連軍に刃向かう余力などなかった。八月一八日の満州国解体宣言を待つまでもなく、夢と野望をむさぼり食い続けた満州国は跡形もなく消滅していたのである。

敗残兵となった朴正熙がそのときどんな心境だったのか、それを知る手がかりはつかめない。ただ生涯ではじめての深い挫折と失望だったことは間違いない。

高木（岡本）中尉ら朝鮮人将校は、中国人の歩兵第八団団長唐際栄により、所属部隊で武装解除された。その後、朴らは北京に向かって光復軍と合流するが、所属する部隊は引揚げまでの急拵《きゅうごしら》えの名ばかり部隊であり、朴正熙の帰郷も凱旋ではなく遁走兵の惨めな姿であった。故郷に戻った朴正熙は、教職を投げ出して帝国軍人になった脛に傷もつ身として家族からも冷たい視線にさらされ、失意の日々を送らざるをえなかった。このときから、高木（岡本）中尉こと朴正熙は、帝国から放り出された「鬼胎」として、その過去を封印せざるをえなくなるのである。

　さらに朴が経験することになる解放後の転変は、朴を死の淵に追いやることになった。一九四八年一一月、いわゆる「麗順《ヨスン》事件」（麗《ヨ》水《ス》・順天《スンチョン》反乱事件）に連座して逮捕され、「アカ」の容疑をかけられて死刑が求刑されることになるのだ。

　そしてもうひとり、岸もまた「断腸の思ひ」で敗戦を迎えることになった。すでにサイパン陥落後、東条と袂を分かち、郷里山口に下野しながらも護国同志会を結成して在野の政治運動を続けていた岸だったが、敗戦後すぐに「真珠湾内閣」の首相・東条や外相・東郷茂《とうごうしげ》徳《のり》、蔵相・賀屋《かや》興宣《おきのり》らとともにA級戦犯容疑者として逮捕され、敗戦の年の一二月八日、巣鴨プリズンに収監されることになったのである。岸もまた、戦争犯罪人として極刑を覚悟しなければならない窮地に追い詰められることになる。

　朴にとっても、岸にとっても、敗戦による帝国の消滅は、自らの忠誠の対象が消滅するだけでなく、死の影に怯える「幽囚」の身となることを意味していた。

にもかかわらず、ふたりは、起死回生のごとく甦り、戦後の日本、解放後の韓国の最高権力者として、それぞれの歴史に消すことのできない足跡を残すことになるのである。そこには、歴史の偶然にしては余りにも類似した共通点がみられる。

まず第一に冷戦という新たな戦争の影が、彼らに救いの手を差し伸べることになったのである。戦争の終結は、戦争そのものの終わりを意味せず、むしろ新たな戦争の始まりを意味していた。米ソ対立という、巨大なパワー・シフトは、「帝国の鬼胎」たちが、新たな「勝利者」(米国)のもとで甦る舞台を準備したのである。それは、汚辱にまみれた過去の経歴をかき消し、彼らに再起のチャンスを与えてくれる天からの贈り物のように思われたのではないか。

この意味で政治家が成功するには、「自分の力とか、そんなものより、運が七分です」という岸の口癖は、あながち誇張とは言い切れない。ただ、岸はその「機運」を逃さず、果敢にそれをつかみ取る術を心得ていた。それを可能にしたのは、時代の空気を読む鋭敏な観察眼である。

権力の源泉を見極める本能的な嗅覚

すでに欧州においてトルーマン・ドクトリンやマーシャル・プランが発表され、それに対抗してコミンフォルム(ヨーロッパ共産党情報局)の設置が決定される一九四七年、岸は獄

トルーマン米大統領　1947年3月、共産主義の浸透に対抗し、ギリシア、トルコへの軍事・経済援助を決定した

窓で好機到来の予兆を的確に把握しつつあった。獄中の日記には、米ソ両国の「cold war」が果たして「hot war」になるのかどうか、その「時期如何」（原彬久『岸信介』）というほのかな期待感がにじみ出ている。明らかに岸は、そうした「機運」が米国の対日占領政策に変化をもたらし、ひいては自らの処遇にも好機になると踏んでいた。

他方、不遇の身を託《かこ》っていた朴に少佐として軍への復帰を可能にしたのは、これまた冷戦だった。ただし、それは巨大な業火となって国土を焼き尽くし、「民族相残」の膨大な犠牲をともなっていた。岸が半ば期待していた「hot war」は、遠く欧州の地ではなく、わずか数年前まで帝国の一部であり、満州国と陸続きであった朝鮮半島で勃発したのだ。

このように敗戦と解放をまたぐ新たな戦争の時代の到来は、岸と朴に再生への決定的なモメンタムとなったのである。

第二に指摘できるのは、冷戦という好機を自らの権勢拡大へと繋げていくうえで、満州人脈が決め手となったということである。

丁一権　満州国陸軍軍官学校で朴の先輩。陸軍参謀総長、首相を歴任

ＧＨＱに直接「岸釈放」の嘆願を働きかけた椎名《しいな》悦三郎《えつさぶろう》の動きなど、Ａ級戦犯容疑から不起訴で釈放されるまで、獄中の内外にわたって満州人脈の影がちらついているし、戦後の日本再建連盟の結成や自由党時代の「岸派」の旗揚げなど、その時々の政治勢力の結集には、満州人脈の面々が顔を揃えている。

この点は朴正熙にも少なからずあてはまる。「麗順蜂起」で粛軍の嵐に巻き込まれ、極刑必至と思われた窮地を救ってくれたのは、白善燁《ペクソンヨプ》と丁一権《チョンイルグオン》といった満州国陸軍軍官学校の「先輩」たちであった。その後の軍内での昇進や軍事クーデタ計画でも、朴の満州人脈は隠然たる存在感を示している。

第三に共通しているのは、岸と朴が、その内面深く米国への反発心を抱きながらも、同時に対米依存を通じて自らの権力を強化していったことである。アンビバレントな対米観をいわば「密教」のように内に潜ませつつ、自由陣営の反ソ（反中・反北）を「顕教」として掲げることで自らの権力の正当性を作り出そうとした岸と朴。彼らの内側に宿る反米の影は終生消えることはなかった。

第四に指摘されるのは、岸も朴も、満州国の建国を含めて「戦前」の歴史をいささかも悔いてはいないようにみえることだ。

岸が、戦犯容疑で逮捕されたとき、一高時代の恩師から「千載《せんざい》に朽ちぬ名」を惜しむなら「自決」せよと迫る短歌に「名に代へて聖戦《きよきいくさ》の正しさを萬代までも傳へ残さむ」と返歌したことは余りにも有名だ。そこには、鬼気迫るほどの執念すら感じられる。

朴もまた、戦前の経歴に強い郷愁を抱きこそすれ、恥じていた形跡などどこにもみあたらない。むしろ、「左翼経歴」を抹消するのに必死ではあっても、帝国軍人であったことは、内心の誇りですらあった。朴正煕の訪日の際、岸主催の午餐会で朴は「我々は韓国軍を訓練するときに、昔日本陸軍士官学校で生徒を訓練させたようにしている」(『朝鮮日報』一九六一年一一月一四日)と得意げに語ったといわれている。

このように、岸と朴の場合、敗戦と解放の断絶をまたいで、その思想的な核心にあるものは、通奏低音のようにそれ以後もずっと鳴り響いていたのである。満州国を「王道楽土」を実現しようとした「未完のプロジェクト」とみなし、強い反ソ・反共意識のもと、軍国主義的な国家改造と計画的統制経済を断行し、祖国の近代化を成し遂げるという強烈なナショナリズムの鼓舞など、岸と朴のなかにある思想のケルン(核)は、戦前と戦後でほとんど変わっていなかったといえるかもしれない。しかも、ふたりとも国家という管制装置を通じた強力な政治力の結集とそのための「指導(者)原理」の導入という点でも共通していた。

ただし、岸と朴は、そのような思想的核心の一貫性にもかかわらず、他方では機会主義的な「転向」ともいえる変貌を重ね、その時々の権力の源泉の違いに応じて自らのスタンスを変えていくことになる。その変わり身の早さと権力の源泉がどこにあるかを見極める本能的な嗅覚の鋭さ。ふたりが権力の頂点に登り詰めることができたのも、そうした資質によるものだった。岸も朴も、そのような資質の原型となるものを、満州国という修羅場をくぐり抜けることで血肉化していったのである。

米国の極東戦略と満州人脈に支えられ

岸と朴が、その出会いから肝胆相照らす仲になったのも、こうした両者の共通点を相互に認め合ったからではないか。帝国の「鬼胎」は、敗戦と解放後の累卵《るいらん》の危機に甦り、その後の日本と韓国にその刻印を残すことになったのだ。

ところで、獄窓の時代の岸については、その日記も含めて、いくつかの研究がなされており、その詳細はそれらに譲りたい。ここでは読者に余り知られていない朴正熙について述べておきたい。

満州から這々《ほうほう》の体《てい》で故郷にもどった朴正熙は、再び軍への足がかりを見出すことになった。今度は、独立なった祖国の、しかも三八度線の南側の、朝鮮警備士官学校——後の韓国陸軍士官学校に入校（第二期生）し、三ヵ月の訓練の後、朝鮮警備隊の少尉に任官されることになったのである。この警備隊は、後の韓国陸軍の母体であった。

朝鮮警備士官学校も警備隊も、いうまでもなくその創設は、三八度線の南を支配する軍政庁――ホッジ中将とその顧問団によるものだった。米国は、朝鮮警備士官学校の前身である軍事英語学校の第一期生に元日本陸軍出身の将校二〇人と、満州国の関東軍出身者二〇人、さらに中国にあった臨時政府の「光復軍」出身者二〇人を入学させた。それは、「反共主義の朝鮮」を創り上げるために米国がとった「積極的な行動」であった。

米国の極東政策にとって朝鮮の戦略的な重要性が増したからである。それは、「共産主義を封じ込め、日本の産業経済を世界経済の原動力として復興させるが、日本はいまや、かつての多大な政治的軍事的影響力は取り除かれるという、新しい二重戦略の一部としてであった」（ブルース・カミングス『現代朝鮮の歴史』）。一九四七年の初めにはワシントンは、日本の重工業を復興させ、戦争指導者の公職追放をやめる、いわゆる「逆コース」の政策を決定していたのである。後に述べるように獄窓の岸は、そうした占領政策の転換を察知し、釈放への確かな手応えを感じつつあったが、それは朴正熙にとっても僥倖《ぎょうこう》だった。

朴が朝鮮警備士官学校に入校し、朝鮮警備隊の少尉に任官されたのも、満州人脈の縁故が幸いしたからである。故郷に隠棲していた朴正熙は、やがてソウルに向かい、満州国陸軍軍官学校・日本陸士の同期生であった李翰林《イハンリム》と再会することになるが、李は一足先に朝鮮国防警備隊に入隊し、朝鮮警備士官学校の教官を務めていた。その縁故もあり、朴は首尾よく、朝鮮警備士官学校に入校し、朝鮮警備隊に任官が叶ったのである。

ところが、その間に大邱《テグ》で起きた一〇月暴動で、亀尾《クミ》の人民委員会を指導していた朴正熙の兄、朴相熙《パクサンヒ》も暴動に巻き込まれ、警察に射殺される事件が発生する。朴正熙が南労党（南朝鮮労働党）にかかわるのはこの事件の衝撃によるものとされている。ただ、南労党とのかかわりは朴正熙を死の淵まで追いやる試練を与えることになった。

一九四八年に済州島で起きた四・三事件の鎮圧に投入される麗水・順天の一四連隊が出動を拒否して反乱を起こすと、軍内部の左翼勢力を洗い出す大々的な粛清が開始され、朴正熙もその対象者として検挙されるに至る。その窮状に救いの手を差し伸べたのが、すでに触れたように、白善燁・丁一権など満州国陸軍軍官学校の先輩たちだった。

少尉に任官されて春川の八連隊本部に勤務した朴正熙は、大尉に昇進すると一九四七年九月二七日に朝鮮警備士官学校に教官として異動し、一〇月二三日に入校した第五期生の教育に当たる。この時期から士官学校は民間人を募集して教育期間が六ヵ月になるなど、軍の幹部養成学校としての体裁が整うことになった。四八年八月の大韓民国建国後に陸軍士官学校となる。

死刑求刑が減刑、執行免除された謎

朴正熙の「左翼経歴」もまた皮肉にも、満州人脈と繫がっていた。奉天軍官学校出身の先

輩にあたる崔楠根《チェナムグン》が軍内の「左翼の大物」で、同じく陸軍士官学校教官であった満州国陸軍軍官学校同期生の姜昌善《カンチャンソン》も南労党に加入していた。そして南労党の軍内組織を管理する軍事部責任者の李在福《イジェボク》は、慶尚北道人民委員会の幹部として朴相熙とも親しい関係にあった。朴正熙は彼らと度々会合を重ねていたのである（趙甲済『私の墓に唾を吐け②』）。

　陸軍本部が設置した麗順事件の反軍討伐司令部司令官に、宋虎声《ソンホソン》准将に代わって満州軍軍医出身の元容徳《ウォンヨンドク》がついた。この人事も朴正熙には幸運だった。しかも、作戦及び情報参謀の金點坤《キムジョムゴン》は春川で部下であった朴正熙少佐を補佐役につけていた。ところが事態は暗転する。馬山の一五連隊長の崔楠根が討伐司令部に連行され、さらに捜査網は朴正熙の身辺にまで及び、一一月一一日、朴も捕らえられることになる。

　ただ、不運な朴にも光が射し始める。粛軍は陸軍本部情報局の指揮によるものだったが、その情報局長がほかならぬ白善燁だったのだ。

　逮捕されると、朴正熙は軍の捜査に積極的に協力するようになる。多くの南労党組織員の情報を捜査当局に提供し、それが姜昌善など士官学校内の組織員の逮捕に繋がっていった。

　だが、「転向」による情報提供によっても、いったん「アカ」の容疑をかけられた朴正熙の苦境がすぐに好転するわけではなかった。それでも、朴正熙の士官学校同期生である陸軍本部情報局特務課長の金安一《キムアニル》、日本陸士出身で航空士官学校校長金貞烈《キムジョンリョル》、そして金點坤らが朴正熙の救命に乗り出すようになる。それを受けて白善燁は取り調べ中の朴正熙を直接面談し、朴正熙から助けを求められ、彼を生かす決定を下すことになった（趙甲済、同前）。

一九四八年一二月に釈放された朴正熙は、現役のまま不拘束で軍事裁判を受けることになる。国防警備法第一八条等の違反の罪で死刑の求刑を受け、無期懲役を言い渡されるが、再審で一〇年に減刑され、最終的にその執行も免除された（鄭雲鉉『実録 軍人朴正熙』）。破格の処遇であったに違いない。白善燁の奉天軍官学校の先輩でともに三八度線を越えてきた崔楠根や、新京軍官学校出身の姜昌善も死刑を免れなかったことを考えると、このときの朴正熙は、幸運だったとしかいいようがない。

もっとも、なぜこれほどまでに朴に温情的な判決が続いたのか、その決定的な理由はまだはっきりとしない部分が残っている。ちょうど、岸が「偽満州国」の産業政策と対米戦争に指導的な役割を果たしながら、なぜ無罪放免になったのか、その決定的な理由が依然として闇に包まれているのと同じように、朴の場合も、満州人脈の「幸運」だけでは説明しきれない。にもかかわらず、朴も岸と同じように、その「幸運」に大いに与っていたことだけは間違いない。

こうして朴は九死に一生を得、罷免と同時に軍服を脱いだものの、「非公式文官」として軍にとどまり、再起をはかることになった。だが、兄の朴相熙の死に始まる転落と「左翼軍人」という烙印は、そのショックによる母、白南義《ペクナムウイ》の他界と同居中の李現蘭《イヒョンラン》との別れをもたらし、この時期の朴正熙は公私ともにどん底にうち沈んでいた。

禍を福に転じた朝鮮戦争勃発

それでも朴正熙は、陸軍本部情報局の戦闘情報課に所属しながら、智異山《チリサン》・小白山《ソベクサン》などで活発化するパルチザンの討伐作戦にかかわり、それが縁で軍事クーデタ後に中央情報部長として日韓国交正常化交渉にも深く関与することになる金鍾泌《キムジョンピル》など、陸軍士官学校第八期生との交流を深めることになる。この八期生こそ、朴正熙の満州人脈および士官学校勤務時の生徒五期生とともに「五・一六革命」の主要勢力となり、クーデタ後の中央情報部（ＫＣＩＡ）の創設を主導することになるのである。

朝鮮戦争の勃発（一九五〇年六月二五日）は朴正熙にとって幸運であった。「左翼軍人」という思想的な疑惑を晴らす決定的な転換点となったからである。五・一六クーデタ後に軍事革命委員会議長として祭り上げられることになる張都暎《チャンドヨン》情報局長は、戦争勃発後の朴正熙の行動を評価し、陸軍参謀総長の丁一権に朴正熙復職の申し出をしている。その甲斐あって申性模《シンソンモ》国防長官の裁可を経て朴正熙は少佐として軍に復帰することになるのである。

幸運なことに、復帰を果たした軍人生活も、生死の境界を彷徨う戦地のすさまじい死闘からは隔てられていた。韓国軍が洛東江以南に追いつめられる最中、朴正熙は再婚の相手となる陸英修《ユクヨンス》を見初め、仁川《インチョン》上陸作戦で反撃に出た国連軍が北進するなか、婚約をしているのである。五〇年一二月一二日に大邱で式を挙げてからは、敗残した遊撃隊部隊と対峙する第九師団参謀長として山岳地帯の勤務となるが、まもなく陸軍情報学校校長として妻のいる大邱に戻ることができた。

さらに五一年一二月に朴正熙は陸軍本部作戦局次長に就任することになるが、直属の上官は李龍文《イヨンムン》であった。日本陸士五〇期で、朴正熙が最も信頼を寄せた人物である。

戦乱の最中の一九五二年五月二五日、大統領の再選に危機を感じた李承晩《イスンマン》大統領は戒厳令を発布し大統領直選への改憲工作を行い、いわゆる釜山政治波動が起きる。軍は政治的中立を名目に軍隊の移動を拒否して李承晩に対抗した。白善燁の回顧録によれば、釜山政治波動を目撃した李龍文は「クーデタでもやらなければ国は救えない」として李承晩の失脚を企てることになるが、その助力者が朴正熙であった（白善燁『若き将軍の朝鮮戦争』）。このクーデタ謀議は不発に終わった。ただ、このときの経験が朴正熙に軍が政権を転覆して権力を掌握することが「必要」であり、また可能であることを植えつけたと思われる。

朴正熙はその後、第三軍団砲兵団長となって停戦を迎えた。休戦後は米国オクラホマ州陸軍砲兵学校に留学し、エリート軍人への階段を歩んでいくことになる。奇しくもこの同じ年（一九五三年）、岸は自由党の一年生議員になり、第五次吉田内閣で憲法調査会の会長に就任し、着々と保守合同の布石を打ちながら政界の新しい実力者への道を歩んでいった。

帰国後、朴正熙は第二軍団砲兵団長、砲兵学校長、第五師団長、第六軍団副軍団長、第七師団長、第一軍参謀長、第六管区司令官、軍需基地司令官、陸軍本部作戦参謀副長を歴任し、そして第二軍副司令官のときにクーデタを決行することになるのである。

以上が、敗戦（解放）から歴史の表舞台に登場してくるまでの朴正熙の歩みである。軍事クーデタによる権力掌握後の「朴正熙時代」については後述するが、ここではまず巣鴨プリズンを出て以後の岸信介について触れておきたい。

「未完のプロジェクト」

戦前戦後も生き続ける民族的な自負心

政界に復帰してからわずか四年、岸は異例のスピードで政治権力の頂点に立ち、それから三年足らずで、その座を追われるように野に下った。その七年余りの歳月、岸はまさしく戦後日本の政治の方向を決定する転轍手《てんてつしゅ》のような役割を演じ、さらに安保改定や東南アジアへの積極的な関与、「新長期経済計画」などを通じて、占領体制—吉田政権以後の日本が進むべき軌道を決定づけたのである。

その七年余りの対外的な政策と国内のさまざまな葛藤の只中に、あたかも台風の目のごとく、岸は常に「革新」と「保守」の中心的な存在であり続けた。吉田政権を「ポツダム体制」となじる岸は、占領体制の打破あるいは少なくともそれからの離脱を目ざした点で「革新」的であった。しかし、打ち立てられるべき体制という点では、戦前の価値を色濃く残す「保守」であった。

しかも、吉田体制を毀《こわ》すやり方は、戦中、東条内閣を引き倒したように、徹底して権力の「内側から」成し遂げられたのである。その飽くなき権力追求という点で、まさしく岸は戦前も戦後も権勢の政治家であった。マキャベリズムの機略に富んだ岸からは、時には権力ニヒリズムとでもいいたくなるほどの冷徹な「切れ者」の姿が浮かんでくる。

しかし、岸はただたんに権力のための権力を求め続けたのではない。岸には、戦前と戦後の断絶をまたいで胸中深く生き続けた思想的な核心があった。それは、岸のなかに脈々と受け継がれてきた明治国家以来の熱烈な愛国主義と民族的な自負心であった。敗戦は、この執着心にとどめを刺すには至らなかった。むしろ、岸のなかには捲土重来《けんどじゅうらい》を期すリベンジにも近い復権への並々ならぬ野心が迸《ほとばし》っていた。

敗戦日本の最大急務は国民的矜持の確立である。此《こ》の矜持の喪失は道徳の頽廃を意味し国民の滅亡を将来する。戦後の国の姿は建国以来曾《かつ》てなき敗戦に直面して呆然虚脱し、次《つい》で徹底的に劣等感に圧倒せられ、国民的自覚を喪失した感がある。日本的のよさ、日本人の優秀なる道徳性を忘れ果てた姿である。貧すれば貪（鈍）するなさけなさである。吾等は曾《かつ》て世界に比類のない国民的結束と世界を驚倒する進歩発展を遂げた。仮令《たとい》一敗地に塗れたりとは云《い》へ、此《こ》の国民的優秀性は依然として吾等の血に流れて居るのである。（「断想録」）

敗戦後も、明らかに岸は、「戦前」を生きていたことになる。その岸にとって、米国の対日占領は、敗北と惨禍のすべての責任を日本に負わせ、「日本国民の骨抜き、モラルの破壊」を企てる暴挙でしかなかった。そして占領軍による仮借《かしやく》ない「強制、干渉、監視」の集大成が日本国憲法にほかならなかった。岸の敵愾心《てきがいしん》は、不平等な日米安保と日本国憲法さらに自由主義経済の三位一体によって成り立つ吉田政権に向けられていく。こうして満州国の経済を自らの作品とまで嘯《うそぶ》き、大戦を自存自衛の戦争と固く信じて疑わなかった岸は、道半ばにして頓挫した「戦前」のプロジェクト（「未完のプロジェクト」）を新たな時代のなかに再び打ち立てようとするのである。そのために岸は政治への挺身を決意する。岸が思い描くプロジェクトを実現するためには、政治力の結集が必要であり、その要となるのが政党だった。

獄窓のなかで察知した政治力学の変化

すでに満州国の商工政策の先頭に立ったときから、岸のなかには軍部の後ろ盾に頼りながらも、軍部独裁に対抗する政治力の結集が必要であるという思いがあった。その思いは、岸が東条内閣のもとで軍需次官兼国務大臣の任にありながら、あえて翼賛選挙（昭和一七年四月）に立候補したことからも窺い知ることができる。明らかに岸は、自らの考える理念と政策の実現には、権力過程を通じた政治力の結集と強力な指導力が必要であると確信していたのである。この確信の発端は、おそらくは岸が満州に赴く前、昭和五年、商工省の役人として戦間期のドイツを視察した経験にあると思われる。

私の結論は、軍部だけで戦争をしたため、ということである。参謀総長のモルトケの立てた戦略が挫折したとき、ドイツは崩壊したというのが私の見方であった。軍部が失敗したとき、それをカバーする力が存在していなかった。軍部の独裁を抑えるためにも、軍とは別の強力な政治力がなければならなかった。（岸信介『岸信介回顧録』）

この見立てが、満州国の産業開発五ヵ年計画実施や翼賛選挙への出馬、さらに東条との確執といった体験を通じて、岸のなかに軍とは別の強力な政治力結集への動きを後押ししていったのである。

占領改革によって国民主権と民主主義の時代が到来し、もはや「国体」すなわち天皇を絶対的な権威の拠り所にした統治が不可能になった以上、力（パワー）の源泉が国民にあることは明らかであった。したがって、政治力の結集とは、この力の源泉である国民の意思（民意）の「多数」を獲得することを意味していた。裏を返していえば、「数」は、そして「数」こそが、「力」なのだ。その「数」すなわち「力」を結集し、国家の操舵を担うエージェントこそ、政党にほかならなかった。

しかも、戦前、政党は軍部や天皇側近勢力など、いくつかの権力ブロックのひとつにすぎなかったとすれば、いまや占領改革と旧勢力の追放によって、政党がオンリーワンになるような政治力学の変化が起きたのだ。幽囚の身となった三年余り、岸は獄窓のなかでそうした変化を鋭敏に察知しつつ、満を持して政界へと身を投じていくことになる。

先にも述べたように、岸はその価値や理念において「戦前」を生きていた。だが、岸がたんなる復古・反動的な政治家にとどまらず、権力の中枢へと駆け上っていくことができたのは、こうした政治の力学の変化にカメレオンのように変貌していく機略を備えていたからである。岸は、満州人脈のいわば「総帥」として、それをフルに活用しつつ、占領―吉田政治以後の日本の政治システムを変えていく「保守合同」の道をひた走っていくことになる。

占領政治からの脱皮を掲げて

岸が「中央突破」ともいうべき保守合同を目ざすようになったのは、「日本再建連盟」（一九五二年四月一九日結成）の挫折があったからである。この「岸新党」の母体とみられた連盟は、三好英之《みよしひでゆき》や川島正次郎《かわしましょうじろう》など、岸の満州や商工省時代の人脈を網羅していた。岸はこれを足がかりに「新日本建設」を目ざす国民運動を起こし、政界再編を促すつもりだった。

だが、一九五二年一〇月の総選挙で惨敗し、岸の目論見《もくろみ》は出鼻をくじかれることになる。とはいえ、連盟が掲げた五大政策には、岸が目ざしたもののエッセンスが打ち出されている。

一、新しい時代感覚を基準として国民に訴えるようなものを出す。
二、共産主義の侵略を排除し、自主外交を堅持して平和国家の建設を期する。
三、日米経済の提携を深め、アジア諸国との通商を密にして、産業経済の興隆を期する。
四、農山漁村の振興と中小企業の育成、勤労大衆の福利増進をはかり、民生の安定を期する。
五、国民の総意にもとづき、憲法を改正し、独立国家としての体制を準備する。

第一次吉田内閣　奉天総領事、駐英大使などを歴任した吉田茂（前列中央）は戦後、自由党総裁に就任。1946年に外相兼任ではじめて組閣した

第一の「新しい時代感覚」とは、占領政治からの脱却と「真の独立」の時代を築くことを意味していた。それは必然的に吉田政治からの脱却を意味している。吉田政治とは、岸たちにとって占領政治のコロラリー（系）にすぎなかったからである。

しかし、戦後政治の流れからみるならば、日本国憲法と軽武装そして自由主義的な経済成長主義の軌道を設《しつら》えた吉田政治こそが、むしろ保守政治の「本流」であり、岸たちは明らかに「傍流」とならざるをえなかった。この意味で、吉田か、岸かという選択は、保守主義内部の派閥的な対立といえる。

近衛文麿から「〝大日本帝国〟時代の意識」のままだとなじられた「オールド保守」の吉田が、一九四八年以降、「日本の支配的エリートの最重要な代弁者となりシンボルとなった」ことは、総司令部（＝米国）による「民主主義革命」がどれほど「保守主義」の方向にブレてしまったかを示している。この「保守主義」は、社会経済改革よりも経済成長を重視し、「非武装と中立」を事実上放棄し、「アメリカの平和」（パックス・アメリカーナ）への編入（ジョン・ダワー『吉田茂とその時代』）を進めていったのである。

ただ、それに挑戦するためにもうひとつの保守を掲げた岸たちが、「新しい時代感覚」の到来を呼号しながら、実際には満州国や戦時体制の日本に最も責任のある「追放組」だったという事実は、後々の五五年体制の主役となる自由民主党のなかに「新たな戦前」の「DNA」を残すことになったといえる。

しかし、占領―吉田政治からの脱皮を掲げる岸たちを「新しい時代感覚」の保守として歓迎するムードが醸成されつつあったことは間違いない。それは、占領に対する反動としてのナショナリズムの空気の広がりを意味していた。岸たちは、そこに共鳴板を見出そうとしたのである。

生き続ける統制思想

第二の点についていえば、岸は筋金入りの反共であり、その信念は終生変わらなかった。振り返ってみれば、この信念は、岸の帝大生時代から変わっていなかったし、そもそも満州国の建国理念が、朝鮮さらには日本への共産主義の浸透を防遏《ぼうあつ》することにあったことを思えば、岸の反共の根は、地中深く根を下ろしていたといえる。さらに敗戦間際のソ連邦の参戦が、岸の「反ソ」意識をかき立てることになった。その敵愾心は、敗戦によって増しこそすれ、和らげられることはなかった。

ただし、岸が共産主義と水と油ほどに混じり合うことのない反共主義者であったかというと、必ずしもそうとは言い切れない。帝大生の頃、岸が北一輝の国家社会主義的な思想に共感を抱いていたことはすでに触れたとおりである。そして戦後も、岸は日本再建連盟の結成にあたって学友の三輪寿壮《みわじゆそう》や追放中の河上丈太郎《かわかみじようたろう》など、社会党の一部にまでウィングを広げた新党構想を抱いていたのである。

明らかに岸には、社会主義、それも国家社会主義的なヴィジョンが生き続けていた。それは、国家という管制装置による介入と秩序によって自由主義経済の行き過ぎや混乱を収束させようとする統制思想が、岸の一貫した統治理念になっていたことを物語っている。岸が、朴正熙に並々ならぬ共感を抱いたのも、上からの計画的な統制による開発主義を推し進める朴に自らの姿を重ね合わせていたからかもしれない。

第三の点は、岸が米国への敵愾心を内に秘めながらも、反ソ、反共という共通の脅威に対抗するため、米国の覇権の庇護のもとで日本の、そして自らの力の扶植と拡大に努めようとしたことを意味している。このため、一方で岸は安保改定に向けて邁進し、他方で東南アジアへの働きかけを強めつつ、アジアの「新しい盟主」としての日本を打ち出すことに腐心していくのである。この意味で宰相・岸信介のなかにアジア主義の火種はずっとくすぶり続けていたことになる。ただし、それはあくまでも米国という新しい覇権国家のもとでの、しかも大陸・中国を除いた「変則的な」アジア主義のヴィジョンだった。またそれは、戦勝国である超大国アメリカに対するナショナリズムの発露だったといえるかもしれない。

第四の点は、岸の国家社会主義的な志向を反映している。実際、後に第二次岸内閣のとき、最低賃金法や国民年金法が成立し、社会保障制度の充実がはかられ、中小・零細企業の振興が進められることになる。これらの基礎が、池田内閣の所得倍増計画とあいまって、その後の「中流社会＝日本」の定着にひと役買うことになるのである。

そして第五の点は、生涯を通じて「改憲論の総帥」であった岸の悲願でもあった。岸にとって日本国憲法は、戦前からの日本の輝かしい伝統と歴史を貶《おとし》める汚点以外の何ものでもなかった。岸にしてみれば、これを変え、自主的な憲法を新たに制定することではじめて、占領政治の屈辱を払拭できたことになる。そして権力の座を退いてからも、岸は自主憲法制定の旗振り役を務め続けた。

しかし他方、「岸ほど統治の仕組みとしての「日本国憲法体制」を理解し、享受した政治家も少ない」（福永文夫『岸信介と自民党政治』）。岸は、日本国憲法体制のもとでは超越的な絶対的権力を巧みに利用する道が塞がれ、むしろ国民のなかに権力の源泉を求めざるをえないことを、誰よりも熟知していたのである。その解答が政党であり、最終的には保守合同によって安定政権を樹立し、その圧倒的多数の力を通じて日本国憲法体制を「合法的に」覆す、これが岸の描くシナリオだった。まさしく「内側から倒す」反逆方式の面目躍如というべきか。しかし、それは不発のままに終わらざるをえなかった。

新党構想の挫折後、訪独で得た教訓

こうしてみると、日本再建連盟の掲げる綱領には、その後の岸が目ざしたもののすべてが出そろっているといえる。

連盟の挫折の後、岸は日本国内の政局の混乱を尻目に、訪独の旅に出ることになる。戦前、岸は、商工省の少壮官僚として戦後（第一次世界大戦後）ドイツの復興を、国家統制化という名の産業合理化運動の観点からつぶさに見聞し、その成果を浜口雄幸内閣における恐慌突破の切り札のひとつとして活かした経験があった。奇しくも、今度も、西ドイツの急速

な復興は、岸の考える日本のあるべき姿に大きなインスピレーションを与えることになった。明らかに岸は、敗戦国のドイツ（西ドイツ）と日本に類比的な関係をみようとしていた。アンビバレントな対米観、復興に向けた効率的・計画的な政策、それを可能にする強力な保守政権など、岸は日本再建連盟の目ざす日本の姿がそこに現出しているような思いがしていた。

その一端は、次のような岸の回想のなかに吐露されている。

再軍備について社会民主党の領袖に会って聞いてみると彼等は、「……西ドイツが共産化し、独裁支配下におかれることは絶対に許すべからざることである。この立場からすると、今ドイツの置かれている国際環境は再軍備せざるを得ない、独立して再軍備せざるを得ない以上は強いものをつくるんだ」と断固として言い切っていた。

またアメリカについては、「アメリカの文化なんか決して尊敬していない。ドイツにいるアメリカ人のやっていることで目をそむけたくなるようなことはたくさんある。しかしドイツを復興させるためには、アメリカの経済力を利用しなければならない。だから反米、排米の感情を明らかにするようなことはしない」という調子である。

要するにドイツ人は日本人と比べて良識が発達しているというか大人だし、手練手管も相当なものだと感じた。このほか、アデナウアー内閣は保守党内閣であるが、労働者の住

自民党臨時党大会　1956年4月、鳩山一郎が初代総裁に選出される。中央・鳩山の左に三木武吉、右が大野伴睦

宅問題など社会保障政策に力を入れていることや、マーシャルプランの金を、非常に重点的、計画的に使って事業をしている点などが印象に残った。（『岸信介回顧録』）

アデナウアーキリスト教民主同盟政権が自主憲法を制定し、再軍備を進め、その後に国際社会へと復帰した経緯は、岸に大きなヒントを与えたに違いない。そして何よりも、東西冷戦の最前線の厳しさを目の当たりにした岸は、反ソ、反共の確信を強め、さらに米国とのより「対等な」同盟関係による反共国際連携を深めていこうとするのである。

そして転機は訪れた。岸の外遊中、吉田派と反吉田派の対立はいよいよエスカレートし、一九五三年（昭和二八）三月一四日、いわゆる「バカヤロー解散」によって解散・総選挙になり、岸は半ば自らの意志に反して自由党員になり、一年生代議士のスタートを切ることになるのである。

保守合同に発揮された満州での手腕

これ以後、民主党結成と鳩山政権の誕生に至る第一段階、さらに自由党と民主党の合同による自由民主党の結成と初代総裁鳩山政権（第三次鳩山政権）に至る第二段階まで、岸は保守合同のキーマンとして幹事長の要職を務め、三木《みき》武吉《ぶきち》や緒方《おがた》竹虎《たけとら》、さらに河野一郎や石橋《いしばし》湛山《たんざん》らと合従と離反を繰り返しながら、念願の保守合同への道をひた走っていくことになる。

この間の曲折は、波乱に富み、前進と後退が繰り返される権力闘争と離合集散の連続だった。にもかかわらず、強力な国策遂行のための安定した保守新党の結成という岸の悲願は日の目をみることになった。その戦後の政治史を決定づけた軌跡については、その内幕ものも含めて、汗牛充棟《かんぎゅうじゅうとう》の観があり、ここでは割愛したい。

三木武吉　反吉田勢力を結集し鳩山内閣を実現。保守合同にも尽力した

ただ、注目すべきは、岸が一貫して、既存の自由党や民主党、改進党といった既成政党の人脈や過去の行きがかりを捨て、まったく新しい保守新党の誕生を期していたことである。岸にとって、政党は、強力な指導原理にもとづく国策遂行の手段にすぎ

なかったからである。

保守合同は、三木武吉が「微分」して岸が「積分」したといわれるほど、岸と三木は二人三脚で保守合同の表舞台と裏舞台で汗を流した。しかし、その三木に対しても岸は内心、三木のような「小手先の弥縫策《びほうさく》で政局が安定するとは到底考えられなかった。私は私の考え通りの道を歩んでいった」(『岸信介回顧録』)と突き放した見方をしていた。そこには目標達成のための合目的的な手段の追求に一身を擲《なげう》つ権勢の政治家、岸信介のすごみさえ窺える。岸の辣腕ぶりはすでに、池田勇人の首席秘書官だった伊藤昌哉が語っているように、満州国での産業開発五ヵ年計画の実施において証明済みだった(「岸信介研究―権力への野望」『文藝春秋』一九七八年七月号)。

岸は軍と並んで強大な組織になっていた満鉄(南満州鉄道株式会社)の力を削ぐため、「満州重工業開発株式会社」を作ってそこに新興財閥の日産を引き入れ、政府が持株会社になってその傘下に国策会社を作り、重要産業に対する統制を強化していったのである。伊藤によれば、日満一体の戦時体制作りに向けた岸の手腕が、保守合同にも見事に活かされたことになる。つまり、「特殊会社」ともいうべき新党を作り、そのなかに自由党と民主党を抱え込んで新党の総裁をみんなで決め、結果として自由党も民主党も消滅しているというシナリオだった。しかし、その副産物として、「独自の事務所、会計、執行機関、政策研究機構をもつ党内党」としての派閥政治が出来上がることになった。

ただそうではあっても、保守合同が岸の掲げる政策を実現するうえでの重要な足がかりとなったことは間違いない。

国家社会主義の残映がみえる新保守党論

ここで岸が保守合同に何を託そうとしたのか、その狙いをあらためて確認しておく必要がある。なぜなら、二大政党制を掲げる岸の「保守合同論」には、明らかに国家社会主義的な残映がみられるからである。

岸が欧州視察に出かけた一九五三年（昭和二八）五月、雑誌『改造』に発表された「新保守党論」は、岸の描く構想のエッセンスをよくあらわしている。岸はいう。

正常な議会政治を運営するには、保守、革新のふたつの政党がなければならない。革新政党にしても――共産党はいかなる強弁をしようとも全くの独裁であるから、これに対してははっきりした線を引いて――右の方にも相当な基盤をもつような国民政党になっていなければならない。保守政党も暴力主義、議会否認の思想に対しては、はっきりした一線を引いて、左のふところを開いていなければならない。そして両方の――たとえば保守政党の一番左にいるものは、革新政党の一番右にいるものよりも、むしろ左にいるといった具合に各政党が交錯していなければならないのではないか。

保守政党は、労働者あるいは勤労者階層に対しても社会政策的見地に立って相当なことをやらなければならない。……ティピカルな資本主義、自由主義で、すべてのものは自由競争に任すのではなく、全体としてひとつの計画性をもたねばならぬという考えをしなければならない。

ここには、戦後デモクラシーという、敗戦によって不可逆的に進行した新しい政治システムを前提としつつ、しかし「上から」の社会政策や社会保障を通じて国民的統合を円滑に推し進めようとする岸の狙いが窺える。そのためには、冷戦という、これまた新しい世界的なイデオロギー対立の現実に向き合い、はっきりと「西側」の、米国を中心とする「自由主義陣営」の立場に立った国内政治の運営が必要だった。岸のなかには、国内政治の場面では、右と左のある種の「収斂論」が想定されていたのである。そのうえで、自主憲法制定による「独立」を完成させる。これが「新保守党論」の狙いだった。

このような政党政治の構想のなかに満州国という実験場に託した岸の北一輝譲りの国家社会主義の残響を聞く思いがしないだろうか。あるいは計画的な統制による社会統合と戦時動員を目ざした革新官僚的な構想の残滓《ざんし》を見出すことはできないだろうか。岸の胸中深くしまわれた思想のケルンは、ほとんど変わってはいなかったというべきか。

その岸が、巣鴨プリズンから釈放されてわずか八年二ヵ月、ついに権力の頂点を極め、日米安保改定に向けて突き進んでいった。

安保改定の経緯とその結末についてはここでは詳しく触れないが、岸のなかに息づいていた「戦前」とのかかわりでいえば、改定に託した岸の思いは、吉田政権が果たせなかった課題を自らのイニシャティヴで実現させ、「単なる「駐軍協定」としての旧条約を双務的な防衛条約に改める」（原彬久『岸信介』）ことにあった。そこには、深くアンビバレントな対米観を潜ませながらも、改定を通じて少しでも日本を米国と対等の位置に置こうとするナショナリズムの心情がうごめいていた。

第一次岸内閣　石橋首相が病に倒れ、岸外相（前列中央）が首班に指名されて1957年2月に成立する

岸は、そうした米国に対する日本の関係を、アジアとくに東南アジア諸国との関係と結びつけることで、戦後の冷戦という新たな世界政治の現実のなかで、アジアの「盟主」としての位置を内外に宣明しようとしたのである。「アジアにおける日本の地位を作り上げる、すなわちアジアの中心は日本であることを浮き彫りにさせるこ

とが、アイクに会って日米関係を対等なものに改めようと交渉する私の立場を強化することになる、というのが私の判断であった」(『岸信介回顧録』)。このように振り返る岸のなかでは、「戦前みずからが抱いた「大アジア主義」と戦後におけるアジアへの関心とは「完全につながる」とともに、「自分が満州国に行ったこととも結びつく」こと、すなわち自身における「戦前」と「戦後」とは「おそらく断絶はない」し「一貫して」(原彬久、同前)いたことになる。しかも、一貫していたのは、それだけではない。岸に続く池田内閣の高度経済成長の土台となる産業政策と社会政策の面でも、岸のなかでは断絶はなかったといえるかもしれない。

発想の基本は満州国の傾斜生産方式

岸はすでに自由党議員になったばかりの一年目の年、低迷に喘ぐ日本経済の現状に対して、重点的な産業部門への資源配分による資本蓄積と重工業の振興による輸出産業の育成を重要な課題として掲げ、同時に中小零細企業の保護育成、社会保障・社会政策の充実による民生の向上を主張していた。それが、すでに触れたように、アデナウアー政権のドイツ経済の復興を念頭に置いていたにしても、基本的な発想は、満州国の傾斜生産方式による重工業の振興と社会政策の実験にあった。実際、この市場経済を容認しつつ、計画的統制によって政府主導型の経済成長をはかるモデルは、岸内閣における「新長期経済計画」(一九五七年一二月閣議決定）に結実し、それは、池田内閣の「所得倍増計画」の原型となり、高度経済成長の土台となったのである。

実際、第二次岸内閣の一九五八年（昭和三三）から一九六〇年（昭和三五）までの三年間の経済運営を、『経済白書』は、「驚嘆させられる」成果と絶賛している。しかも、この三年間で日本経済は体質改善し、「貿易為替の自由化」（一九六〇年）という「画期的な」転換を通じて、「黄金の六〇年代」への基礎を築くことになったのである。

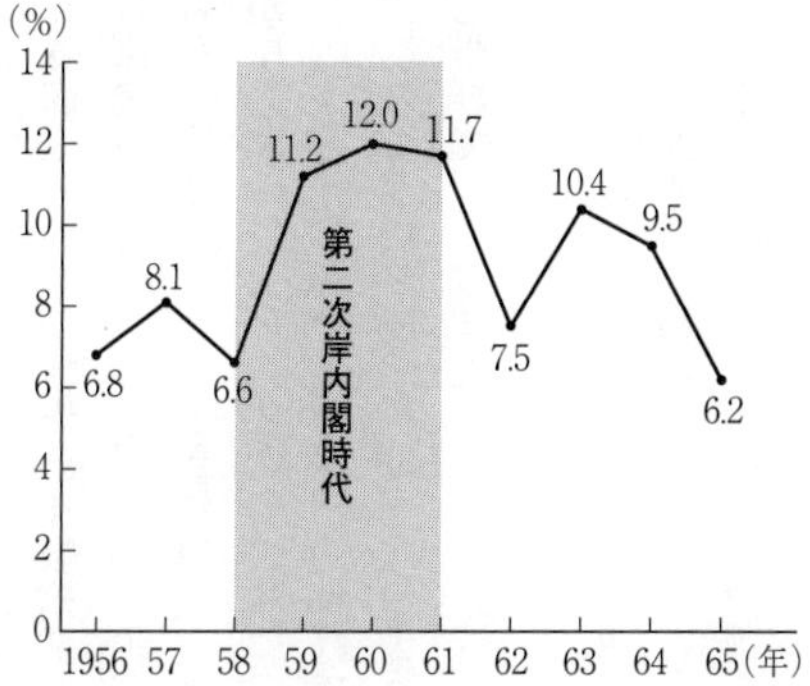

日本の経済成長率の推移　1956～1965年。内閣府国民経済計算（SNA）関連統計の実質年度GDPをもとに作成

自由化が、統制経済や国家総動員を計画・立案した岸の時代に進められたことは、歴史の皮肉ともいえる。ただし、「ミスター統制」ともいえる岸は、政権の座にあったとき、自ら進んで自由化を推し進めていったというよりも、むしろＩＭＦ（国際通貨基金）やガット（関税および貿易に関する一般協定）、西欧諸国の自由化の流れという「外圧」に巧みに対応しつつ、通産省を中心に上からの統制

を温存しながら自由化を推し進めていったのである。そこには、確かに通産省の前身ともいえる商工省の革新官僚の片鱗があらわれている。この意味で岸内閣は、「旧大日本帝国憲法以来の行政権優越の、日本の官僚の力をいかに保持するか。自由化の推進を行わなければならない情勢となったときにいかにそれを温存するのかどうかということに力を入れた。それが岸内閣の最大の特色なのです」（鶴田卓彦「岸信介の経済政策」『岸信介政権と高度成長』）という吉野俊彦の発言は、的外れではない。

このようにみてくれば、次のような小林英夫の指摘は、あながち誇張とはいえない現実味を帯びてくるはずだ。

五五年体制は、そうした意味では、戦前から引継ぎ、戦後完成された、一個の高度成長を推進するための仕組みだったといってもよい。そして、それを戦後ひとつのシステムにつくりあげるために重要な役割を演じた人物が、岸信介だったといってよかろう。

それは、東西対立を強く反映していたという意味では、ロシア革命後の社会主義との対立を嚆矢《こうし》に、戦後の冷戦構造にまで含み込まれてつくりあげられてきたものだった。

北一輝に影響を受けて以来の、社会主義とは異なる統制主義の岸にとって、こうしたシステムづくりはもっとも得意とするところだったといってもよい。（小林英夫『満州と自民党』）

アイゼンハワー大統領の訪日で自らのフィナーレを演出しようとした岸は、その望みを果たせないまま、一九六〇年五月一九日の強行採決（「五・一九採決」）の後、政権を追われるように去らざるをえなかった。しかし、政府主導型の成長モデルとなった「日本株式会社」と五五年体制の創業は、ほとんど岸によって成し遂げられていたのである。

「満州型モデル」を求めて

満州国と朴正熙の韓国との共通点

岸が、満州人脈をフルに活用しつつ、池田内閣以後の「自由企業体制の発展力」となる軌道を設えたとすれば、岸流の統制的な経済計画を通じて「漢江の奇跡」を成し遂げたのは、朴正熙だった。

もっとも、「病める胎児」であった第三共和制下の韓国は、隣国の内戦を「神佑天助《しんゆうてんじょ》」に復活した日本経済とは比較にならない困難を抱えていた。資本と技術、人材が圧倒的に不足し、産業施設やノウハウの不在により、産業化を成し遂げるための利用可能な資源が限られていたのである。しかも、分断国家として北朝鮮と対峙する韓国は、安全保障上の脅威にさらされていた。

ここに、かつての満州国と同じような発展モデルを模索する開発独裁型の近代化が浮上してくる余地があった。つまり、ソ連あるいは北朝鮮と対峙する防共国家、集権的な軍部独裁、反共的な国民統合の理念、国防産業とリンクした重化学工業化、強度の官僚主導による計画経済的な資本主義産業の構築など、満州国と朴正煕の韓国との間にはただならぬ相似的な関係が見出せるのだ。

もちろん、内外の環境や歴史的な脈絡の違いを無視することはできない。にもかかわらず、両者には総動員体制による国家主導、対外志向、成長志向、自立志向といった共通した特徴がみられるのである。

金雄基《キムウンギ》が指摘しているように、朴正煕政権は、満州国と同じく、数次にわたる経済開発五ヵ年計画によって韓国の産業構造を輸入代替型から輸出主導型に変え、さらに重化学工業化へと発展させていった。なるほど、朴正煕の韓国は、国策としての輸出主導型の産業化を積極的に推進することで労働集約的産業を発展させたことは満州国とは異なっている。しかし、それも軍需産業をターゲットにした重化学工業化を達成するためのひとつのプロセスだったのであり、自主国防を目ざした重化学工業化という点で満州国と共通している。

また強大な軍を背景とする朴正煕の強力なリーダーシップ、少数の経済テクノクラートによる意思決定と資源配分に関する権限の独占、輸出市場の確保と技術力や外資導入を目的とする対外関係の構築、重化学工業化に向けた積極的な財政出動、さらに協和会を彷彿とさせる、国民動員に向けたセマウル運動など、数々の相似形的な共通点が見出される（金雄基「日本の〈満州型〉発展モデルが朴正煕政府産業化に及ぼした影響」）。

もっとも、こうした「自主国防と経済建設」「国防と建設」を硬貨の表裏とするような「満州型モデル」の開発独裁の道は、決して平坦ではなかった。

第二の革命としての軍事クーデタ

朴正煕が、韓国現代史の舞台にくっきりとした輪郭をともなって登場してくるのは、一九六一年五月一六日の軍事クーデタの首謀者としてである。

軍事クーデタは、李承晩政権を倒した前年の四・一九学生革命（四月革命）後の第二共和国（張勉《チャンミョン》政権）の混乱を収拾し、秩序と安定をもたらすためとされていた。

これに呼応するように、軍事クーデタ直後、知識人や学生が「軍事革命」を擁護するような動きをみせている。それは、「革命課業」を担う主体的勢力が成熟しておらず、張勉政権のもと、改革がいっこうに進まない現状に対する失望感の反映だった。と同時に学生や知識人の間にクーデタ容認の声が大きくなったのは、四月革命でデモの鎮圧に積極的ではなかった軍が、無気力な現状を一掃してくれるという期待が広がっていったからである。

「もう一度革命するべし。革命しかほかに道はない」（咸錫憲）といった声に後押しされて、クーデタ勢力は、四月革命を継承すると宣伝し、軍事クーデタを四月革命に続く第二の革命

李承晩政権を倒した四月革命　ソウル市街を埋め尽くしたデモ隊と、鎮圧に出動した兵士

と位置づけたのである。

　この時期の自由主義的な知識人の論争は、朴正熙に「軍事革命」とそれに続く国家開発の理念的基礎を提供したと指摘されている。とりわけ、韓国論壇を代表する『思想界』は、政府の無能と分裂、インフレと失業者の増加、「革命課業」の後退などを厳しく追及し、経済繁栄の建設と国民性の「改造」というふたつの側面から国家発展の道しるべを示そうとした。その目的を達成するために『思想界』の知識人たちは計画経済にもとづく「労働統制」と自由な企業活動を通じた国家安定、自主性の確立を主張したのである（キム・ヒョンア『朴正熙の諸刃の選択』）。

『思想界』の論者は、「一方では民主主義の自由企業の精神を最も模範的に活かし、計画経済の合理的な統制下で経済力を最大限発展させる」方策を提示した。さらに経済構造を改革するために韓国は自立性を確立しなければならず、そのためには国民性の改造が不可欠であると主張した。

このような自立的な国民精神の確立という要求は、民族主体性や韓国的主体性といった民族主義的な議論に飛び火し、やがて米国への「従属」に対する批判意識を高めていくことになる。朴正煕も、米国の援助政策を基底とする韓国経済政策は、基幹産業、中小企業などの国内生産工業を足踏み、落後させ、一方では国民の精神面に回復不可能な打撃を与えたことになると主張した。米国による援助経済にすがる薄弱な韓国は、「精神的に正常な焦点を喪失して久しく、寸歩も前途の見透しがきかない状況」に呻吟しているというのである。この点を朴は次のように述べている。

> 要するに、解放後一九年間の総決算は——、得たものよりは失くしたものの方がはるかに多く、その中で得たものがあるとすれば、それは物真似によって直輸入されたびっ《ママ》この民主主義であったといえる。疲れ果てた五千年の歴史——、歪曲されたびっ《ママ》この民主主義——、うつろな廃墟の上に立って、いま、われわれは果たして、なにを、どのようにすべきであるか。（朴正煕『国家・民族・私』鹿島研究所出版会）

病人の韓国を治療する医者にたとえて

クーデタを決行した朴正煕の胸中に、昭和期の青年将校的な悲壮な覚悟が去来していたのかもしれない。しかし、日本帝国の「申し子」であり、満州国の「鬼胎」でもあった朴が、

「民族改造」を振りかざして「びっこ《ママ》の民主主義」を糾弾する構図は、レトリックのレベルを超えて、皮肉に満ちているといわざるをえない。

　ただここで注目しておきたいのは、朴正熙が、解放後の韓国を、「外来風潮に根ざす腐敗、虚栄、奢侈、怠惰」の蔓延《はびこ》った「びっこ《ママ》の民主主義」とみなし、米国への強い違和感、というよりも反感を隠してはいないということである。もちろん、朴は米国の承認と援助なしには、クーデタ後の民政移管や政権運営が立ち行かないことを百も承知していた。それでも彼のなかに、あたかも戦後の岸がそうであったように、愛憎を含めた、米国に対する複雑な感情が鬱積《うっせき》していた。

　さらに朴正熙を鼓舞したのは『思想界』が、「強力な指導者」を求めたことである。朴正熙のライバルのひとりであった『思想界』発行者の張俊河《チャンジュナ》は、国家改造のためには国民を導いていく道徳的に優越な政治指導者が必要であると説いた。これに鼓舞されるように、朴正熙はクーデタのおよそ一ヵ月後に『指導者道』というパンフレットを配布し、自らを「病人」である韓国社会を治療する「医者」に喩え、「苦痛に満ちた手術」（クーデタによる革命）を厭《いと》わない指導者として強く押し出している。強力なリーダーシップによる「上からの革命」という理念が、軍事クーデタを正当化する拠り所になったのである。

　とはいえ、クーデタ後初の発行となる『思想界』七月号の巻頭言は、「緊急を要する革命課業の完遂と民主政治への復帰」と題した。張俊河はここで、軍は速やかに民主政治に復帰するよう求めた。咸錫憲も「五・一六をどうみるか」で、民衆が沈黙するのは銃声に麻酔されたからであり、真の革命は学生でも軍人でもなく、民衆たちによってのみ成し遂げられると唱えた。

結局、軍事クーデタ勢力は、自らを正当化できる新たなイデオロギーを差し出すことができなかった。なぜなら、民政移管をめぐる混乱で迷走し、ほかならぬクーデタの首謀者・朴正熙が制服を脱ぎ捨てて政治家へと転身していくからである。一九六三年の大統領選挙で民主共和党の朴正熙は、かろうじて野党を破り、第三共和国の大統領に選出されることになる。すでに触れたように、朴は満州人脈を通じて岸らとの連携を模索していたが、大統領就任以後、日韓の「国交正常化」に乗り出し、学生や労働者の激しい抵抗に直面せざるをえなかった。

岸が、戦前の満州国や東条内閣とのかかわりという暗い過去とも絡んで、日米安保改定に反対する激しい抵抗運動に対峙しなければならなかったように、朴もまた、その「親日」の過去ゆえに、激越な日韓国交正常化反対運動と向き合わざるをえなかったのである。明らかに国民は朴正熙の民主共和党から離反しつつあった。しかし、旧政治勢力の野党の非力に助けられるかたちで朴正熙は最高権力者の地位に登り詰め、その後、一九七九年の悲劇的な最期まで大統領の地位から降りることはなかった。

国家主導の「指導される資本主義」

「民族民主精神」の涵養を謳った革命公約を踏みにじる第三共和国に国民的な正当性は与えられなかった。この正当性の空隙を埋めるために、「国家自立の経済再建」が叫ばれ、国家安保を優先する反共イデオロギーが掲げられるようになる。こうして朴正熙政権は、貧困からの脱皮という国民的な熱望を、「祖国近代化」という民族主義的な開発イデオロギーに包み直して、民衆を効果的に動員していこうとした。ただし、権力側のヘゲモニーは、権威主義的な労働統制や国家主義的な統治支配にのみ支えられていたのではない。経済的苦境を強いられる大衆にとって朴正熙政権が主導した経済開発は「希望」として映ったのである。とくに経済開発による賃労働機会の創出は、都市民のみならず困窮する農村の人たちにも生活苦を解消する突破口として、賃金水準や労働条件がいかなるものであれ未来のために忍耐できるようにする「希望」であった。都市女性労働者の場合、それは近代化の初期段階として家父長的な伝統的日常から脱却し、独立した人格として封建遺制から自立する機会でもあった（キム・ボヒョン『朴正熙政権期経済開発』）。

李承晩独裁政権に抗う四月革命は民主化の要求を前面に掲げたが、貧困からの解放という経済的欲望と「祖国近代化」という民族主義的欲求は国民の強い願望だった。朴正熙政権の開発独裁のプロジェクトが受容される素地が国民のなかに広がっていたのである。

朴正熙政権の初期の経済政策は、輸出主導型工業化政策として特徴づけられるが、経済的な人的資源が乏しい軍部勢力が、当初からそのような明確なビジョンを持ち合わせていたわけではない。そのような政策は、経済政策を樹立し推進していく過程で、米国の干渉という対外的な圧力や国内企業界の要求という対内的な条件のなかで修正され、試行錯誤をとおして方向づけられていった。

ただし、「指導される資本主義」という国家主導の経済方式だけははっきりと定まっていた。朴正煕は国内の基幹産業や中小企業など工業生産の発展を阻害し、国内市場が外来商品に占領されるような、米国の剰余農産物や消費財中心の経済援助に批判の目を向けていた。五・一六クーデタ直後に、金鍾泌が記者会見で「計画的な経済政策」の必要性を力説したのも、漠然としたかたちではあるが、輸入代替型の自立経済の建設を念頭においていたからである。

金鍾泌　中央情報部部長など朴側近として手腕を発揮。後に首相を務める

「計画経済」とはいえ、それが私有財産や市場経済という資本主義の基本原則を否定するものではない。この場合、計画経済とは、国家が国内および国際市場の力学を制御し、それを国家目標の達成に動員する戦略的な役割を担うことであった。こうした私有財産と市場経済を基本原則としながら

も、市場に対する長期的で戦略的な介入をはかることで国内産業の保護と経済発展を目ざす「発展国家」(developmental state) こそが、朴正熙政権の経済政策の基本路線であった。

市場への介入を通じた開発独裁へ

軍事政権は発展国家的な計画経済にもとづく経済開発を進めるため、大学から経済顧問を登用するようになる。軍事クーデタ勢力のなかでは、国家再建最高会議財政担当最高委員の柳原植《ユウオンシク》が経済政策を主導したが、彼はクーデタ前から朴正熙に計画経済を軸にした経済政策を進言していたといわれている。しかし軍事政権の経済政策の展望は漠然としたものでしかなく、ソウル大学の経済学者・朴喜範《パクヒボム》を最高会議議長の諮問委員に迎え入れることで、その方向性に明確なビジョンがもたらされるようになった(木宮正史『朴正熙政府の選択』)。

朴喜範は内包的経済開発論者として知られ、その政策は輸入代替工業化を指向しながらも、重化学工業の基盤構築にも重点を置く、「自立経済を指向する自主的工業化戦略」であった。国家が国内資本を動員して、基礎生産財工業を優先的に発展させるべく強力な統制方式を主張するのであるが、この内包的工業化戦略は軍事政権の路線と共鳴するところがあった。こうして朴喜範は軍事政権の第一次経済開発五ヵ年計画の立案にかかわることになる。

クーデタ勢力の自立経済指向と計画経済的路線、そして朴喜範の内包的工業化戦略が一体となり、軍事政権の第一次経済開発五ヵ年計画が樹立される。その原案である国家再建最高会議の「総合経済再建計画案」は、すでに第二共和国の民主党政権において五ヵ年計画案が発表されていたこともあり、それを参考にして早くも七月に発表された。時を同じくして「国民経済の復興開発に関する総合的計画の樹立とその実施に伴う管理および調整に関する事務を処理するため」経済企画院が新設された（七月二二日）。

第二共和国政府の五ヵ年計画案は、米国の要求を反映して経済的安定を重視する政策を採用したが、生産力と所得を増大させることで失業を解消するとともに国内市場も拡大するという内包的成長の方向性を示していた。しかし最高会議の計画案は政府の役割を強調して計画経済への意図を強くあらわし、経済成長率の目標も野心的なほど高く設定している。この案は経済企画院など専門家・実務者の検討を受けて、一九六二年一月に内包的経済発展方式を基調とする第一次経済開発五ヵ年計画として発表された。

同計画案の「計画の方針」には、「経済体制はなるべく民間人の自由と創意を尊重する自由企業の原則を土台にしながらも、基幹部門とその他の重要部門においては政府が直接的に関与するか、あるいは間接的に誘導政策を施す「指導される資本主義体制」とする」と記されている。韓国政府はこのように市場に対する積極的な介入を通じて権威主義化の発展戦略である「開発独裁」モデルを形成しようとしたのである（李完範「朴正熙の長期経済開発計画の推進と米国　一九六一〜一九六六」）。

「実用主義者」路線による工業発展と輸出拡大

しかし、対米自主路線のもと、国民経済の対内的完結性を高めるため、輸出産業よりも基幹産業の建設に投資を優先する国家主導の経済政策は、開始早々難関に逢着《ほうちゃく》した。これに対して、米国は援助物資を効率的に活用して緊縮財政をはかりつつ、新規の投資を抑制して農業発展と基盤産業の発展を追求する安定化戦略を望んでいた。米国は、製油・鉄鋼・化学工業などの基礎工業と肥料・セメント・化学繊維などの工場を、外資を誘致して一挙に建設するという軍事政権の事業計画には冷ややかだった。米国からすれば、民族主義的な輸入代替型戦略は現実性のない計画と映っていた。

さらに米国を排除した外資導入の試みや、経済開発計画に必要な民間資本を動員する軍事政権の試みは、米国の不満を増幅させることになった。とくに、一九六二年六月に通貨改革を通じて資金を調達しようとして米国と事前協議もなく密かに推進した計画は、市場メカニズムに反する社会主義的な計画経済に近いとして、米国は経済援助の中断をちらつかせるなど圧力を行使して計画を無力化した。

こうして軍事政権による初期の自主的戦略は失敗に終わった。その結果、自力更生派の柳《ユウ》原植《オンシク》や朴喜範は経済政策の一線から退き、対外開放的工業化を追求した、不正蓄財者の処理過程で生き延びた企業家および朴忠勲《パクチュンフン》、金正濂《キムジョンリョム》など新進エリート官僚グループ、そして米国の経済顧問団の三者が連合した「実用主義者」の路線が徐々に浮上してくることになる

（李完範、同前）。

これらの「実用主義者」は、農業優先的な均衡成長戦略を放棄し、工業発展と輸出拡大を中心とする不均衡成長戦略をとろうとした。実際、軍事政権の初期の輸入代替工業化政策がつまずくと、民間企業は過剰な設備投資と内需市場の限界を打開するために輸出主導型経営に乗り出し、徐々に成果をあげていた。輸出の兆しは、軍事政権が輸出主導型の経済発展政策を選択するにあたって刺激を与えた。こうして第一次経済開発五ヵ年計画は修正を余儀なくされ、一九六四年には自由市場主義にもとづいた輸出主導の外向的工業化政策へと大きく舵を切ることになる。

経済計画の修正と方向転換は、初期の内在的欠陥に対する試行錯誤を踏まえ、米国が主導する資本主義の世界経済の制約に適応しつつ、工業政策中心の輸出産業の促進を求める企業家および経済官僚の圧力によって進められていった。それによって内包的工業化から、経済開発において民間企業の主導を促し、外国資本を積極的に導入する政策への転換がはかられるようになったが、それは、必ずしも「指導される資本主義」の放棄を意味するものではなかった。

輸入代替型経済発展モデルの輸出主導型への転換で、経済政策の主導権は最高会議から経済企画院に集結した経済官僚へと移るようになった。彼らは市場自由主義の思想の持ち主であったが、その思想は「指導される資本主義」と矛盾しているわけではなかった。米国の援助削減と外資導入の低調によって、外貨を獲得するための輸出の拡大が現実課題として浮上すると、「輸出は国力の総和」とする信念にもとづき、朴正熙政権は輸出産業に対し、租税および金融面での優遇措置をとっただけではなく、民間借款に関しても政府による支払いの保証を与えたのである（六六年の外資導入法で一部制限）。また銀行は統制下に収められ、資金の配分や工業製品の価格決定など資源の配分過程の全般において国家の介入は強化されていった。

こうした政策推進者のひとりである金正濂は、戦前の朝鮮銀行に入行し、韓国銀行在職中に軍事政権に抜擢され、経済政策の策定を主導、後に朴正熙大統領の秘書室長を務めた側近である。彼は、韓国経済の進むべき道は「輸入代替産業の育成に安住せずに、輸入代替のための保護的な要素を自由化して国際競争力を強化すると同時に、輸出指向的な工業化に着手し、ゆくゆくは重化学工業、さらに高度技術産業へと発展」することであると確信していた。それは政府主導の産業政策によって輸出指向的な工業化に成功した日本の歩みと同じだった（金正濂『韓国経済の発展』）。

こうして一九六〇～七〇年代を通じて、「日本株式会社」と称される日本の産業政策より何倍も強力な政府主導による、計画経済的な輸出指向型の成長モデルが追求されていくことになるのである。

日韓国交正常化への意志

朴正熙政権の経済政策が外資に依存する発展戦略へと転換されると、その資金調達のためにも日本との国交正常化はもはや一刻の猶予も許されなかった。第一次経済計画開始の翌年である一九六三年は、軍政の民政移管をめぐって米国との軋轢が増すなか、国内の食糧不足を受けて要請した食糧援助が断られ社会的動揺を引き起こしただけでなく、外貨が底をつくことで財政危機にも陥っていた。

朴正熙が訪日して池田首相と首脳会談を行ったとき、「年内にもありえる」と期待された日韓の国交正常化であったが、請求権問題が最大の難関として立ちはだかっていた。六二年一一月一二日、金鍾泌中央情報部長と大平正芳外相との間で行われた秘密交渉で「無償三億ドル、有償二億ドル、商業借款一億ドル」という請求権資金の基本線で合意に達したものの、請求権資金の名目をめぐる問題や漁業問題で交渉は難航した。

こうした状況で韓国では軍政の民政移管が行われ、大統領選挙で勝利した朴正熙が六三年一二月一八日に大統領に就任する。第三共和国が発足したのである。直接選挙で当選を果たすことで政治的立地を固めた朴正熙は、日韓会談の早期妥結に向けて積極的に乗り出すことになる。

朴正熙大統領は六四年一月一〇日の年頭教書で、「韓日関係においては極東における自由陣営相互間の結束を強化することにより、極東の安定と平和維持に寄与するという、大局的見地に立脚し、同時に両国間の善隣関係の樹立が相互の繁栄の基盤となる」ことを勘案し、「韓日会談の迅速な妥結に向けて、超党派的外交を推進すべく努力する」と謳いあげた。一月二一日には、これに答えるかたちで日本側でも池田首相が「日韓国交正常化に一層の努力をする」ことを新年の施政方針演説で強調し、日韓の国交正常化への動きは誰の目にも明らかなものとなった（木村幹『民主化の韓国政治』）。

ところが六四年に入り、韓国で「三月妥結、四月草案、五月調印」という方針が伝えられると、「六・三事態」といわれる大規模な日韓会談反対運動がおこり、発足したばかりの朴正熙政権は窮地に立たされる。反対闘争のあおりで第六次日韓会談も中止に追い込まれる。だが、日韓双方において交渉を先延ばしすることは得策ではなかった。七月には、まず日本で大平外相に代わり、椎名悦三郎が外相についた。韓国では李東元が外務部長官につく。日韓で外交ラインを一新し、「六・三事態」で発布された戒厳令も解除されることで会談再開の糸口を探った。

そして一一月に池田首相が病気辞任し、後継総裁に指名された佐藤栄作が首相に就任したことで日韓国交正常化のムードは一気に高まる。佐藤首相は岸信介の実弟であり、椎名外相も岸の側近であった。政治の中心からしばらく遠のいていた岸の影響力が再び復活したことはいうまでもない。

駐日韓国代表部の代表には、李承晩政権から日韓会談にかかわってきた金東祚《キムドンジョ》がついた。

金東祚は佐藤内閣が成立すると、真っ先に岸信介を訪問し、佐藤首相との面談に協力を求めた。岸は自らの在任中に日韓会談が結実しなかったことについて遺憾の意を示し、「幸い弟の佐藤が首相に就任したことで、今度こそ必ず妥結すると信じる」といって協力を約束した。その二日後の一一月一三日に金東祚は佐藤首相を表敬訪問した。

こうして第七次日韓会談が再開されるのであるが、これが紆余曲折を経て長らく続いてきた日韓会談の大詰めである。佐藤政権で留任された椎名外相は六五年二月一七日から四日間、閣僚としてははじめて韓国を訪問した。金浦空港に降り立った椎名外相は、「両国間の永い歴史のなかに、不幸な期間があったことは、まことに遺憾な次第でありまして、深く反省するものです」と声明を発表した。日本の閣僚としてはじめて発した「反省」が、「日韓交渉の決め手になった」のである（高崎宗司『検証 日韓会談』）。まだ合意に達していない多くの問題が残されていた状況ではあったが、こうして二〇日に基本条約の仮調印にこぎつけることができた。

引き続き重要争点についての折衝が行われるのであるが、請求権とし

椎名悦三郎　戦時中は革新官僚として商工次官、戦後は岸内閣官房長官。池田内閣、佐藤内閣で外相として日韓基本条約締結の立役者となる

ての資金提供を求める韓国側と、あくまでも経済協力に固執したい日本側の主張は最後までもつれ込んだ。結局、請求権をめぐっては、経済協力という方式で「完全かつ最終的に解決され」ることで、後に日韓の歴史問題として禍根を残すことになる。

六月二二日には正式に、日韓基本条約および「文化財及び文化協力に関する協定」「漁業協定」「在日韓国人の法的地位及び待遇に関する協定」「財産及び請求権問題解決と経済協力に関する協定」が調印される。

日韓条約と請求権資金

一九六五年六月二二日に調印された日韓条約によって、韓国は三億ドルの無償資金と二億ドルの有償財政借款、そして三億ドル以上の商業借款を導入することになる。朴正熙としては予想外に長引いた日韓条約の成立であるが、それは初期経済政策の混乱をくぐり抜けて外向的な輸出主導型へと路線転換するうえで明るい兆しとなった。

ただ、借款導入の実施計画が両国政府で合意されるのは六六年四月であり、それから公示・入札の具体的な手続きに入るので、「請求権資金」による買い入れと資金供給が行われるのは六六年半ばになってからであった。したがって韓国側の使用計画は、基本的に六七年から開始される第二次経済開発五ヵ年計画に歩調を合わせるものであった。

だからといって、「請求権資金」が緊急を要していた輸入代替型から輸出主導型への経済政策の転換に有効ではなかったわけではない。実際に、日韓会談が妥結するまで日本から一銭の金銭的援助も受け入れないと広言して憚らなかった朴正熙であるが、会談の長期化で厳しい経済難の解決が急がれる状況で、妥結前でも民間レベルで借款および原資材を導入するしか方法はなかった。韓国は六五年度の輸出目標額を達成するために、対日請求権とは別途に六四年に日本から二〇〇〇万ドルの借款を導入している（李度晟編『実録 朴正熙と日韓会談』）。

つまり、日韓条約で政府間の経済協定が樹立することを見込んだ三菱商事、三井物産、伊藤忠商事などの商社は、日韓会談の妥結以前からさまざまなかたちで韓国に進出していたのである。日韓経済交流時代に備えて韓国進出の足場を築くために、日韓国交正常化前から日本の商社は経済視察団を組んで訪韓し、ソウルに駐在所や出張所を設置した。それをとおして日韓条約締結後に「請求権資金」の関連事業の受注をめぐる利権を求めて、韓国の権力層とパイプを作るのである。これが日韓における経済癒着の温床となる。

「請求権資金」は巨大な利権循環システムであった。それは、日本の経済協力が「日本国の生産物および日本の用役」をもって提供され、韓国政府が国家主導的な資本統制を行うことで、一〇年間毎年均等に支払われる資金の事業契約や発注元の選定においてこうしたパイプが絶大な役割を果たしたからである。つまり、各種事業における契約は、日本の企業や商社と韓国の青瓦台やＫＣＩＡ（中央情報部）など権力機構との密着によって成立し、その過程でリベートや二重価格の設定によって不正資金が行き渡る癒着構造が形成されていたのである。

「請求権資金」の導入が政治に影響するのは、たんに利権構造から発生する不正資金が選挙資金に流れるだけではない。京釜《キョンプ》高速道路や浦項《ポハン》綜合製鉄所の建設には、使用計画を変更しながら「請求権資金」から多額の資金がつぎ込まれた。その事業そのものが支持率を吸引し、選挙を有利に運ぶ材料として大いに活用されたのである。

経済的飛躍を可能にしたベトナム特需

日本から機械部品や素材など生産財を輸入して、豊富で低廉な良質の労働力をもって第三国へ輸出をはかる韓国の輸出重点政策は、日本の輸出の拡大や海外市場の開拓の面において絶好の機会であった。しかしその歯車がかみ合うには、米国が韓国の輸出指向型工業化政策を支えるもうひとつのファクターが必要であった。韓国の加工貿易を特徴とする工業製品の主な輸出先となる米国の市場を開くきっかけとなったのがベトナム戦争である。

韓国はベトナム戦争に米国が本格的に介入する一九六五年からベトナム平和条約で外国軍が撤退する七三年まで八年間にわたり、毎年およそ五万人規模の戦闘部隊を派兵した。その数は延べ三三万人にのぼり、およそ五〇〇〇人の戦死者と一万人の負傷者を出した韓国は米国に次ぐ第二の派兵国だった。

（単位：人）

	1965	1966	1967	1968	1969	1970	1971	1972
米　軍	184,300	388,568	197,498	548,383	475,678	345,074	156,975	29,566
韓　国	**20,620**	**45,605**	**48,839**	**49,869**	**49,755**	**48,478**	**45,663**	**27,438**
台　湾	20	30	30	29	29	31	31	31
フィリピン	72	2,063	2,021	1,593	189	74	57	47
タ　イ	16	224	2,242	6,009	11,568	11,606	6,265	38
オーストラリア	1,557	4,533	6,597	7,492	7,643	6,793	1,816	128
ニュージーランド	119	155	534	529	189	416	60	53

ベトナム戦争参戦国の派兵数　朴根好『韓国の経済発展とベトナム戦争』（御茶の水書房）より

その規模があらわすように、韓国は米国のベトナム戦遂行における最大の貢献者として、「汚い戦争」にかかわることと引き換えに、米国から軍事援助や経済支援などさまざまな特恵を獲得した。ベトナム戦争の特需はいうまでもなく、派兵された兵士や軍属、技術者、労働者たちの仕送りは、外貨不足に悩まされていた韓国経済に即効的な刺激をもたらすことで、「請求権資金」をもって社会間接資本や基幹産業施設の建設に注力する経済発展計画下の韓国を底辺から支える役割を果たした。

さらに米国への輸出枠の拡大によって、日本の原材料や資本財を輸入し、国内の安価な労働力を活用して米国を主な輸出先とする加工貿易構造のトライアングルが確立することで、緒についたばかりの輸出指向型工業化を軌道に乗せる重要な契機となった。韓国社会の貧困の悪循環からの脱却と、輸出指向型工業化の確立および産業構造の高度化に重要な役割を果たした「ベトナム特需」は、「請求権資金」とともに高度経済成長期への飛躍を支える両輪であった。

これを機に韓国は輸出三億ドルの目標を定めた。韓国への投

（単位：百万ドル）

年度	輸出総額	アメリカ向け(A)	日本向け(B)	(A)+(B)
1961	40.9	16.6%	47.4%	64.0%
1962	54.8	21.9%	42.9%	64.8%
1963	86.8	28.0%	28.6%	56.6%
1964	119.1	29.5%	32.1%	61.6%
1965	175.1	35.2%	25.1%	60.3%
1966	258.3	37.1%	25.7%	62.8%
1967	320.2	42.9%	26.5%	69.4%
1968	455.4	52.0%	21.9%	73.9%
1969	622.5	50.7%	21.4%	72.1%
1970	835.2	47.3%	28.1%	75.4%
1971	1,067.6	49.8%	24.5%	74.3%

急増する韓国の輸出総額　朴根好『韓国の経済発展とベトナム戦争』より

資と貿易の拡大に乗り出した米国はそのためのサポート体制を築き、直接投資も積極的に行うことになる。こうして一九六五年から七二年までの特需総額は一〇億二二〇〇万ドルに達したのであるが、これは、同期間の日本からの外資導入総額一〇億八九〇〇万ドルにほぼ匹敵する金額で、韓国のGNPに占める比重も、六七年には三・五パーセント、六八年には三・二パーセント、六九年には三・〇パーセントに達した。ベトナム派兵を機に米国が韓国の経済成長に果たした役割は目を見張るものであった（朴根好「ヴェトナム戦争と「東アジアの奇跡」」）。

さらに韓国軍のベトナム派兵は、韓国の経済発展、米韓の関係強化、韓国軍の軍事力増強という、朴正熙政権が抱えていた危機的状況を一挙に解決する効果をもたらした。軍事力の削減を求める米国の圧力はもはや意味をなくし、むしろ軍事力の近代化がはかられるようになる。米国はそれまでのクーデタで権力掌握した朴正熙政権の正当性の留保を解除し、統治能力に賛辞を贈るようになったのである（韓洪九「ベトナム派兵と兵営国家への道」）。朴正熙は軍人らしく朝鮮戦争に救われ、またベトナム戦争に救われた。

ベトナム戦争が長期化することで、東アジアにおける米国の安保戦略に積極的に加担した韓国はベトナム特需で潤った。しかし国際情勢が常に朴正熙に味方したわけではなかった。米国でベトナム戦争の早期終結を掲げるニクソン政権が発足すると、「ニクソン・ドクトリン」に象徴される緊張緩和が新政権の対外政策となり、中国との関係正常化が模索されるようになる。アジアにおける軍事費用の削減は在韓米軍にも及び、派兵の対価として取り付けた在韓米軍維持の約束は新しい国際情勢のなかであっけなく消えていくことになった。さらに六〇年代後半に多発する北朝鮮の軍事的挑発により安保体制への不安を感じていた朴正熙政権にとって、米国の対アジア政策の劇的な変化は大きな試練であった。

また、急速な経済成長が支えているかのようにみえた国内の政治的基盤も磐石ではなかった。

確かに輸出に向けた総動員体制によって輸出高は六四年に一億ドル、六七年に三億ドル、そして七一年には一〇億ドルの大台を突破し輸出主導型の急速な経済成長がもたらされつつあった。しかし一般大衆は朴正熙の輸出主導型の産業建設政策を支持していたわけではない。事実、政府は当時の選別的な外資の割り当てやこれに関連する政治家と財閥との間の不正行為によって大衆から過酷な批判を浴びていた。さらに六〇年代後半には不景気と過度な外資誘致による財政的不安が徐々に深刻化し（キム・ヒョンア『朴正熙の諸刃の選択』）、国民の不満が募るようになった。

とくに国民の怒りを買ったのが三星《サムスン》財閥によるサッカリン密輸事件である。この事件にみられるような外資の導入をめぐる二重価格の設定やリベートなどで蓄えられた裏金は、政治資金として韓国政界に流れ込み、六七年の大統領選での朴正熙の勝利をもたらす政治資金となった。

再選後の危機と独裁への道

大統領三選を目ざし憲法改正へ

再選をかけた一九六七年大統領選はともかく、その後の朴正熙政権の置かれた対内的・対外的状況は危機そのものであった。政治的には、再選後に朴正熙の権力延長を目ざす三選改憲がささやかれるようになり、それに対して市民だけでなく、共和党内部からも反対の声があがるようになった。朴正熙の権力基盤は揺らぎ始めていたのである。経済的には「請求権資金」とベトナム特需に支えられ第二次経済開発五ヵ年計画は順調に進んでいたものの、過度な外資誘致によって設立された企業の倒産やワークアウト、また景気悪化によって財政危機を招いていた。

そして安保面においては、ベトナム派兵が軍事援助の撤廃や在韓米軍の削減をくい止めたものの、それに敏感に反応した北朝鮮が韓国への武力的挑発を展開することで揺さぶりをかけ、朴正熙政権の危機感は高まっていた。とくに青瓦台を襲撃するため北朝鮮の武装特殊部隊がソウルに侵入した一・二一事件（一九六八年）に対する米国の冷めた対応と、直後のプエブロ号事件（米国の情報収集艦プエブロ号が、領海侵犯を理由に北朝鮮側から攻撃され拿捕された）に対する米朝の話し合いに朴正熙は衝撃を受けた。朴正熙の米国への不信は、六九年にニクソン政権が誕生することで決定的となった。この時期に朴正熙は在韓米軍の撤退も予想していたのである。

再選を狙う朴大統領の選挙演説　1967年の大統領選中、朴大統領（左）の演説に30万人のソウル市民が集まった

三選改憲はこうした状況のなかで行われた。現行の憲法では大統領の重任は一度に限られているため、再選を果たした朴正熙にとってもはや大統領選への出馬の道は残されていなかった。しかしこうした憲法の規定も朴正熙の権力への意志を押しとどめることはできなかった。朴正熙は三期目の挑戦を可

北朝鮮ゲリラに対する掃討作戦　朝鮮半島東海岸に侵入した北朝鮮ゲリラを掃討する韓国陸軍兵士。1968年11月

能にする憲法の改正に乗り出すのであるが、それは「長期執権」をもくろむ独裁への道の始まりであった。

官権・不正選挙にまみれた六七年六月の総選挙で共和党が大勝し、議席数では憲法改正も可能な優位を確保するのであるが、それでも朴正熙は三度目の大統領選への出馬はなく、そのための憲法改正を行うつもりもないと表明した。六九年には改憲議論が浮上するなか、三選改憲をめぐって噴出する党内からの挑戦を抑えたものの、六月からは三選改憲反対デモが大学を中心に頻発し、野党も総力をあげて三選改憲の阻止に向けて活動を展開するようになった。大統領重任制限の撤廃は、権力の独裁化へと導くことが明らかであり、野党や市民勢力の反発は激しかった。まだ李承晩の独裁体制を打倒した六〇年の四月革命の記憶も生々しく、反対世論を和らげる必要に迫られた朴正熙政権はさまざまな情報工作を展開することになる。

朴正熙は六九年七月に「改憲談話」を行い、野党が不当に攻撃を繰り返す状態では大統領を辞任することはできず、それで三選改憲を実施するという方針を打ち出した。それは、改憲案の国民投票を自らの信任に結びつけることの宣言であり、経済建設と国家安保を自らの強力な指導のもとで引き続き推進するかどうかの選択を国民に迫ったのである。

当時韓国の置かれた情勢は、こうした選択を強要するには好都合であった。六八年初頭には一・二一事件が、その直後にはプエブロ号事件が発生したように、この頃、休戦ラインでは武力衝突が頻発し南北間の緊張が急激に高まっていた。当時、北朝鮮は四大軍事路線を確立し、他方、ニクソン政権の登場で米国に頼れなくなった韓国は郷土予備軍を創設するなど、朝鮮半島の北と南で兵営国家化が進むのである。朴正熙の「改憲談話」直後の「ニクソン・ドクトリン」は、米国は韓国の安全保障から手を引くことを韓国民に知らしめるショックとして受け止められた。

日本の資金と安保危機を利用し独裁制確立

一方で、一九六七年からの第二次経済開発五ヵ年計画のもと、日韓条約による対日請求権資金とベトナム戦争による特需およびそれに絡む経済援助や投資の拡大で、インフラの整備や大型建設プロジェクトが軌道に乗りつつあった。国土の大動脈となるソウル―釜山間の高速道路が着工され、第二次経済開発計画の核心事業として蔚山《ウルサン》には石油化学工業団地の建設が進められていただけでなく、浦項《ポハン》に建設する綜合製鉄所の借款交渉も大詰めを迎えつつあ

川島正次郎　自民党の幹事長、副総裁を歴任した党人派実力者

李厚洛　大統領秘書室長、中央情報部長など朴大統領の右腕として活動

った。

このように対日請求権資金およびベトナム特需は、韓国の経済発展の推進に大きな役割を果たし、またそれは朴正熙政権の長期執権の基盤を提供したのである。六五年以降の高度成長が、ただちに国民の生活向上に大きく貢献したとはいえなくても、工業化の波が押し寄せ、景気の回復が著しくなったことは確かであった。さらに長期政権の出発点となった三選改憲に対して、米国はそれを阻止しようともしなかった。それどころか、逆に朴正熙政権を支持し、米国は「民主主義に向かって前進」していると評価した（朴根好『韓国の経済発展とベトナム戦争』）。

日本も綜合製鉄所の採算性に懐疑的であったが、借款決定を三選改憲に間に合わせるように急ぎ、六九年八月の第三回日韓定期閣僚会議でその決定がなされた。三選改憲の直前に当時の自民党副総裁であった川島正次郎が、「国民投票の結果がどうであれ、今後韓国に相当長期にわたって安定した強力な政権が樹立された土台のもとで国内安定、社会秩序が維持されることを望む」として、日本の安全と平和のためには朴政権の存続が必要であると公然と語っている。三選改憲のために莫大な選挙資金を必要としていた朴政権は、秘書室長の李厚《イフ》洛《ラク》や共和党財政委員長の金成坤《キムソンゴン》を日本側の三選支持取り付けのために日本に派遣し、岸や川島らと会談させた（金賛汀・殷宗基『日「韓」ゆ着を剝ぐ』）。

六九年一〇月一七日に行われた三選改憲をかけた国民投票は、投票率七七パーセントで、六五パーセントが賛成するという朴正煕の勝利に終わった。このように朴正煕は、日本との国交正常化とベトナム戦争に端を発する安保危機を積極的に活用し、それを経済発展のバネにして政治的基盤を固めていった。その終着点であり、総力安保時代への出発点となったのが三選改憲にほかならなかった。三選改憲によって、朴正煕は権力を一手に集中する一人支配体制を構築し、維新体制という独裁支配体制への道を切り開くことになるのである。

愛国主義を喚起し、権力への執念を燃やす

一九六九年には、外資を導入した企業の倒産が相次ぐなど経済危機の局面を迎えるが、それも輸出の急増によって乗り越えることができた。第二次経済開発計画が成功裡に進み、輸

出に自信を抱くようになった朴正熙は、六八年の新年記者会見で「第二経済論」を提唱した。それは「物質的側面の成長に追いつけない精神的側面の成長をはかることで均衡のとれた近代化を推進しようとするもの」だとされたが、いうなれば産業化を中心とした近代化から新しいイデオロギー的価値を通じた新たな動員体制の形成を示唆するものであった（朴泰均「一九六〇年代中盤安保危機と第二経済論」）。

こうした精神動員の試みは戦前の日本の教育勅語を想起させる「国民教育憲章」の制定や民族教育の強化などを通じて進められる。朴正熙自らが献納して光化門交差点に李舜臣《イ スンシン》の銅像を立てたように（一九六八年四月二七日）、民族中興・経済建設・自主国防などを象徴する歴史的人物の愛国・愛族主義が喚起された。北朝鮮の挑発によって高まった安保危機を背景に、徴兵制の強化や郷土予備軍の創設、住民登録制度の導入など物理的な動員だけでなく、精神的な動員がはかられていくことになる。

この点で京釜高速道路は、インフラ整備の成果にとどまらず、自らの推進してきた近代化の行方を示すシンボルとなった。共和党は、建設中の高速道路と朝鮮戦争の廃墟の写真を対比させ、朴正熙政権のリーダーシップによる安定した経済発展の推進こそが韓国の未来を約束するという広告を各紙に掲載し「安定か？　混乱か？」という選択を迫り三選改憲を乗り切った。

さらに独裁者というまなざしを意識する朴正熙政権は政治工作を展開し、各種社会団体に改憲を支持するよう呼びかけ、新聞には諸団体の賛同広告が掲載された。とくに、四月革命の遺族会など関連団体が出した三選改憲支持の広告は、三選改憲の独裁色を脱色するうえでも欠かせなかった。

朴正煕は、自らが作った憲法を反古にし、野党勢力を抑圧したことはもちろん、「革命」をともに実行した党内の「同志」たちを粛清してまで権力を保持し続けようとしたのである。新聞広告や世論操作にみられるように、朴正煕は自分だけが北朝鮮に対抗して祖国を守り、近代化を成し遂げられると信じてやまなかった。

経済不安のなか大統領選で金大中に苦戦

こうした自信過剰は、自らのライバルである金日成《キムイルソン》に追いつき、追い越したいという朴正煕の自負心のなせるわざだった。

朴正煕は北朝鮮の経済発展が進み、韓国に経済支援を提案するという状況で政権についた。一九六〇年一一月に開幕した最高人民会議（第二期八次会議）で、北朝鮮は連邦制にもとづく統一方案を提示し、韓国への経済支援を表明した。それは「北半部の強固な経済的土台に依拠」し、「破綻した南朝鮮の民族経済の復興と人民生活の安定・向上」をはかるとするもので、韓国においては到底受け入れられない屈辱的な内容であった。五・一六クーデタのとき、北朝鮮の一人当たりＧＮＰは韓国の二倍を超える一九五ドルであった。

しかしいまや軍事力の増強と経済開発を成し遂げた朴政権下の韓国は、北朝鮮の経済規模を凌駕するようになったのである。「独裁者の自己過信」はエスカレートしていくばかりだった。

だが他方で、米国や日本への軍事的・経済的な従属による開発独裁型の不均衡な発展の負の部分が広がっていった。ベトナム派兵を契機に頻発する北朝鮮の軍事冒険主義的な挑発は年毎に増し、さらに東アジア政策の変化を予告するニクソン政権の登場によって韓国の安保情勢は大きく揺らいでいた。米軍の負担を軽減して同盟国に自助努力を求める「ニクソン・ドクトリン」で、在韓米軍の撤退も覚悟しなければならず、安保への不安を抱える朴正熙政権と米国の溝は徐々に深まっていったのである。

経済的には六九年に財政危機を迎えたように、外資依存型の経済発展政策は貿易赤字の増加や財務構造の不健全な企業倒産をともない、一〇億ドルの輸出目標の陰では低穀価・低賃金に苦しむ農民・労働者の不満が高まっていた。その象徴的な出来事が、七〇年一一月一三日に勤労基準法を遵守するよう求めて焼身自殺した全泰壹《チョンテイル》事件であった。

三選改憲という独裁的な権力強化に対する学生や知識人の民主主義の要求も反独裁闘争に転化し、民主化勢力が成長しつつあった。三選改憲を突破して長期執権の基盤を整えた朴正熙であったが、当の大統領選挙（七一年四月）では苦戦を強いられた。公正な配分を訴える大衆経済論を打ち出し、北朝鮮との軍事的緊張の緩和と、南北の安全を保障する四大国

(米・ソ・中・日)安全保障案を提示して破竹の勢いで追い上げる新民党の金大中《キムデジュン》候補に僅差にまで迫られたのである。

在韓米軍撤退とニクソン訪中で米国不信に

この時期の朴政権は、内外の困難に直面し、体制の危機は総体的なものであった。こうした危機を朴正熙はどのように潜り抜けていこうとしたのだろうか。

一・二一事件とプエブロ号事件における対応の温度差で米国への不信感を強めていた朴正熙は、在韓米軍の撤退もある程度予想せざるをえなくなった。ベトナム戦争への派兵で対米交渉力を確保していた状況も、戦況の悪化と米国内の反戦世論への傾きによってもはや限界に達していた。そもそも米韓の間では、北朝鮮の脅威についての認識に隔たりがあった。在韓米軍の撤退が韓国の安保情勢に影響を及ぼさないと考える米国に対して、米軍という戦争抑止力の空白は、韓国には北朝鮮の脅威にさらされることを意味していた。もっとも、米国はむしろ北朝鮮の挑発に対する韓国の強硬姿勢を不安定要素とみなしていた。

一九六九年八月の米韓首脳会談で朴正熙は、在韓米軍の撤退は容認できないと釘を刺しつつ、韓国が米軍の抑止力に頼らず北朝鮮の脅威に対抗できるようにと韓国軍現代化への支援をニクソンに求めた。しかしニクソンは逆に対中国の関係改善を基軸にする新しい東アジア戦略への理解を求め、ベトナム派兵軍を楯にした朴正熙の生存戦略は行き詰まってしまうことになる。ニクソン政権は七〇年三月に在韓米軍の二個師団のうち一個師団の撤退を決定し、韓国側に通告した。

朴正煕の憂慮は現実のものとなった。翌年二月に二万人あまりの在韓米軍が撤退すると、七月にはニクソンが訪中計画を発表、朴正煕の米国への不信と安保への不安は極度に高まっていた。韓国は米中和解というなれない国際環境のなかで、米国が中国の在韓米軍の完全撤退の要求を受け入れるのではという不安を払拭することができなかったのである。

このように朴政権は、六〇年代後半から七〇年代初頭の東西デタントという国際秩序の再編に新たな対応を迫られていたのである。国連への南北同時加盟や不可侵条約の提案など、朝鮮半島の安定的な関係を望む米国は、南北を対話ムードへと導いていこうとした。そのようななかで北朝鮮が七一年四月に八項目にわたる統一方案を提示すると、韓国側も八月に南北赤十字会談を提案した。表向きに赤十字会談が進められるなか、水面下では特使が南北を往来する秘密会談が行われていた。こうして七二年七月に七・四南北共同声明が発表され、デタントは朝鮮半島にも押し寄せるかのようにみえた。

しかし緊張緩和の波は米韓の葛藤を浮き彫りにし、朝鮮半島にその波が広がることはなかった。米中接近にみられる東アジアの緊張緩和への対応を求められた韓国は、新しい生存戦略を模索しなければならなかった。そして韓国が選択したのは、防衛能力の増強によって軍事的に自立するという自主国防路線への転換だったのである。

南北対話は、側近の金正濂が語ったように、デタントのなかで逆説的にも安保危機に陥った朴正熙政権が、防衛態勢を構築するまでの時間稼ぎとして取り入れた方便だった（キム・ヒョンア『朴正熙の諸刃の選択』）。それだけに劇的であった南北の対話は南北間の緊張を緩和する成果を生み出すこともなく、むしろ韓国における維新体制と北朝鮮における唯一指導体制を確立、強化する手段になってしまった。

防衛産業の育成と「韓国条項」

いずれにしても、北朝鮮の脅威が朴正熙政権の外交、経済、国内政治および社会文化的政策の方向性を決定づけたことは間違いない。

自主国防のための韓国軍の現代化は、朴正熙が七一年一一月商工部鉱工次官補の呉源哲《オウオンチョル》に防衛産業の緊急命令を下すことで着手された。七〇年末に兵器の開発・生産に向けて重化学工業の育成が具体的に検討され、七三年一月に計画案が公式に発表されるに至る。それは安保危機に対応すべく朴正熙自らが構想したものであった（柳吉在「六〇年代末北朝鮮の挑発と韓米関係の亀裂」）。防衛産業の育成が、韓国経済を六〇年代の輸出主導型工業化政策から七〇年代の重化学工業政策へと転換させる契機となったのである。

防衛産業の育成には更なる資金を必要とした。その資金は日本からの借款の導入で賄うしかなかった。米国の東アジアにおけるプレゼンスの後退は、日本においても安全保障上の役

佐藤・ニクソン会談　1969年訪米した佐藤首相とニクソン大統領。日米共同声明は「韓国条項」が盛り込まれた

割の転換を求めた。日韓は安全保障上の脅威を共有することになったのである。六九年一一月の佐藤・ニクソン会談で採択された日米共同声明には、韓国の安全が日本にとっても緊要であるという、いわゆる「韓国条項」が盛り込まれた。

ところが「ニクソン・ドクトリン」が意味したのは、朝鮮半島の「戦時」における在日米軍の展開に限らず、「平時」における韓国の国防産業の育成を促すものであり、この方針に日本も無縁でありえなかった。日韓定期閣僚会議をはじめとする日韓協議の場では、「韓国条項」を盛り込んだ日米共同声明を待たず、それ以前から「韓国条項」に似た文言を謳う共同声明が発表されていた。第三回日韓定期閣僚会議の共同声明は、「両国の安全と繁栄が極めて密接な関係にある」ことを謳いつつ、浦項綜合製鉄所の建設に日本が積極的に協力することに触れていたのである（倉田秀也「韓国の国防産業育成と日米韓関係」）。

国内的に朴政権は体制の引き締めに奔走した。社会的にさまざまな矛盾が噴出するなか、七一年の大統領選挙でかろうじて当選を果たした朴正熙にとって、不安定な国内体制は北朝鮮の脅威以上に深刻であった。朴正煕が政権の維持を安保問題と結びつけたのはいうまでもない。しかしながら、自分のみが「祖国近代化」を推進し、北朝鮮に対抗できると過信する朴正煕としては、体制批判の圧力の前につまずくわけにはいかなかった。

以上のように朴正煕政権は、対外的には東アジアにおける米国のコミットメントの仕方の見直しと、それに起因する在韓米軍の削減という国際的な緊張緩和のなかで深刻な安保危機を抱えるようになり、対内的には外資に依存する輸出指向型経済政策も行き詰まることで経済的・社会的不安にも対応しなければならなかった。さらに憲法を改正してまで権力の延長をもくろむ独裁体制は、国民の政治的抵抗に直面しなければならなかった。

国会は解散、政治活動も禁止

こうした総体的危機に陥った朴正煕は、国民的な緊張緩和へと向かう安保環境の変化を国家的な危機とみなし、それを克服するべく独裁的な中央政権による総力安保体制の構築を急ぐことになる。

七一年の大統領選挙では金大中候補をなんとか振り切ったものの、続く総選挙では新民党が躍進し、野党勢力が再び活気づいていた。朴正煕は三期目の大統領当選に成功するが、選挙による競争ではもはや政権維持は困難であった。この大統領選で朴正煕は「票を下さい、とお願いするのもこれが最後」だと約束するしかなかった。それは大統領選への出馬が最後になるということではなく、票を求めるような選挙を繰り返すつもりはないことを意味していた。すでに朴正熙には憲政中断のシナリオが描かれていたのである。

七一年一二月六日、朴正熙大統領は「中共の国連加入など急変する国際情勢」と「南侵準備に狂奔する北朝鮮」の動向を検討した結果、韓国の安全保障が重大な危機に置かれているとして、非常事態に対応するために国家非常事態を宣言すると発表した。それは、「政府のすべての施策は国家安保を最優先として早急に万全の安保体制を確立」し、「安保上の脆弱点となる一切の社会不安を容認しない」という、国家安保を至上課題として体制に反対する批判勢力は一切許容しない超法規的な内容であった。

さらにメディアに対しては「無責任な安保議論は慎むべし」とし、国民には「安保中心の新しい価値観を確立しなければならない」と呼びかけることで、反独裁運動や労働運動・貧民運動など社会勢力を抑圧し言論を統制する総力安保体制の構築に乗り出したのである。また、「最悪の場合、我々が享有する自由の一部も保留する決意」を求めたように、これは超憲法的な維新体制の前触れでもあった。

超法規的な脅迫に法的な外皮を覆わせるべく、同二七日には与党単独で「国家保衛に関する特別措置法」を処理し、大統領に「非常大権」を付与した。朴正熙は非常事態下において人的・物的資源を動員することが可能になり、市民の基本的権利をも制限できる強大な権力を掌握することになった。「非常大権」という超憲法的な国家緊急権の行使によって、朴正熙大統領は、七二年一〇月一七日非常戒厳令を敷く大統領特別宣言を発表した。一〇月維新の幕開けである。

「非常措置」によって国会は解散され、政党および政治活動が禁止された。憲法は一部の条項が停止されることになり、その機能は非常国務会議が担うことになった。さらに非常国務会議は憲法改正案を作成し、改正された憲法によって憲政秩序を回復するというのが「非常

非常戒厳令を報じる新聞　大統領特別宣言を掲載した新聞に見入るソウル市民。1972年10月17日

非常戒厳令下の通勤　戦車の前を通って通勤するソウル市民。1972年10月18日

措置」の内容だった。憲法改正の作業は一瀉千里《いっしゃせんり》に進められた。一〇日後には憲法改正案が公示され、一一月二一日に行われた国民投票で、九一・九パーセントの投票率と九一・五パーセントの賛成で維新憲法が確定した。

終身大統領も可能な反民主主義的「維新憲法」

維新憲法は、統一主体国民会議によって大統領が選出される間接選挙を取り入れた。早速統一主体国民会議の代議員選挙が実施され、一二月二三日に行われた大統領選で朴正熙が当選し、二七日に大統領に就任した。こうして第四共和国が発足するのであるが、任期が六年で重任制限もない終身大統領を可能にする維新体制が成立したのである。

大統領は国会解散権と緊急措置権を握り、国会議員の三分の一を大統領が推薦することで、議会や司法にも牽制されることのない権威主義的な政府が登場することになった。近代民主主義の理念である三権分立の原則はもはや虚飾にすぎなくなった。政治的コストがかかる議会政治は非効率的なため、国力を集約して行政力を強化することで「生産的な民主主義の基盤を整え、政治の真実と能率を極大化していく」（七二年一二月二七日）ことが最も緊急な課題であり、それによって国力培養に総力を注ぐことが一〇月維新の意義だとされた。

それでは、朴正熙は「非常事態」が常態化する維新体制をとおして何を成し遂げていくのだろうか。

七二年一二月二七日の維新憲法による大統領の就任の辞では、北朝鮮は脅威ではなかった。南北共同声明が発表されたこともあり、「北韓共産主義者と対話を続ける」ことを表明した朴正熙政権に北朝鮮は差し迫った脅威ではなかったのである。南北対話の開始によって安保イデオロギーも変化を余儀なくされたからである。代わりに北朝鮮に勝る軍事力・経済力によって自由民主主義の優位性を示す体制競争が本格的に展開されることになる。朴正熙にとっての脅威は、むしろ「国際権力政治の荒々しい波」であった。

こうした荒波のなかを、朴政権は経済自立と自主国防を打ち出すことで乗り切っていくのである。具体的にはまず、七二年八月の「経済の成長と安定に関する緊急命令」としてあらわれた。国家非常事態の宣言によって「非常大権」を手にした朴正熙は、このいわゆる「八・三措置」によって、企業と私債権者の債権・債務関係を無効にし、それを新しい関係に置き換えようとしたのである。資本主義経済ではありえない強制的な措置であった。

重化学工業化と農村振興の起源

国防産業育成のための外資を日本に期待

朴正熙がこうした反資本主義的な措置に乗り出したのは、世界経済の悪化によって輸出産業が打撃を受け、景気は下降局面に入り、外資を導入した多数の企業が高利の私債に依存することで倒産の危機に立たされていたからである。こうした企業が連鎖的に倒産することになれば、韓国経済への影響は計りしれない状況だった。

朴正煕は金正濂に私債凍結の検討を指示した。商工部長官だった金正濂は、三選改憲直後に共和党の実力者たちが退き、解任された李厚洛に代わり大統領秘書室長となっていた。秘書室長を共和党実力者から商工部エリートに交代したのは、経済を親衛組織のレベルで管理していくことの意志のあらわれであった。金正濂は七八年まで経済部門を管轄する朴正煕の公式的な「経済マネージャー」として重化学工業化政策を支えていくことになる（キム・ヒョンア『朴正煕の諸刃の選択』）。

八・三措置は、企業を再生させるための強制的な措置として、官制金融の究極のあらわれであった。この反資本主義的な措置は大企業に莫大な恩恵となったことはいうまでもない。これにより軽工業に携わる企業が重化学工業へと参入できる基礎体力を備えるようになり、重化学工業化の基盤が構築された。しかし他方では、政府の庇護のもとで企業が負債依存的な拡大メカニズムを続け、それが後に韓国がアジア経済危機でＩＭＦ管理体制下に置かれる遠因ともなった。

維新体制は、朴正煕政権が重化学工業化を推進していくうえで、政治・経済・社会を中央集権的な統治体制へと最適化する道具となったのである。

重化学工業化政策が、実際その計画を立案した呉源哲が指摘するように、自主国防の基盤を確立するための政治的意図から推進されたことは確かであろう。「ニクソン・ドクトリン」による国防の「自助」と在韓米地上軍の撤退あるいは削減を迫られるなか、朴正煕政権は米国に韓国軍現代化への軍事支援を要求しつつも、対米不信から独自の防衛策を講じなければならなかった。そのため朴正煕政権は七〇年に国防産業の育成に関する指針を示していた。経済企画院は鋳物銑工場、特殊鋼工場、重機械工場、造船所の四部門を「四大核（心）工場建設計画」として選定し、そのための借款を日本に要請した。これらは韓国の防衛産業の構築に必要な部門であった。

これら四部門の事業の推進に必要な外資導入を韓国は日本に期待した。この案件は第四回日韓定期閣僚会議で取り上げられるなど、政治レベルで韓国の「四大核工場建設計画」への支援策が議論された。韓国は「武器輸出三原則」を表明している日本の立場に配慮して兵器生産であることを伏せ、閣僚会議の共同声明においても「重工業育成計画」と記されていた。

ただ、共同声明によって派遣された日本調査団の見解は、特殊鋼および重機械工場だけが協議の対象となるとするなど全体としては否定的なものであった（呉源哲『韓国型経済建設⑦』）。韓国の「重工業育成計画」に対して日本は消極的で、協議の対象となったふたつの部門においても支援に乗り気ではなかった。経済企画院は借款ルートを欧米に拡大して打診するが叶わず、結局「四大核工場建設計画」に必要な資金を調達できなかった。そもそも民間主導の経済運用を是とする経済企画院の経済官僚は、労働集約的で比較優位にある造船や電子部門ならともかく、莫大な資本投入を要し資本の回収期間が長い重化学工業化政策には消極的であった。

北朝鮮を圧倒する重化学工業化を発進

そこで朴正熙から兵器生産を命じられたのが、商工部鉱工次官補の呉源哲であった。呉は一九七一年一一月に防衛産業育成の責任者となり、早速経済第二秘書室の首席秘書官に抜擢された。このとき呉源哲は、防衛産業が重化学工業開発の枠のなかでどのように発展することができるのかについての構想を朴正熙に説明したとされている。防衛産業の育成は重化学工業化政策の一環として行われるようになったのである。つまり、これまで兵器生産そのものに重点が置かれていたとすれば、呉源哲の登場により重化学工業化を推進していくために防衛産業が育成されることになったのである。

経済企画院に代わって商工部出身の呉源哲が「重化学工業」を担当することになり、朴正熙は経済企画院の経済専門家よりは青瓦台秘書室と商工部のテクノクラートたちをより信頼するようになる。経済企画院の経済官僚が自由開放市場政策を好み政府の統制には反対したのに対し、商工部のテクノクラートは実用的改革主義者として防衛産業を中心とした急速な工業化に関心をもっていたのである。こうして一般経済問題については金正濂が、重化学工業と防衛産業については呉源哲が朴正熙の右腕の役割を担うことになる（キム・ヒョンア、同前）。

こうして一九七三年一月一三日の年頭記者会見で朴正熙大統領は、「重化学工業化宣言」を正式に発表した。この計画は呉源哲が草案を作成した「工業構造改編論」をもとに作られたものである。その経過についてみてみよう。

防衛産業の育成のために立案された重化学工業化であるが、朴正熙は産業構造の改編をとおして八〇年度には一〇〇億ドルの輸出高を達成するという壮大な目標を掲げた。七〇年代初頭の韓国経済をみると、これまで韓国の経済成長を支えてきた労働集約型の輸出産業は世界経済の転換のなかで行き詰まっていた。持続的な経済成長のためにも産業構造の再編は欠かせなかったのである。工業立国をとおして北朝鮮を圧倒する経済発展を成し遂げる新たな成長戦略が重化学工業化政策にほかならなかった。

七二年に朴正熙が打ち出した無謀ともいえる一〇〇億ドル輸出の目標に応えるべく、呉源哲は日本が実行した重化学工業化政策を引き合いに出し、「閣下！　重化学工業化を発進するときがきました」と大統領に告げた。呉は自らの「産業構造高度化の戦略」を明らかにしたのである。それを具体化したのが「工業構造改編論」である（呉源哲『朴正熙はどのように経済強国を作ったのか』）。七二年の韓国の輸出高は一六億ドル、一人当たりＧＮＰは三一八ドルにすぎなかった。

「工業構造改編論」は八〇年代の基本モデルとして、一〇〇億ドルの輸出高と一〇〇〇ドルの一人当たりGNPを想定して作成された。重化学工業を主力産業とし、労働集約型から技術集約型への産業形態の転換をとおして、産業構造全体を根本から再編することを目ざした。目標達成のためには総合的な国家産業の開発計画の枠内で、計画的に規模、品質、価格などを国家的次元で検討することを要求した。このように工業構造改編事業は、政府が積極的で集中的努力を注ぐとともに、民間が自発的に政府の施策に従う官民協調の国民総力体制が構築されるべきであるともされた。

「重化学工業化が維新であり、維新が重化学工業」

このように重化学工業化政策は、権力による計画経済的な指導と、官民が一体となる国民総力体制を基盤とするものであったのだが、その官僚的な動員体制の政治的条件となったのが一〇月維新にほかならない。維新体制と重化学工業を「朴正煕の諸刃の選択」として分析したキム・ヒョンアは、朴正煕の強力な指導力と金正濂の財政および経済専門知識、呉源哲の工業ビジョンおよび技術が、重化学工業化のプロジェクトを調和的に実行させたとして、これを「重化学工業化三頭政治」と呼んだ。呉源哲は重化学工業化政策を維新改革下における最重要政策として宣言することを勧告したとされるが、実際に「重化学工業化三頭政治」は、維新憲法が朴正煕に付与した権限に比肩する独裁的な権限を行使することができた

（『朴正熙の諸刃の選択』）。

呉源哲は、「重化学工業化が維新であり、維新が重化学工業というのが辛い真実だ」と語ったという。事実、「一〇月維新、一〇〇億ドル輸出、一〇〇〇ドル所得」というスローガンが示すように、重化学工業化と維新は切り離すことのできない一体化したものだった。

一九七三年二月二日に大統領令によって重化学工業推進委員会が発足する。呉源哲はその戦略局にあたる重化学工業推進委員会企画団の団長を兼任することになる。ここで重化学工業化計画の詳細が策定されたのであるが、それは以後九年間におよそ九六万ドルの投資費用が必要になると見込まれる大規模なプロジェクトであった。鉄鋼・機械・電子・造船・石油化学・非鉄金属の部門を戦略産業として重点的に育成し、中間財・資本財の輸入代替と輸出産業化の構造を確立する開発戦略であった。

蔚山石油化学工業団地の製油所　韓国工業化の拠点では大韓石油公社が逸早く操業を開始した。1966年

重化学工業化は、朴正熙が権力を掌握して以来追い続けてきた目標であった。第一次経済開発五ヵ年計画においてこそ叶わなかったものの、日韓国交正常化によって外資導入が容易となることで、第二次

経済開発五ヵ年計画においては財政拡大をはかる経済運用が活発な設備投資を促した。蔚山《ウルサン》石油化学工業団地の建設が本格的に推進されたのもこの時期である。さらに浦項《ポハン》綜合製鉄所の建設も、対日請求権資金を活用することによって七〇年四月に着工していた。

そのほかにも機械工業振興法、電子工業振興法、自動車産業育成計画などをとおして産業構造の高度化を進めたが、個別の重化学工業部門の育成が産業構造全般にかかわる体系的な長期的プロジェクトとして示されたのが「重化学工業化宣言」だった。

ところが、前述したように七〇年代以降、韓国が国防産業の育成を目ざして構想した「重化学工業育成」は、日本に資金提供を依存する傾向が強かった。政府レベルの日韓定期閣僚会議や民間レベルの日韓協力委員会は、韓国が日本に借款を要請する場でもあったが、それには「日韓間の緊密な協力が両国の安保のために緊要である」という「韓国条項」が裏づけとなっていた。言い換えれば、「韓国条項」が認められたからこそ、韓国は日本への依存度を高めていくことになったのである。

日本の鉄鋼業界も浦項綜合製鉄所建設を支援

朴正煕はたびたび丁一権《チョンイルグオン》国務総理を日本に派遣し、佐藤首相に「請求権資金のような財政借款」を要請した。そして一九七〇年七月に開かれた第四回日韓定期閣僚会議は、韓国の対日請求権資金の枠から脱して経済協力が討議される初の定期閣僚会議となったが、この場で韓国側団長は「共産侵略を阻止するため、経済発展と国防力強化の二大課業を遂行していること」を強調して「韓国条項」を確認した。日本側は経済協力が軍需産業の援助に結びつくことは了解していたが、共同声明では経済協力の分野でも第三次経済開発五ヵ年計画について「深い理解を表明し、本計画の遂行のために積極的に支援することを約束した」のである（倉田秀也「韓国の国防産業育成と日米韓関係」）。

しかしすでに述べたように、このとき韓国側が提示した「四大核工場建設計画」は、その経済的妥当性から支援の獲得には至らなかった。第五回日韓定期閣僚会議（七一年八月）で韓国は再び支援を要請し、日本も借款の協力を約束したものの、韓国の要請に応えることはなかった。

にもかかわらず、倉田が指摘するように、第三回日韓定期閣僚会議で、潜在的国防産業と位置づけられていた浦項綜合製鉄所の建設に資金協力を約束したことが、それ以降の国防産業育成の方向性を決定した（倉田秀也、同前）。浦項綜合製鉄所の建設計画が、国際社会や世界銀行など国際金融機関から経済性がないとして借款供与を拒否され頓挫しかけたとき頼りにできたのが日本であった。当初は日本も製鉄所建設には懐疑的であったが、浦項製鉄の朴泰俊《パクテジュン》社長は日本の政財界の支援を求めて訪日し、日本鉄鋼業界や大手企業など主要経済人に協力を要請した。韓国紙が報じたように、当時の富士製鉄、八幡製鉄、日本鋼管の三社代表は「経済性レベルでこの問題を扱うのではなく、極東安保問題、すすんでは直接的な日本

朴泰俊　浦項綜合製鉄所社長、韓日議連会長を歴任した

の安保問題と関連させ、この問題を扱わねばならない」として、軍事戦略的観点からこれを支援することを決めたのであった。

農村近代化「セマウル運動」の真の目的

一九六〇年代に第一次・二次経済開発五ヵ年計画をとおして急速な経済発展を成し遂げたものの、製造業を中心とした輸出指向的な成長路線はさまざまな社会問題を引き起こし、商工業都市部と農村部の格差は広がるばかりであった。高度成長の過程で取り残された農村は疲弊と貧困から抜け出せず、持続的な工業化の足かせになりつつあった。したがって農村振興をとおして国内消費市場を拡大し、農村の遊休労働力を最大限引き出すことが、新たな成長動力に結びつくと考えられた。他方、農村人口の都市部への集中がもたらす過疎化は農業生産性の低下に結びつき、それが莫大な食糧輸入の原因にもなっていた。

さらに七〇年代に入り、重化学工業化政策の推進によって経済が新たな段階に突入したものの、近代化の恩恵が及ばない農村が、民主化運動や都市部の貧民運動とともに社会的不安の原因になれば、朴正熙政権の政治的危機は必至だった。朴正熙政権にとって農村問題は放置しておけない喫緊の課題となっていたのである。

　このため農村社会の抱える諸問題に対処しながら農民を国家の経済的・政治的目標に向けて動員する必要があった。それが「セマウル運動」であった。「セマウル」とは「新しい村」の意である。

　こうした事情から農村近代化運動としてセマウル運動が浮上したように、それは当初から一貫性のある計画性をもって推進されたものではなかった。政府の公式記録が示すように、「政府が予算規模を勘案して大きな予算をかけずに落後した農村振興を促進すべく目をつけたのがセマウル運動」（内務部『セマウル運動一〇年史』）だったのである。その最初の「事業」といわれる、各村落へ配給したセメントも、生産過剰と輸出不振による在庫品であった。しかしこれがきっかけとなって、セマウル運動は農村近代化運動として体裁を整え、一大国民運動として全国に広がっていく。

　このように七〇年から農村地域の近代化運動として始まるセマウル運動の真の目的は、生活環境の改善そのものにあるというよりも、当時の社会的・経済的問題に対応することであった。したがってセマウル運動が環境改善や所得増大を可視的な目標として掲げながらも、それをとおして精神開発運動を展開するのは必然的な成り行きであった。セマウル運動は、管轄する内務部が言いあらわしたように、「韓国民主主義の土着化のための実践道場」だったのである。

精神革命として近代化運動は、朴正熙の演説でもたびたび謳われた。朴正熙は本格的にセマウル運動を提唱する一九七一年七月三〇日の地方長官会議の席上で、「私はこの事業の目的を経済的な側面よりも住民の精神開発という側面に置き、より重視しています」と力説した。だからこそセマウル運動には、勤勉・自助・協同という精神的な側面を重視するスローガンが欠かせなかった。セマウル運動が「国の自立と自主、そして自衛を目標に、勤勉・自助・協同の実践運動であり、民族の精神改革と民族の中興のための歴史的な大躍進運動」と呼ばれたのもそのためであり、やがて農村を越えて都市セマウル運動や工場セマウル運動、軍隊セマウル運動へと拡大していくことになる。

起源は朝鮮総督府の農村振興運動

自主的精神と自立の信念を国民に吹き込む意識革命は、自主国防を標榜する当時の安保情勢にもマッチしていた。南北対話の進展は、相互に相手側に比べて脆弱である部分を補完しようとする刺激となった。一九七〇年代初めに北朝鮮との接触が始まると、韓国の都市と農村の格差、貧富の格差は北朝鮮に比べると大きいことがわかった（朴東緒「セマウル運動の目的」）。北朝鮮では農地改革や貧富の格差の解消をとおして社会の組織化が進み、生産力を向上させていたことは明らかで、それを「イデオロギー」ではなく「自発的」なかたちで動員しようとしたのがセマウル運動だった。

また、「大衆メディアに影響されやすい都市民が低級な日本文化と物質的な享楽を追求するヤンキー文化に伝統的価値観と倫理意識が侵食される」状況で、「民族の主体性を麻痺させる消費文化を一掃」することも、こうした精神革命によってもたらされるとされた。

朴正熙は、農村の貧困を惰性や無知、怠惰な生活態度に原因があるとみなし、それを打破する精神革命として農村の近代化を唱導した。セマウル運動は、こうした道徳的な規律をとおして農民を「国民化」し、近代的主体として動員していくものであった。国民として呼び出された農民は「自発的」に大衆動員に包摂され、国家の経済的・政治的目標に向けて自らの利益と価値を一体化させようとした。確かにセマウル運動には維新体制を強化する抑圧的な国家統制の面があった。

しかしながら、セマウル運動は地域開発運動として、農民のなかに共鳴盤を見出してもいた。セマウル運動は相当な強制性をともなう徹底した官主導の運動であったにもかかわらず、農民が感じる強制性の程度は決して強かったわけではない。国家の強制力がある程度農民の一定の同意を得て効率的に浸透していったところに、セマウル運動の特徴がある（コ・ウォン「セマウル運動の農民動員と「国民創り」」）。

このような農村の近代化と精神革命が比較的スムーズに結びつくことができたのは、セマウル運動が、昭和恐慌下での貧窮からの「自力更生」を促した朝鮮総督府の農村振興運動に端を発していたことと無縁ではない。農村振興運動が後に「国民精神総動員運動」など「国

田植えをする朴正熙　国民の休日である「農民の日」に麦わら帽子にサングラス姿で田植えをする。1963年6月

民運動」として皇国臣民化を強調し農民の自覚を求める精神改造運動となるように、セマウル運動もそうした性格をもつようになっていた。

もちろん農村の開発は朴正熙においても無視できない重要課題であった。彼自身が貧農の家庭に育ったことから、農村の近代化なくして真の近代化はありえないことは身に染みて感じていたはずだ。

なによりも農業問題については、岸信介が満州での経験から「本当に産業を興すには下草が必要」だとして、「韓国において大事なのは農業だ、農村がしっかりしていないとうまくいかない」と朴正熙に助言していた。それもあって朴正熙政権は、クーデタ直後に国家再建国民運動を立ち上げ、農村振興庁を設立するなど農村振興に取りかかった。第一次経済開発五ヵ年計画には農村振興および農業生産力増大をとおした食糧の自給自足も盛り込まれていた。

だが、工業発展を優先する輸出主導型の経済政策のなかで農村は放置されるばかりか、かえって経済発展を下支えする犠牲を強いられたのである。

維新体制のイデオロギーを支えた満州人脈

農村近代化運動のスローガンが再び登場したのが一九七〇年代であることは、この時期にようやく農村への支援に手が回るように経済状況が好転し、さまざまな社会的問題に対応する必要性に迫られたからであった。ただ、「精神革命」という側面からみた場合、セマウル運動は六〇年代後半からのさまざまな国家による日常への介入の延長にあったといえる。すでに述べたように、戦前の日本の教育勅語を想起させる国民教育憲章の導入（一九六八年）や、歴史的人物の愛国・愛族主義を喚起する民族教育の強化など思想統制、冠婚葬祭の簡素化を規定する「家庭儀礼準則」の制定（一九六九年）、食生活の改善を求める「混粉食奨励運動」など、生活慣習や衣食住の領域にも介入して精神的近代化を押しつけた。

朴正熙政権は、近代化の論理として効率的な動員と労働、勤倹・節約、集団主義、欲望の節制などを国民に求めた。「千里馬運動」をとおして自力更生と革命意識を高揚することで社会の組織化が浸透している北朝鮮に対抗するためにも「精神革命」は欠かせなかった。こうした意識改革運動の中心的存在として、維新体制をイデオロギー的に支えたのが、戦前に満州で活動した李瑄根《イソングン》である。

李瑄根は、戦前は朴正熙と同様に満州に命を賭け、戦後はソウル大学の教授となり、李承晩政権では文教部長官および国史編纂委員会委員長を歴任、そして朴正熙政権においても権力層に向けた歴史教育を担当するなど重用された人物である。早稲田大学で煙山専太郎《けむやませんたろう》や津《つ》田左右吉《だそうきち》の影響のもとで歴史学を学んだ李は、戦後、自らが経営する新聞に連載した「花郎《ファラン》徒《ド》研究」を著し、それが建国理念が求められる時勢のなかで評価され、国防部の政訓局長として招かれる。「花郎」は新羅における若者の修養・訓練組織として、戦時には戦闘部隊として「国家統一」のために自らの命を犠牲にしたことから、李瑄根は「花郎徒」を国家理念に結びつけたのである。

「花郎徒」に民族精神の起源を求める「新羅中心史観」は、北朝鮮と対峙し、民族史観を定立して国内体制をイデオロギー的に引き締める朴正熙政権にとって有益であった。こうして李瑄根は「朴大統領に国史を進講し、また国務委員一同にも国史を講論して民族的主体史観に立脚した国史教育を強化する国策樹立に積極的に賛同し、一〇月維新が宣布されると新たな国家観と維新精神の具現のために七〇の老体をかえりみず全国各地を巡回して講演」（『霞城李瑄根博士　古稀紀念論文集　韓国学論叢』）することになったのである。

自らの古稀紀念論文集に記された維新体制への賛辞は決してお世辞ではなかった。一九七六年六月二二日の全国教育会長大会で李瑄根は、「維新精神の深化と主体的民族史観の定立」と題する特別講演で次のように述べた。

我々が今日維新体制を確立することができなければ、歴史上これ以上ない危機に直面し、大韓民国の存立も脅かされるであろう。維新体制の確立は民族全体に負わされた使命であり、我々教育者たちもそのための先導的役割を担わなければならない。（具良根《クヤングン》「歴代不道徳な政権を下支えした理論家」）

このように維新体制のイデオローグとなった李瑄根が、「民族魂の振作と指導理念の定立」「維新理念の思想的体系化」「国家指導理念（維新・セマウル・統一・安保）の確立」などを標榜して設立された韓国精神文化研究院（現・韓国学中央研究院）の初代院長として就任したことも偶然ではなかった。ただ、李瑄根が歴代の独裁政権において文化・教育界の要職につくことができたのは満州人脈があったことも無視できない。具良根は反民族問題研究所（現・民族問題研究所）の研究委員として李瑄根の親日経歴を調査したのであるが、李瑄根の親日経歴が積み上げられたのが満州であった。

満州国協和会の朝鮮人協議員として

李瑄根が渡満するのは、開城の財力家の息子である孔鎮恒《コンジナン》が、濱江省五常県の安家に在満朝鮮人農民を活用して農場を経営する満蒙産業株式会社（満蒙産業）の設立事業に加わる一九三七年のことである。いわゆる「安家農場」は、七〇〇〇万坪の面積に四〇〇〇世帯を擁する大規模なプロジェクトであった。そこで経営手腕を発揮した李瑄根は、満州国協和会全国連合協議会の「鮮系代表」に名を連ねることになる。李は満蒙産業の専務取締役として関

満州国協和会全国連合協議会　満州に王道楽土を実現するため、漢、日、満、蒙、朝鮮の五族や白系ロシア人の代表もいた

東軍への米を提供し、協和会全国連合協議会の朝鮮人協議員となって戦争協力を積極的に呼びかけた。廣岡浄進《ひろおかきよのぶ》が指摘するように、それが朝鮮人の権利改善のため、「内鮮一体」言説によって「民族協和」原理に対抗し、「皇国臣民」としての地位を要求したもの（「在満朝鮮人の「皇国臣民」言説」）だとしても、である。

満州国協和会は、満州国の建国精神を具現すべく「王道楽土」と「五族協和」の理念を在満諸民族に浸透させ、満州国の基礎を強固にするため、一九三二年七月二五日に設立された実践団体、教化団体である（橋川文三編『アジア解放の夢』）。満州国の治外法権の撤廃にともなって、在満朝鮮人民会など朝鮮人組織も満州国の行政組織や協和会に統合させられる。協和会に衣替えした民会幹部など在満朝鮮人有力者は、在満朝鮮人に満州国の政策を浸透させる立場に立たされるのである（申奎燮「帝国日本の民族政策と在満朝鮮人」）。李瑄根は、立法府が機能しない満州国で民意を反映する協議機関の役割を果たした協和会全国連合協議会の協議員として、日満一体の戦時動員を推進していった。

『三千里』一九四一年一月号は日中戦争の勃発五年目を迎え、在外各地の有力者による「海内海外朝鮮同胞の現地報告、朝鮮人発展策新年之辞」を企画した。満州からは、満州国参議府参議の清原範益（李範益《イボムイク》）、前ポーランド領事の朴錫胤《パクソギユン》、満州国開拓総局の尹相弼《ユンサンピル》に続いて、満蒙産業の孔鎮恒と李瑄根が新年辞を寄せている。李は協和会協議員という立場から、東亜共栄圏の新体制建設を民族の重大使命として捉え、個を捨て全体のためにすべての犠牲を覚悟して実践し、この「聖なる使命に対する絶大な信念をもって勇往邁進すべきである」と「内地同胞」に呼びかけている。

満州国の朝鮮人の指導的地位にあった李瑄根を、満州国陸軍軍官学校の生徒として、そして満州国軍少尉として満州を駆け巡った朴正熙が知っていたとしても不思議ではない。常に政治権力と密着していた李瑄根は、一九六八年の国民教育憲章の制定にかかわって以来、朴正熙政権でも重用されるようになった。この頃から本格化するイデオロギー統制に対応して「セマウル精神」と「維新精神」を結びつけて体制を擁護することは、李にしてみれば自然な成り行きであった。

動員された満州国の儀礼

このように満州国の帝国軍人と協和会協議員が意気投合することで、満州国における「非合理的な精神主義」が韓国社会においても蔓延することになる。その形態について、ソクジョン・ハンは、記念碑の前で行われる戦死者への一分間の黙禱、行進、「時局」に関する講演の聴講、宣伝映画の視聴、ポスター作成、学生弁論大会、集会や大運動会への参加など国家儀礼をあげ、これらはもともと一九三〇年代の満州国の国家行事だったという（ソクジョン・ハン「植民者を模倣する人々」）。

例えば、朴正熙がクーデタ以後に「再建体操」として開始したラジオ体操のモデルは、満州国の建国体操であった。李承晩政権や朴正熙政権下で開かれた反共大会や滅共大会も、遡《さかのぼ》ると満州国で無数に開かれた反共大会にたどり着く。「建国精神涵養のために」満州国教育庁が主催した学生雄弁大会は、数十年後に韓国で実施される学生雄弁大会の原型だった。

前述した「家庭儀礼準則」は、無駄遣いや虚礼虚式を控える「協和式結婚式」を想定していたのだろう。また全国各地に建造される銅像も、満州国で祭られた孔子や関羽の再来にほかならない。ハンがいうように、満州国で行われていた規律化の方法を厳密に反復できる国家は、朴正熙政権期の韓国以外に見当たらない。朴政権下の韓国は、満州国で挙行された国民大会、追悼式、戦没者記念碑、学生弁論大会、標語作り、反共大会、体操、「建設」や「再建」のスローガン、「総力安保」「総動員」などをすべて模倣していたからである（同前）。

セマウル運動もあらゆる規律化の方法が動員された。「夜明けの鐘が鳴った、新しい朝が明けた。君も私も起きて、セマウルを作ろう。暮らしやすいセマウル、我らの力で作ろう」

という、朴正熙自らが作詞・作曲したとされる行進曲風の「セマウルの歌」が津々浦々に鳴り響いた。小学生は音楽教科書で、「……私や勤勉なセマウル少年」という歌詞の「セマウル少年」のみならず、「……混食・粉食に弱い体はない」（「楽しい混食・粉食」）、「……節約して貯蓄するつましい子ども」（「貯金箱」）とする歌を習った。歌だけでなく「早起清掃」という名目で早朝から掃除を行う「勤勉」を求められ、資源を回収するためビニール類を集める手提げ袋を渡されて「勤倹」を実践することで子どもたちはセマウル精神を体現した。

午後六時にサイレンが鳴る国旗下降式では、道行く人は皆が立ち止まり「皇国臣民の誓詞」にあたる「国旗に対する盟誓」を暗誦した。こうしたイデオロギー統制が、満州国で協和会や特別工作後援会の活動をとおして全体主義的な新体制運動を展開した人物によって創案＝再生されたのは決して偶然ではなかった。

鬼胎たちの日韓癒着

独裁者と「妖怪」のただならぬ関係

これまで述べてきたように、満州国の「鬼胎」たちは、戦後の日本と解放後の韓国に消すことのできない刻印を残したのである。それは、「満州（国）の残映」となって戦後・解放後七〇年を経ても、依然、日本と韓国に桎梏《しっこく》のようにまつわりついている。そして、彼らは

「日韓癒着」という、海を越えた旧宗主国と植民地との新たな関係を残すことになったのだ。朴正熙政権の本格的な独裁執権以後の「日韓癒着」の経緯についてここで取り上げてみたい。そのなかから独裁者・朴と「妖怪」・岸との、維新体制の韓国と経済大国・日本との深い「因果」の糸が明らかになってくるはずである。

すでにみたように、朴と岸のただならぬ関係は、日韓国交正常化を進める最大の推進力になったが、日韓の国交正常化が、対日請求権の絡んだ経済関係の回復とともに進められたため、日韓をまたぐ政治的ネットワークは経済的ネットワークと不即不離の関係にあった。日本の韓国に対する重化学工業化政策の資金投入が「軍事戦略的観点」から実施されたように、日韓定期閣僚会議など政治レベルの協議機構がきわめて重要であった。そして政府ベースの協議機構を側面からバックアップし、補助する役割を果たしたのが、首相退任後の岸が会長を務める日韓協力委員会だった。同委員会は、政府に建議や提案を行い、その対韓政策に大きな影響を及ぼした。

この意味で日韓協力委員会や日韓民間合同経済委員会など「民間」の常設機構が、日韓の政治関係にとっていわば最大の「圧力団体」となったのである。とくに「日韓両国間の政治、経済、文化各般の問題にわたり、民間ベースで親善・提携を行う」日韓協力委員会は、「決議事項をもって、それぞれの政府および民間の各関係機関に建議し、その実現を促進」することを目的としていた。同委員会は、「両国各界の指導的地位にある人々が多数参加しているところから、名実ともに備わる協力推進母体として、その影響力は大なるものがあると確信する」圧力団体だったのである。

ただ、その中心人物であった岸信介の朴政権に対する後見人的な役割は、日韓協力委員会をとおして利益を誘導し、日韓の経済的な利権循環構造を支えるだけではなかった。朴正煕の維新体制という独裁体制が孕む危機脱出に向けて側面的な援助の手を差し伸べたのも、岸だった。

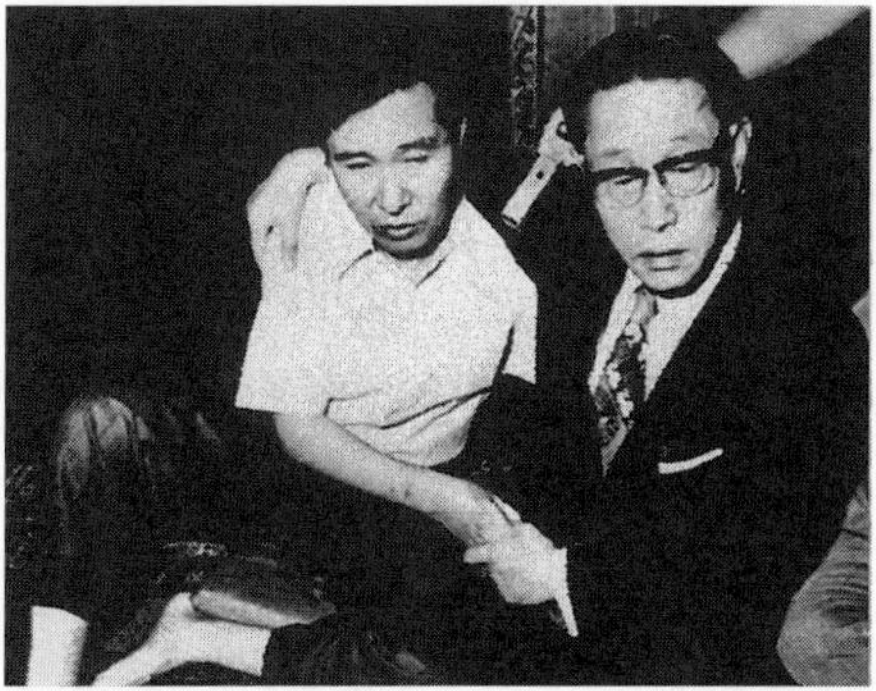

金大中事件　1973年8月、東京のホテルから拉致された金大中（後に大統領）は、5日後ソウルの自宅で解放された

その最大の危機のひとつが、一九七三年八月に野党政治家の金大中をＫＣＩＡ（中央情報部）が東京からソウルに拉致する、いわゆる「金大中事件」であった。韓国の情報機関が実行したこの事件で、日本側は韓国側に厳重に抗議し、金大中の原状回復を求めたため、日韓に緊張が走ることになった。韓国の情報機関による白昼堂々の主権侵害は日本の世論を沸騰させ、日本政府も予定されていた日韓定期閣僚会議を無期延期し、指紋が採取された駐日韓国大

使館の金東雲《キムドンウン》一等書記官の出頭を要請した。しかし韓国はこの要請を拒否した。

それは、朴正煕政権が重化学工業化政策を打ち出した矢先の出来事で、経済的なパイプを失うことは朴政権にとっては痛手であった。日本の経済援助額の決定をみて翌年度の予算を組んでいたために、閣僚会議が無期延期となると援助額が決まらず予算が組めなくなるからである（金賛汀・殷宗基『日「韓」ゆ着を剝ぐ』）。そこで事件に対して日韓の政治決着をはかるべく、「大物特使」として訪韓したのが岸であった。

朴と岸の絆

一九七三年九月二七日、日韓協力委員会及びアジア国会議員連合（ＡＰＵ）総会に出席するために訪韓した岸は、朴正煕を「表敬訪問」して解決策を話し合い、韓国側が自ら解決して日本側に謝罪することと、日韓定期閣僚会議は事件と切り離して開催してほしいという要望を持ち帰った。岸は一〇月一二日に田中首相と会談を行い、訪韓について報告した。田中首相は「日韓閣僚会議は金大中事件に関係なく早急に開催したい」とする立場を示した（『朝日新聞』一九七三年一〇月二七日）。政治決着のため金鍾泌総理が一一月に訪日し田中首相に謝罪したのとは別に、大韓航空の趙重勲《チョジュンフン》社長をとおして韓国側から田中首相に「四億円」の裏金が渡されたといわれている。

このように満州人脈で固く結ばれたふたりの絆は深かった。ふたりがはじめて対面したのは、一九六一年一一月に朴正熙が訪日したときであるが、実はそれ以前から書信を交わして対面の日を待ち望んでいた。岸は朴の師範学校時代の同窓生を派遣した。それを受けて朴は岸に私信を送り、次のように協力を要請した。「今後再開しようとする韓日国交正常化交渉において、貴下の格別な協力によってこそ大韓民国と貴国との強靭な紐帯が両国の歴史的な必然性であると主張なさる貴意が具現されることだろうと思います」（国立国会図書館憲政

岸と朴の交流　上から岸の一等修交勲章授受（左より岸、朴、岸の長女・洋子、娘婿・安倍晋太郎）、1971年の日韓協力委員会、77年の日韓協力委員会での訪問。朴正熙大統領電子図書館より

資料室「岸信介関係文書」)。朴正熙はクーデタ後に再開された日韓交渉を早期妥結するために高級政治会談を日本に申し入れ、その日本側の代表として岸を指名し訪韓を強く要請したが、岸への信頼は自らが訪日して対面して以来、揺るぎないものとなった。しかしながら岸の訪韓については、池田首相側が韓国の岸指名に不快感をもったため、その代わりに小坂善太郎と崔徳新《チエドクシン》による外相会談が行われた。このときの訪韓こそ叶わなかったものの、日韓国交正常化が実現すると、岸は初の民間親善使節として訪韓する準備を進め、一九六六年九月、アジア議員連合総会への出席のため訪韓し、佐藤首相の親善大使として朴正熙と会談した。

以来、岸は日韓協力委員会の設立とともに、たびたび、韓国を訪れて朴正熙と会談を重ねた。一九七〇年になると、四月には日韓協力委員会第二回総会に出席するため訪韓し、「よど号事件」に関する佐藤首相の親書を朴に伝達すると、六月には関釜フェリー就航記念行事に参加した際に朴正熙から一等修交勲章を授与されている。その後も日韓協力委員会や朴大統領の就任式のたびに韓国を訪れた岸は、日韓の間の「ホットライン」の役割を果たしたのである。日韓協力委員会は岸と朴との定期的な会談の窓口でもあったのだ。それは後に、金大中事件という、朴政権が陥った未曾有の危機と日韓関係の困難を打開する突破口となったのである。

大統領狙撃事件後の日韓重大危機

しかし、金大中事件の政治決着をはかる岸らの努力にもかかわらず、日韓関係は危機の連続であった。一九七四年八月の光復節（独立記念日）の式典で、在日韓国人青年による朴正熙大統領狙撃事件が発生するのである。このとき大統領夫人の陸英修が撃たれて死去したことで、事件は日韓関係を国交正常化以来の最大の危機に陥れることになった。だが、それは結果的に、前年の金大中事件によって苦境に立たされた朴正熙政権が形勢を逆転するきっかけとなる。

荒れる反日デモ　朴大統領狙撃事件以後、急速に悪化した対日感情のため、ソウルでは反日デモ隊が日本大使館や日本企業にも押しかけ、機動隊と衝突した。1974年9月

事件への反動として盛り上がった「反日運動」は、事実上反政府運動として展開された日韓条約反対運動を別にすれば、朴正熙の大統領在任中、最大規模のものであった。韓国側は、犯人として逮捕された在日韓国人青年が、朝鮮総連（在日本朝鮮人総聯合会）と接触したとして、その解散を日本側に要求した。それに対して日本のメディアは、事件は自由に対する抑圧が招来した自業自得のものだとして朴政権を非難すると、田中政権の

木村俊夫外相が、韓国だけが朝鮮半島の唯一の合法政府であるわけではないと発言して韓国国民の「怒り」に油を注ぐことになった。それによって韓国では大規模なデモが展開され、デモ隊の一部がソウルの日本大使館に乱入するという事態となった。日本大使館には「日本政府に謝罪させよう」と叫んで、高校生、大学生のデモ隊が押しかけるほどだった（平野実『外交記者日記――大平外交の2年（下）』）。

韓国政府は、光復会や反共青年会が日本人への暴行や日本飲食店等の看板を破壊しようとする動きを察知し、「倭色打破行動」を放任するか、それとも事前に阻止するのか、揺れていた。そしてデモ隊は、「警戒が手薄」になったその日に「やすやすと警戒線を突破」したのである。大統領狙撃事件の直後には、学生の「学校内外の集会・デモ・訴え・籠城その他の一切の個別的・集団的行為を禁止」する緊急措置が解除されていた。

これによって両国は断交まで取りざたされる重大な危機を迎える。とはいえ、韓国は国民の反日感情を「反映」して強硬な立場で臨みながらも、日本が韓国に特使を派遣すると、韓国の国務総理はテレビ放送で「日本側は、韓国にたいして転覆やテロを準備する行為を処断すると約束した」と述べ、反日感情を和らげる措置に出る（平野実、同前）。

この事件からもわかるように、両国は荒々しい事件さえもがその関係を完全には断ち切ることができないほどに密接に絡み合っていたのである（李庭植『戦後日韓関係史』）。

暴かれた維新体制の不正と人権弾圧

ただし、一九七〇年代中盤の日韓関係の危機的状況の本質は、韓国の「反日意識」にあるのではなく、「韓国条項」をめぐる日韓の確執にあり、日本が南北朝鮮と等距離外交を展開しようとする安保情勢のなかに見出すことができるのである。つまりそれは、「反日」が管理されることを意味し、その背景には朴正熙政権が「反日」を必要とする国内情勢・国際関係の変化があった（玄武岩「グローバル化する人権」）。

維新体制の成立で韓国の反独裁運動は沈滞化を余儀なくされるが、七三年の金大中事件をきっかけに徐々に反維新闘争が活性化するようになる。朴正熙政権は宥和的措置をもって対応するが、民主回復の要求はいっそう高まり、七三年一二月には改憲請願一〇〇万人署名運動が展開されるなど、維新撤廃運動が盛り上がりをみせる。これに対して朴政権は、七四年一月の大統領緊急措置第一号および第二号をはじめ、超憲法的な統制手段を発動して市民勢力の抵抗を封じ込めようとした。七四年四月、民青学連事件で主導者に死刑を宣告するように、緊急措置は威力を発揮した。これらのほとんどは大統領特別措置によって翌年釈放されるが、その背後勢力と目された人民革命党再建委員会事件の関連者八名には、七五年四月九日、死刑確定の翌日に刑を執行するなど、維新体制の暴圧性は極度に達した。

さらに七五年四月の「ベトナム敗亡」は朴正熙には衝撃であった。だが、この安保危機を口実に反対勢力を徹底的に弾圧し、独裁体制の強化に乗り出すことになる。五月一三日に発した緊急措置第九号は、これまでの緊急措置を集大成したもので、維新体制に対する一切の批判的行為を禁じた。七六年三月一日に三・一独立運動記念祈禱会で朗読された「民主救国宣言」の主導者も緊急措置第九号違反で逮捕され、政府転覆を扇動したとして実刑判決が言い渡される。国内の民主化運動を抑え込む維新体制の人権弾圧は、外国からも非難の的となる。

維新体制の人権弾圧や腐敗構造は、七六年一〇月にＫＣＩＡによる米議員買収工作が発覚する「コリアゲート」で国際的な注目を集めることになる。米上院倫理委員会や下院国際関係委員会傘下の国際機構小委員会（フレーザー委員会）が調査活動に乗り出し、その聴聞会では米国に亡命した元中央情報部長の金炯旭《キムヒョンウク》も証人として出席した。こうした証言によって朴正煕政権の不正と人権弾圧が次々と暴かれ、米国の朴正煕政権への見方も厳しさを増していくことになる。

一九七七年一月に人権外交を掲げるカーター米政権が登場し、韓国の人権状況の改善を求めることで米韓関係はさらに悪化した。なによりもカーターが在韓米軍の撤退を表明したことで、朴政権は窮地に追い込まれるが、それを逆手にとって自主国防達成を名目に国内体制の引き締めをはかるようになる。言論・大学・野党・労働運動に対する弾圧は益々強化されるが、朴政権への国際的な批判とあいまって「独裁打倒」の声も激しくなっていく。

朴正煕は、自主国防をスローガンに重化学工業化を推進し、そのために政治的・社会的安定を権威主義的に統制する総力安保体制の構築へと突き進んでいく。しかし、急激な上からの経済変動は、社会経済的不安と葛藤を引き起こし、至るところから憤懣が噴出しつつあった。朴政権に妥協的であった野党新民党も金泳三《キムヨンサム》体制に代わることで対決姿勢を鮮明にした。そうしたなか、七九年八月にＹＨ貿易の女性労働者が籠城する新民党本部に機動隊を投入し強制排除する過程でひとりが墜落死するＹＨ事件が発生した。続いて一〇月四日に共和党と維政会議員が警護権を発動して金泳三新民党総裁の議員除名処分に踏み切ることで政治的対立もますます激化していった。

マクベス的な最期と九一歳の大往生

こうした政治社会的危機は、民衆の大規模な抵抗を触発する。一〇月一六日に釜山で反政府デモが発生し、政府は戒厳令を発したものの、デモは馬山《マサン》など近隣都市にも広がっていった。「釜馬抗争」といわれる、「李承晩政権を倒した六〇年の学生デモ以来の大規模な反政府デモ」が独裁政権を揺るがし、維新体制はその終末に向かっていく。そして維新体制は、中央情報部長の金載圭《キムジエギュ》が放った銃弾によって幕を閉じることになる。ソウル鍾路区宮井洞にある中央情報部の密室で、女子大生や人気歌手を交えた宴会の席での出来事であった。そこには金桂元《キムゲウオン》大統領秘書室長と車智澈《チャジチョル》警護室長も同席していたが、車智澈も撃たれて死亡した。「一〇・二六事態」は、金載圭がふたりの部下に別室で待機する朴正熙の警護員を銃声と同

朴政権末期の戒厳令　1979年10月18日、釜山の反政府デモは馬山に飛び火、非常戒厳令が敷かれ釜山市庁舎前も戦車が出動した。同月26日、朴大統領が暗殺される

時に始末するよう事前に計画していたように、偶発的なものではなかった。

　にもかかわらず、金載圭は事態を主導することができず、戒厳令の発令とともに、国家保安司令官の全斗煥《チョンドゥファン》少将が合同捜査本部長として捜査指揮権を行使し、朴亡き後の韓国の全権を掌握することになる。独裁権力の空白を軍部が埋めていく過程で、全斗煥が実力者として浮上するのである。

　その過程は、事実上のクーデタであり、全斗煥による権力奪取シナリオの開始であったが、その中心的な役割を果たしたのが「ハナフェ」を中心とする「新軍部」であった。六三年に全斗煥とその後継者となる盧泰愚《ノテウ》が結成した「ハナフェ」は、朴正熙の支援と保護のもとで成長した公然たる秘密組織であった。このグループの先導者たちが、朴による「五・一六軍事クーデタ」の再現を念頭に置いていたことは間違いない。彼等は、明らかに「独裁者の子どもたち」であった。

　この意味で全斗煥たちによる第五共和国体制は、言論や市民勢力の統制も維新体制に劣ることのない、「朴正熙なき維新体制」だったのである。そして日本は、その韓国と朴正熙なき後も、新たな癒着を続けていくことになった。しかし、「朴なき維新体制」は、八七年の六月抗争による民主化の実現によって幕が降ろされ、そしてその年の夏、「昭和の妖怪」岸信介は、九一歳の生涯を閉じたのである。大往生であった。「独裁者」のマクベス的な最期に較べれば、安らかな死であったに違いない。

おわりに

高度成長の基盤を作った戦前の変革

NHKによるドラマ化で司馬遼太郎の『坂の上の雲』が再び脚光を浴びている。一九六〇年代の末から単行本として出版され始めたこの時代小説は、当時から国民的なベストセラーになった。坂の上の青い天に浮かぶ一朶《いちだ》の雲を見つめながら必死に坂を登っていく日本という「小さな国」の「いたいたしいばかりの昂揚」感。それは、高度成長の上昇気流に乗ろうと奮闘する戦後日本の姿と重なり合っていた。ふたつの時代に共通しているのは、国民全体に漂う楽天的な雰囲気である。司馬はそこに、明治国家と敗戦後間もない昭和との健全な国民精神を見て取った。

しかし、『坂の上の雲』は、そのような楽天的な昂揚を裏切るように日本海海戦の勝利で突然終わっている。司馬は、日露戦争以後の日本の暗い歴史を仄《ほの》めかすように、この作品をぷっつんと途切れさせているのだ。実際、司馬は、『この国のかたち』のなかで、日露戦争以後の歴史を、日本近代の初々しくも健気な精神とは似ても似つかない「異胎」の時代——あるいは「鬼胎」の時代と呼んだ。それは、日本全体が、「統帥権」という魔物によって翻弄され、魔術の森に迷い込んだような、正気とは思えない厄災の時代だった。まるで胎盤の一部となる絨毛膜の組織が異常増殖して胎児を死に至らしめるように、日露戦争以後、潑剌とした明治国家のレガシーはその内部に異常増殖した組織によって息の根を止められてしまったのである。その異常な組織こそ、統帥権という魔物の封印を解いた軍部にほかならない。

おそらく司馬にとって敗戦後の昭和は、もう一度、明治国家に漲っていた「いたいたしいばかりの昂揚」感を取り戻し、再び、坂の上の青い天に浮かぶ一朶の雲を目ざしていくことを意味していたに違いない。

だが、このような司馬の戦前、戦中、戦後の歴史観は、「戦前、戦中、戦後の経験のあいだにあるダイナミックな連続性」（ジョン・W・ダワー『昭和』）を見過ごすことになっていないだろうか。司馬が賞賛する明治時代の改革と業績を理解するために、幕末の力学の理解が不可欠なように、戦後の日本を理解しようとするならば、それに先立つ一五年間（暗い谷間の時代）の力学を認識しなければならないのではないか。このふたつの日本の劇的な革新と変化を画した時代——幕末と昭和初期の平行関係についてジョン・ダワーは次のように述べている。

二十世紀の事例における連鎖と影響力は、十九世紀の事例と同様に、ほぼいたるところではっきりと目にすることができる。すなわち、人事と諸制度の連続性、技術的また経済的遺産、官僚とテクノクラートの活動、エリートと大衆というふたつのレベルにおける意識やイデオロギーの入れ替えと変革に、それらはみられる。（ジョン・W・ダワー、同上）

『坂の上の雲』をベストセラーに押し上げた戦後日本の高度成長の経験やノウハウという基盤は、昭和初期の「第二次産業革命」によって実現された資本と労働、さらに国家官僚制の構造的な変革のなかに胚胎《はいたい》していたとみるべきである。いうまでもなく、このような構造的な変革は自然発生的に成し遂げられたわけではない。そこには、軍官僚や文民官僚の「見える手」が働いていたのである。そして、この「見える手」の中心的なメンバーのひとりこそ、岸信介にほかならない。

揺籃の地・満州と歴史の逆説

すでに本書の第四章で述べたように、岸の基本的な思惟様式とそれを支える信条において真の断絶はみられなかった。岸の場合、戦争の時代、平和の時代、そのどちらにおいても、それぞれ独自の方法で、国家の安危に関心を注ぎ、国家によって指導された革新主義を実現しようとしたのである。満州国は、まさしく戦前と戦後を繋《つな》ぐ岸のような革新官僚の揺籃《ようらん》の地となり、またそのような国家のテクノクラートによって指導された変革の「実験場」になったのである。

明らかにそうした革新主義を担うパワーエリート（革新官僚）の登場は、天皇重臣を中心とする保守的な帝国の体制にとっては、ある意味でその体制そのものを内側から壊しかねない「異胎」あるいは「鬼胎」だったに違いない。

さらに他方で満州国は、岸のような「鬼胎」と同じようなDNAを受け継いだ軍人（朴正《パクチョン》熙《ヒ》）の揺籃の地になったのである。解放後の分断国家・韓国とそれ以前の植民地の間のパワーエリートの人脈や諸制度の連続性、軍人や官僚の遺産、エリートと大衆というふたつのレベルにおける意識やイデオロギーの入れ替えと変革など、韓国の場合にも、解放以前と以後との間にはダイナミックな連続性が横たわっている。

独裁者となった朴正熙による「突撃的近代化」は、まさしく国家によって指導された変革と上からの高度成長を意味していた。それは、最貧国に喘《あえ》いでいた解放後の旧植民地を新興の産業国家に変貌させることになった。だが、上からの変革は、民主主義の理念を生《い》け贄《にえ》にすることによって可能だったのである。韓国の現代史は、そうした理念を国民自らが定義し、勝ち取っていく血のにじむような歴史だった。そして独裁者は無残な最期を迎え、韓国は民主化のゴールにたどり着き、独裁の時代は過去の時代になった。

こうして解放後の韓国は、国家によって指導された統制の時代が終わり、自由化と民主主義、市場主義の三位一体のもと、グローバル経済にふさわしい飛躍を遂げようとしていた。

他方、日本もまた、昭和初期にまで遡《さかのぼ》る「日本的経営システム」をかなぐり捨てて、新自由主義的な市場経済への脱皮をはかろうとしていた。朴正熙も岸信介も、もはや過去の人となり、彼等の揺籃の地となった満州国など、一部の人々を除いて忘れ去られようとしていた。

だが、歴史は逆説に満ちている。リーマンショックにみられる金融破綻と経済危機とともに、再び、国家によって指導された統制と変革が危機脱出の切り札として登場するようになったからである。岸が満州国で実験的に実施し、戦後の日本で自ら指導した計画的な統制と介入のシステムが、日本や韓国だけでなく、新自由主義経済の「総本山」ともいうべきアメリカにおいても、一部再び、日の目をみようとしているのである。

果たしてこれらは、過渡的な緊急避難にすぎないのか。それとも、今後もずっとそのようなシステムが世界の新たなグローバルスタンダードになるのか。ただ、いずれにしても、再び国家や統制、計画化といったタームが注目されつつあることは間違いない。この意味で、朴正熙と岸信介の時代はまだ真の意味で終わってはいないことになる。このふたりを導きの糸に満州国とその後の歴史をみていく意味もここにある。

本書は、姜尚中と玄武岩ふたりの合作という形式をとっている。厖大な「満州国スタディーズ」の学問的な蓄積を考えると、本書に資料的に新しい発見があるわけではない。もし本書に意味があるとすれば、岸信介と朴正熙というふたりの人物を組み合わせながら、満州国と戦後の日本および解放後の韓国の連続性に光を当てていることである。

なお、本書の成り立ちについて若干説明しておきたい。まず、姜の腹案に沿って、「はじめに」と第一章・第三章および「おわりに」を姜が、第二章・第四章を玄が、それぞれ書き下ろし、その上ですべてのパートにわたって姜が大幅に加筆・修正を加えて完成稿にした。

本書が完成に至るまでには多くの人びとのお世話になった。とりわけ、編集部の皆さんにも多大のご支援とご鞭撻をいただいた。遅々として進まぬ作業を辛抱強く見守っていただいた皆さんに心より感謝の意を表したい。

学術文庫版へのあとがき

二〇一二年一二月の衆議院選挙と大統領選挙を制した安倍晋三と朴槿恵《パククネ》は、相前後してそれぞれの政権を発足させた（安倍政権は第二次）。だが、その数ヵ月前に李明博《イミョンバク》大統領（当時）が竹島／独島を訪れることによって破綻しかけた日韓関係は、おおかたの予想に反して好転することなく、歴史対立にまみれ首脳どうしの会談すらままならない状態が続く。

二〇一五年一一月の日中韓首脳会談（ソウル）に合わせ首脳会談にこぎつけた両政府は、国交正常化五〇周年という節目の好機を逸しないようにと、同年末に最大の懸案である日本軍「慰安婦」問題を決着させることで合意した。ふたりの権力者には、半世紀前に日韓を国交正常化に導いた祖先たちの使命感が去来していたのだろうか。それとも日米韓疑似同盟関係を堅固にする国際情勢がもはや一刻の猶予も許さなかったのだろうか。

そもそも国交正常化を成し遂げた岸信介と朴正熙の視線の先には、押しつけられた憲法の改正と、立ち遅れた祖国の近代化という遠大な目標があったはずだ。そのふたりの子孫に引き継ぐ使命があるとするならばまさにこれであり、そこで妨げになる「最悪の日韓関係」は解消されなければならなかった。

ところが、憲法改正と父の名誉回復に向けて、日韓の権力者が「慰安婦」問題を「最終的かつ不可逆的」に解決したとしてけりをつけることは、戦争被害者の訴えを国家権力どうしの政治決着によって封じ込めた日韓条約の再来でしかない。日韓にはなおも「帝国の鬼胎」の影がゆらめくのである。

歴史問題に搦め捕られて日韓の直面する課題が先送りされる状況の打開は必要だ。ただしそれは、東アジアの民衆が過去の戦争に向き合い、平和を追求する連帯と互恵の基盤のうえに立って実現されなければならない。被害者を中心に据えたアプローチこそが、満州人脈が築いた「六五年体制」を乗り越え、日韓関係の新たな半世紀を切り開くであろう。

本文庫版は、二〇一〇年の原著の発行からの政治情勢の変化を踏まえて、年数や役職名などの更新を行い、用語の統一のためごく一部の字句を修正した。さらに年表の項目を追加したほかは、原著の発行当時のままであることを記しておく。

二〇一六年五月

玄武岩

『戦後日韓関係の展開』慶應義塾大学出版会　2005年
・呉源哲『朴正熙はどのように経済強国をつくったのか』東西文化社　2006年
・呉源哲『韓国型経済建設⑦–私が戦争しようというわけでもないじゃないか』韓国型経済政策研究所　1999年
・セマウル研究会『セマウル運動10年史』内務部　1980年
・朴東緒「セマウル運動の目的」ソウル大学韓国行政研究所『行政論叢』11（2）1973年
・コ・ウォン「セマウル運動の農民動員と「国民創り」」孔提郁『国家と日常』ハヌルアカデミ　2008年
・霞城李瑄根博士古稀紀念論文集刊行委員会『韓国学論叢　霞城李瑄根博士　古稀紀念論文集』螢雪出版社　1974年
・橋川文三編著『日本の百年7　アジア解放の夢』筑摩書房　2008年
・具良根「歴代不道徳な政権を下支えした理論家」反民族問題研究所『清算されざる歴史3　韓国現代史を動かした親日派60』青年社　1994年
・廣岡浄進「在満朝鮮人の「皇国臣民」言説–総力戦下の満洲国協和会を中心に」朝鮮史研究会『朝鮮史研究会論文集』（41）2003年
・申奎燮「帝国日本の民族政策と在満朝鮮人」東京都立大学大学院博士学位論文　2000年
・ソクジョン・ハン「植民者を模倣する人々」玉野井麻利子編（山本武利監訳）『満洲–交錯する歴史』藤原書店　2008年
・平野実『外交記者日記–大平外交の2年（下）』行政通信社　1979年
・玄武岩「グローバル化する人権–「反日」の日韓同時代史」岩崎稔他編『戦後日本スタディーズ3 「80・90」年代』紀伊國屋書店　2008年
・韓国精神文化研究院『韓国現代史の再認識22　朴正熙時代研究』白山書堂　2002年
・韓英鳩・尹徳敏『現代韓日関係資料集Ⅰ　1965〜1979』オルム　2006年

・朴正熙『朴正熙選集』第1－第3　鹿島研究所出版会　1970年
・全寅権『朴正熙評伝』イハクサ　2006年
・李庭植（小此木政夫・古田博司訳）『戦後日韓関係史』中央公論社　1989年
・中村隆英・宮崎正康編『岸信介政権と高度成長』東洋経済新報社　2003年
・小林英夫『満州と自民党』新潮新書　2005年
・原彬久『岸信介』岩波新書　1995年
・金雄基「日本の対韓「賠償ビジネス」をめぐる日韓「満州人脈」の結合と役割」韓国精神文化研究院『精神文化研究』（112）2008年
・木宮正史『朴正熙政府の選択』フマニタス　2008年
・キム・ボヒョン『朴正熙政権期経済開発－民族主義と発展』カルムリ　2006年
・李完範「朴正熙の長期経済開発計画の推進と米国　1961～1966」鄭城和編『朴正熙時代研究の争点と課題』ソニン　2005年
・金正濂『韓国経済の発展－「漢江の軌跡」と朴大統領』サイマル出版会　1991年
・李度晟編『実録 朴正熙と日韓会談』ハンソン　1995年
・木村幹『民主化の韓国政治』名古屋大学出版会　2008年
・高崎宗司『検証 日韓会談』岩波書店　1996年
・朝鮮統一問題研究会編『シリーズ日韓問題②　経済癒着』晩聲社　1978年
・朴根好「ヴェトナム戦争と「東アジアの奇跡」」山之内靖・酒井直樹編『総力戦体制からグローバリゼーションへ』平凡社　2003年
・朴根好『韓国の経済発展とベトナム戦争』御茶の水書房　1993年
・韓洪九「ベトナム派兵と兵営国家への道」李柄天編『開発独裁と朴正熙時代』創作と批評社　2003年
・文明子（阪堂博之訳）『朴正熙と金大中－私の見た激動の舞台裏』共同通信社　2001年
・金賛汀・殷宗基『日「韓」ゆ着を剝ぐ』一光社　1977年
・朴泰均「一九六〇年代中盤安保危機と第二経済論」鄭城和編『朴正熙時代研究の争点と課題』ソニン　2005年
・柳吉在「六〇年代末北朝鮮の挑発と韓米関係の亀裂」韓国学中央研究院編『韓国現代史の再認識27　朴正熙時代の韓米関係』白山書堂　2009年
・倉田秀也「韓国の国防産業育成と日米韓関係」小此木政夫・張達重編

経済学』岩波書店　2006年
・久保文克『植民地企業経営史論』日本経済評論社　1997年
・裴富吉『満洲国と経営学』日本図書センター　2002年
・満洲回顧集刊行会編『あゝ満洲』満洲回顧集刊行会　1965年
・星野直樹『見果てぬ夢』ダイヤモンド社　1963年
・岸信介『日本戦時経済の進む途』研進社　1942年
・石井知章・小林英夫・米谷匡史編著『一九三〇年代のアジア社会論』社会評論社　2010年
・角田順編『明治百年史叢書第18巻　石原莞爾資料　国防論策篇』原書房　1967年
・古海忠之『忘れ得ぬ満洲国』経済往来社　1978年
・小山貞知編『満洲国と協和会』満洲評論社　1935年
・L・ヤング（加藤陽子他訳）『総動員帝国』岩波書店　2001年
・小林英夫『「大東亜共栄圏」の形成と崩壊』御茶の水書房　1975年
・浅田喬二・小林英夫編『日本帝国主義の満州支配』時潮社　1986年
・岡部牧夫『満州国』三省堂選書　1978年
・塚瀬進『満洲国－「民族協和」の実像』吉川弘文館　1998年
・玉野井麻利子編『満洲－交錯する歴史』藤原書店　2008年
・小林英夫『〈満洲〉の歴史』講談社現代新書　2008年
・原田勝正『満鉄』（増補版）日本経済評論社　2007年
・中見立夫他　藤原書店編集部編『満洲とは何だったのか』藤原書店　2004年

第4章

・趙甲済『私の墓に唾を吐け－近代化革命家朴正熙の悲壮な生涯』1～8巻　朝鮮日報社　1998－2001年
・鄭雲鉉『実録 軍人朴正熙』ケマゴウォン　2004年
・白善燁『若き将軍の朝鮮戦争』草思社　2000年
・キム・ヒョンア（シン・ミョンジュ訳）『朴正熙の諸刃の選択』一潮閣　2005年
・ブルース・カミングス（横田安司・小林知子訳）『現代朝鮮の歴史－世界のなかの朝鮮』明石書店　2003年
・ジョーン・ダワー（大窪愿二訳）『吉田茂とその時代』上・下　ティビーエス・ブリタニカ　1981年
・原彬久『岸信介』岩波書店　1995年

・満洲国史編纂刊行会編『満洲国史』総論　満蒙同胞援護会　1970年
・満洲国史編纂刊行会編『満洲国史』各論　満蒙同胞援護会　1971年
・満洲帝国政府編『満洲建国十年史』原書房　1969年
・小林龍夫・島田俊彦編『現代史資料7　満洲事変』みすず書房　1964年
・稲葉正夫・小林龍夫・島田俊彦編『現代史資料11　続・満洲事変』みすず書房　1965年
・矢内原忠雄『矢内原忠雄全集』第二巻　岩波書店　1988年
・島田俊彦・稲葉正夫編『現代史資料8　日中戦争1』みすず書房　1964年
・臼井勝美・稲葉正夫編『現代史資料9　日中戦争2』みすず書房　1964年
・石原莞爾『満洲建国と支那事変』東亜聯盟協会関西事務所　1940年
・黒野耐『帝国国防方針の研究』総和社　2000年
・金雄其『日本の「満洲型」発展モデルが朴正熙政府産業化に及ぼした影響』韓国学中央研究院博士学位論文　2009年
・小林英夫『「日本株式会社」を創った男－宮崎正義の生涯』小学館　1995年
・工藤章・田嶋信雄編『日独関係史　一八九〇－一九四五　Ⅲ　体制変動の社会的衝撃』東京大学出版会　2008年
・中村隆英・宮崎正康編『岸信介政権と高度成長』東洋経済新報社　2003年
・中村隆英『昭和史』Ⅰ・Ⅱ　東洋経済新報社　1992、1993年
・ジョン・W・ダワー（明田川融訳）『昭和』みすず書房　2010年
・塩川伸明『ソヴェト社会政策史研究』東京大学出版会　1991年
・大江志乃夫・浅田喬二・三谷太一郎他編『岩波講座　近代日本と植民地1　植民地帝国日本』岩波書店　1992年
・大江志乃夫・浅田喬二・三谷太一郎他編『岩波講座　近代日本と植民地4　統合と支配の論理』岩波書店　1993年
・大江志乃夫・浅田喬二・三谷太一郎他編『岩波講座　近代日本と植民地5　膨張する帝国の人流』岩波書店　1993年
・塩川伸明『「社会主義国家」と労働者階級』岩波書店　1984年
・倉沢愛子他編『岩波講座　アジア・太平洋戦争3　動員・抵抗・翼賛』岩波書店　2006年
・倉沢愛子他編『岩波講座　アジア・太平洋戦争4　帝国の戦争経験』岩波書店　2006年
・山本武利・田中耕司他編『岩波講座「帝国」日本の学知2「帝国」の

本統治時代の京城』東洋経済新報社　2005年
・任城模『植民地朝鮮人の「満州国体験」とその遺産』歴史問題研究所編『歴史問題研究』第9号　2002年
・山科三郎「総力戦体制と日本のナショナリズム」後藤道夫・山科三郎編『ナショナリズムと戦争』大月書店　2004年
・松本武祝「抵抗と協力の間−戦時期朝鮮における朝鮮人地方行政職員の「対日協力」」倉沢愛子他編『岩波講座　アジア・太平洋戦争7　支配と暴力』岩波書店　2006年
・岡本真希子『植民地官僚の政治史』三元社　2008年
・御手洗辰雄編『南次郎』南次郎伝記刊行会　1957年
・津田剛「内鮮一体論の基本理念」緑旗連盟編『今日の朝鮮問題講座　第1』緑旗聯盟　1940年
・鈴木武雄「大陸兵站基地論解説」緑旗連盟編『今日の朝鮮問題講座　第2』緑旗聯盟　1940年
・鈴木敬夫『朝鮮植民地統治法の研究−治安法下の皇民化教育』北海道大学図書刊行会　1989年
・姜尚中『ナショナリズム』岩波書店　2001年
・曹元煥『鮮満一如と民族協和』1937年
・田中隆一「対立と統合の「満鮮」関係−「内鮮一体」・「五族協和」・「鮮満一如」の諸相」大阪歴史学会『ヒストリア』(152)　1996年
・米谷匡史「日中戦争期の天皇制」小森陽一他編『岩波講座　近代日本の文化史7　総力戦下の知と制度』岩波書店　2002年
・戸邉秀明「資料と証言Ⅰ−日中戦争期・朝鮮知識人の東亜協同体論　資料解題」東京外国語大学『クアドランテ』(6)　2004年
・丁一権『丁一権回顧録』高麗書籍　1995年
・辛珠柏「満州国軍の中の朝鮮人将校と韓国軍」歴史問題研究所『歴史問題研究』第9号　2002年
・パク・チンヒ「韓・日国交樹立過程における「韓・日人脈」の形成と役割」歴史問題研究所『歴史問題研究』第9号　2002年

第3章

・山室信一『キメラ−満洲国の肖像』中公新書　1993年
・橋川文三編『日本の百年7　アジア解放の夢』ちくま学芸文庫　2008年
・岸信介『岸信介回顧録』廣済堂出版　1983年
・岸信介・矢次一夫・伊藤隆『岸信介の回想』文藝春秋　1981年

年
・白鳥庫吉『白鳥庫吉全集　第10巻』岩波書店　1971年
・田中隆一『満洲国と日本の帝国支配』有志舎　2007年
・浅野豊美・松田利彦編『植民地帝国日本の法的展開』信山社出版　2004年
・姜克實「「満州」幻想の成立過程－日露戦前の日本人の満州認識」岡山大学文学部『岡山大学文学部紀要』(45)　2006年
・中根隆行『〈朝鮮〉表象の文化誌』新曜社　2004年
・木村健二『在朝日本人の社会史』未來社　1989年
・有山輝雄『海外観光旅行の誕生』吉川弘文館　2002年
・旗田巍『日本人の朝鮮観』勁草書房　1969年
・アンドレ・シュミット（糟谷憲一・並木真人・月脚達彦・林雄介訳）『帝国のはざまで』名古屋大学出版会　2007年
・鄭雅英『中国朝鮮族の民族関係』アジア政経学会　2000年
・「統監府臨時派出所紀要」韓国史料研究所編『朝鮮統治史料 第1巻』韓国史料研究所　1970年
・東尾和子「琿春事件と間島出兵」朝鮮史研究会編『朝鮮史研究会論文集』14号　1977年
・蘭信三『「満州移民」の歴史社会学』行路社　1994年
・南満州鉄道株式会社『在満朝鮮人圧迫事情』1928年
・申奎燮「帝国日本の民族政策と在満朝鮮人」東京都立大学大学院博士学位論文　2000年
・国際連盟協会『リットン報告附属書－満洲の諸問題及ボイコットに関する専門家の研究九編』1933年
・鄭百秀『コロニアリズムの超克』草風館　2007年
・満洲帝国協和会中央本部調査部『国内に於ける鮮系国民実態』1943年
・山中恒『アジア・太平洋戦争史』岩波書店　2005年
・朴永錫『万宝山事件研究－日本帝国主義の大陸侵略政策の一環として』第一書房　1981年
・未公開資料朝鮮総督府関係者録音記録（2）「朝鮮統治における「在満朝鮮人」問題」『東洋文化研究』第3号　学習院大学東洋文化研究所　2001年
・全峯寛『黄金狂時代』サルリム　2005年
・平沢照雄「1930年代の日本経済と統制分析の課題」『筑波大学経済学論集』(40)　1999年
・申明直（岸井紀子・古田富建訳）『幻想と絶望－漫文漫画で読み解く日

参考文献

第1章

・原彬久『岸信介』岩波新書　1995年
・原彬久編『岸信介証言録』毎日新聞社　2003年
・国家再建最高会議広報部『朴正熙議長訪米随行記録』1961年
・岸信介・矢次一夫・伊藤隆『岸信介の回想』文藝春秋　1981年
・北一輝『北一輝著作集　第2巻』みすず書房　1959年
・橋川文三編『近代日本思想大系21　大川周明集』筑摩書房　1975年
・岩川隆『巨魁－岸信介研究』ダイヤモンド社　1977年
・原彬久『戦後日本と国際政治』中央公論社　1988年
・岩見隆夫『新版・昭和の妖怪　岸信介』朝日ソノラマ　1994年
・大川周明顕彰会編『大川周明日記』岩崎学術出版社　1986年
・立花隆『天皇と東大－大日本帝国の生と死』上・下　文藝春秋　2005年
・中村政則『戦後史』岩波新書　2005年
・趙甲済（裵淵弘訳）『朴正熙、最後の一日－韓国の歴史を変えた銃声』草思社　2006年
・北一輝・大川周明・満川亀太郎『入門セレクション　アジア主義者たちの声（下）』書肆心水　2008年
・木村幹『韓国現代史－大統領たちの栄光と蹉跌』中公新書　2008年
・小林英夫『満州と自民党』新潮新書　2005年
・今井清一・高橋正衛編『現代史資料4　国家主義運動1』みすず書房　1963年
・高橋正衛編『現代史資料23　国家主義運動3』みすず書房　1974年
・松本清張『北一輝論』ちくま文庫　2010年
・朴正熙『朴正熙選集』第1－第3　鹿島研究所出版会　1970年
・小林英夫『「昭和」をつくった男』ビジネス社　2006年

第2章

・山室信一『キメラ–満洲国の肖像』（増補版）中公新書　2004年
・L・ヤング（加藤陽子他訳）『総動員帝国』岩波書店　2001年
・岸信介他『私の履歴書–保守政権の担い手』日本経済新聞出版社　2007

西暦	東アジア	その他の世界
	協議開始	
2004	第二次日朝首脳会談。陸上自衛隊イラク派兵	EUにポーランドなど10ヵ国加盟
2005	中国で大規模な反日デモ。郵政選挙で小泉圧勝	
2006	北朝鮮、核実験を発表	
2007	盧武鉉、平壌を訪問し、第二次南北首脳会談	
2008	北京オリンピック開催	米国発金融危機
2009	日本、民主党の圧勝で政権交代 韓国の盧武鉉前大統領、金大中元大統領死去	米オバマ大統領、プラハ演説で「核なき世界」提唱
2010	天安号事件、延坪島砲撃 中国、GDPで日本抜く	ギリシャ財政危機
2011	東日本大震災、福島第一原発事故 金正日総書記死去	アラブの春 ウサマ・ビンラディン殺害
2012	金正恩、朝鮮労働党第1書記に 李明博大統領、竹島（独島）上陸 尖閣諸島国有化 第二次安倍内閣発足 朴槿恵大統領当選	シリア内戦泥沼化
2013	日本でヘイトスピーチが社会問題に 全人代で習近平総書記が国家主席に選出	
2014	韓国で旅客船セウォル号沈没 集団的自衛権の行使容認を閣議決定 台湾でひまわり学生運動、香港で雨傘革命	ウクライナ危機、クリミアのロシア編入 IS（イスラム国）台頭
2015	日本で安全保障関連法成立（16年3月施行） 「慰安婦」問題で日韓合意	フランス・パリで同時多発テロ

西暦	東アジア	その他の世界
1991	南北国連同時加盟。朝鮮半島非核化共同宣言署名	湾岸戦争勃発。ソビエト連邦崩壊
1992	日本、PKO協力法成立	マーストリヒト条約
1993	北朝鮮、NPT脱退を表明（発効前日に停止）。日本、細川連立政権発足で自民党下野	オスロ合意。欧州連合（EU）発足
1994	金日成主席死去。米朝枠組み合意	
1995	阪神・淡路大震災。地下鉄サリン事件。村山首相、戦後50周年式典で過去の侵略と植民地支配について謝罪	
1996		包括的核実験禁止条約（CTBT）の採択
1997	アジア通貨危機で韓国、IMFに支援要請。金大中大統領当選 香港、イギリスから中国へ返還	京都議定書採択
1998	金大中大統領、就任式で太陽政策を闡明 日韓共同宣言、韓国、日本の大衆文化を解禁 北朝鮮、中距離ミサイル発射	インドとパキスタン核実験
1999	マカオ、中国へ返還	コソボ紛争、NATOがユーゴスラビア空爆 EU、単一通貨ユーロ導入
2000	金大中、北朝鮮を訪問し、史上初の南北首脳会談	
2001	小泉内閣発足	9・11米同時多発テロ。米軍、アフガニスタンへ武力攻撃
2002	日韓、ワールドカップ共催 小泉首相訪朝、日朝平壌宣言発表。北朝鮮、日本人拉致認める 盧武鉉大統領当選	
2003	北朝鮮、NPT脱退を宣言。六ヵ国	イラク戦争勃発

西暦	東アジア	その他の世界
	周恩来の追悼が天安門事件に（第一次）。毛沢東死去	
1977	カーター大統領、在韓米軍の撤退を表明	
1978	日中平和友好条約。中国、改革開放政策	ベトナム、カンボジア侵攻
1979	朴正熙、側近によって射殺。全斗煥ら新軍部がクーデタ	イラン革命。サッチャー、英首相に 中国、ベトナム侵攻。ソ連、アフガニスタン侵攻
1980	光州事件。全斗煥が大統領に	イラン・イラク戦争（～88）。ポーランドで「連帯」発足
1982	日本、教科書検定問題	フォークランド紛争
1983	大韓航空機、サハリン沖でソ連戦闘機に撃墜される。ラングーン事件で韓国閣僚ら爆殺される	
1985	プラザ合意	ゴルバチョフ、ソ連共産党書記長に
1986		フィリピンのマルコス大統領亡命でアキノ政権発足 ソ連のウクライナでチェルノブイリ原発事故
1987	韓国で6月抗争、民主化へ。大韓航空機爆破事件 岸信介死去	
1988	ソウルオリンピック開催	
1989	昭和天皇崩御。中国、天安門事件（第二次）	ベルリンの壁崩壊、東欧民主化
1990		東西ドイツ統一 ミャンマー総選挙でアウン・サン・スー・チー率いる国民民主連盟大勝

西暦	東アジア	その他の世界
	池田内閣、所得倍増計画	
1961	5・16軍事クーデタ。朴正熙、国家再建最高会議議長として訪日	
1962	韓国、第一次経済開発5ヵ年計画開始	キューバ危機。アルジェリア独立
1963	朴正熙、大統領就任	アメリカ、ケネディ大統領暗殺される
1964	東京オリンピック	パレスチナ解放機構（PLO）設立
1965	韓国、ベトナム派兵を本格化 日韓基本条約締結	アメリカ、ベトナム北爆開始
1966	中国、文化大革命（～76）	
1967	韓国、第二次経済開発5ヵ年計画開始	欧州共同体（EC）発足。第三次中東戦争
1968	武装ゲリラ、ソウルに侵入（1・21事件)。プエブロ号事件	チェコスロバキアで民主化運動、プラハの春。アメリカでキング牧師暗殺
1969	佐藤・ニクソン共同声明。ニクソン・ドクトリン 韓国、朴大統領3選のため憲法改正	
1970	全泰壹が焼身自殺。よど号事件 浦項綜合製鉄所の建設着工	
1971	朴大統領3選される	ニクソン・ショック
1972	沖縄、日本に復帰。田中角栄訪中、日中国交回復 韓国、7・4南北共同声明。非常戒厳令を宣布し10月維新	アメリカ、ウォーターゲート事件 米ソ、第一次戦略兵器制限交渉調印
1973	金大中事件	第一次石油危機
1974	朴正熙政権、緊急措置発動。民青学連事件 朴正熙狙撃事件で陸英修夫人死去	ウォーターゲート事件でニクソン辞任
1975		サイゴン陥落、ベトナム戦争終結
1976	韓国で民主救国宣言。日本、ロッキード事件	

西暦	東アジア	その他の世界
	学校入学 大邱10月事件。同事件で朴正熙の兄朴相熙が死亡	
1947		アメリカ、トルーマン・ドクトリン。マーシャル・プラン
1948	済州島で4・3事件 大韓民国樹立、朝鮮民主主義人民共和国樹立 麗順事件。南労党に連累して朴正熙逮捕 岸、巣鴨拘置所から釈放される	ガンジー暗殺。イスラエル建国。第一次中東戦争
1949	中華人民共和国成立。朴正熙、死刑求刑、無期懲役を言い渡される	北大西洋条約機構（NATO）創設。インドネシア連邦共和国成立
1950	朝鮮戦争勃発。朴正熙、陸軍少佐として軍に復帰	
1951	サンフランシスコ講和条約調印	
1952	李承晩、平和ライン宣言 日本、メーデー事件 岸信介、日本再建連盟を結成	エジプト革命
1954	鳩山一郎、日本民主党結成	ジュネーヴ会議
1955	日本、自由民主党と社会党の結成で55年体制 岸、自民党幹事長へ	バンドン会議。ワルシャワ条約機構創設
1956	日ソ共同宣言、国交正常化へ	ハンガリー動乱。第二次中東戦争
1957	岸、首相就任	
1958		欧州経済共同体（EEC）発足
1959	北朝鮮への帰国事業開始	キューバ革命。ダライ・ラマ、インド亡命
1960	岸内閣、貿易為替の自由化決定 韓国、四月革命 日米安保条約改正。岸内閣総辞職。	ベトナム戦争（～75）

西暦	東アジア	その他の世界
1936	2・26事件。南次郎、朝鮮総督に就任する	
	岸、満州国実業部総務司長として着任する	
1937	盧溝橋事件、日中戦争へ。国民精神総動員運動実施	
	満州国産業開発5ヵ年計画開始。岸、産業部次長へ	
	朝鮮で皇民化政策実施。朴正煕、聞慶普通学校の訓導へ	
1938	朝鮮、陸軍特別志願兵令公布。朝鮮教育令改正（第三次教育令）	ドイツ、オーストリアを併合
	日本、国家総動員法施行。第一次・二次近衛声明（東亜新秩序）	
1939	日本へ連行する労働者の募集開始（42年より官斡旋､44年より徴用開始）	ドイツ、ポーランド侵攻。第二次世界大戦（～45）
	ノモンハン事件。岸、商工省へ復帰	
1940	朝鮮で創氏改名を実施。朴正煕、満州国陸軍軍官学校入学	
	日独伊三国軍事同盟	
1941	東条内閣成立。岸、商工大臣へ。太平洋戦争勃発	独ソ戦開始
1942	朴正煕、日本陸軍士官学校に編入	
1943	東京で大東亜会議開催。第1回学徒兵入隊（学徒出陣）	カイロ宣言
1944	朴正煕、満州国軍歩兵少尉に任官	
1945	日本敗戦。満州国皇帝溥儀、退位。	
	岸、A級戦犯容疑者として逮捕	
	朝鮮、南北に分断される	
1946	日本国憲法公布。経済安定本部設置。極東国際軍事裁判開廷	第一次インドシナ戦争（～54）
	朴正煕、朝鮮へ帰還。朝鮮警備士官	

西暦	東アジア	その他の世界
1919	朝鮮で3・1独立運動。大韓民国臨時政府発足（上海） 中国で5・4運動。斎藤実が朝鮮総督となり、「文化政治」始まる	ヴェルサイユ条約。コミンテルン成立
1920	間島事件。岸、農商務省入省	国際連盟成立
1921	中国共産党創立	ワシントン海軍軍縮会議
1922	日本共産党結成	ソビエト連邦成立
1923	関東大震災	
1924	第一次国共合作	
1925	日本、治安維持法・普通選挙法公布。岸、商工省に配属 朝鮮共産党結成。三矢協定	
1926	中国国民党、北伐開始。朝鮮、6・10万歳運動	
1927	日本、東方会議（満蒙分離政策）。朝鮮、新幹会結成 蔣介石の反共クーデタ、南京国民政府樹立	ジュネーヴ海軍軍縮会議
1928	張作霖爆殺。石原莞爾、関東軍参謀に	パリ不戦条約
1929	元山ゼネスト	世界恐慌始まる
1930	間島で5・30蜂起	ロンドン海軍軍縮条約で海軍補助艦の制限を協定
1931	宇垣一成が朝鮮総督に就任する。万宝山事件。柳条湖事件で満州事変	
1932	満州国建国宣言。5・15事件。朴正熙、大邱師範学校入学	
1933	関東軍、熱河省侵攻。日本、国際連盟脱退を通告	ドイツでナチス政権誕生
1934	満州国帝政実施	
1935	天皇機関説問題化。朴正熙、修学旅行で満州へ	イタリア、エチオピア侵攻

西暦	東アジア	その他の世界
	日露、西・ローゼン協定	
1899		第1回ハーグ国際平和会議
1900	義和団事件	
1902	日英同盟	
1904	日露戦争 日韓議定書、第一次日韓協約を結ぶ	英仏協商 ポルトガル・オランダ条約（ティモールを東西に分割）
1905	第二次日韓協約（乙巳保護条約） ポーツマス条約	ロシアで「血の日曜日」事件
1906	韓国統監府開庁。日本、南満州鉄道株式会社設立	
1907	高宗譲位、純宗即位 第三次日韓協約（韓国軍解散・内政権を掌握） 第一次日露協約。日本が南満州全体に影響力を拡大する	第2回ハーグ国際平和会議。英露協商（英・仏・露三国協商成立）
1908	東洋拓殖株式会社設立	青年トルコの革命
1909	間島協約。安重根、伊藤博文を射殺	
1910	日本、韓国併合（朝鮮は日本の植民地に）。初代総督に寺内正毅就任 大逆事件で幸徳秋水ら逮捕	
1911	辛亥革命。鴨緑江鉄橋竣工し、朝鮮の鉄道網と満州が連結	
1912	中華民国成立。朝鮮、土地調査事業実施（～18）	
1914		パナマ運河開通。第一次世界大戦始まる（～18）
1915	日本、対華二十一ヵ条要求	
1917	朴正熙、慶尚北道に生まれる。岸、東京帝国大学入学	ロシア革命、ソビエト政権樹立
1918	シベリア出兵。日本で米騒動	ウィルソンの民族自決主義宣言

西暦	東アジア	その他の世界
	規）	
1877	西南戦争	
1879	琉球処分	
1882	朝鮮、米・英・独と修好通商条約。壬午軍乱	ドイツ、オーストリア・イタリアと三国同盟
1883		フランス、ベトナムを保護国化
1884	朝鮮、甲申政変。ロシアと修好通商条約。清仏戦争勃発	
1885	日本、内閣制度採用。伊藤博文が初代総理大臣に	イギリス、朝鮮の巨文島を占領。インド国民会議創設
1887		ポルトガル、マカオの統治権を獲得 仏領インドシナ連邦成立
1889	大日本帝国憲法発布	第2インターナショナル
1890	山県有朋「外交政略論」で主権線・利益線論を提唱 第1回帝国議会	
1891	ロシア、シベリア鉄道建設開始	
1894	朝鮮、甲午農民戦争。日清戦争勃発	露仏同盟
1895	下関条約。日本、三国干渉による遼東半島返還 日本軍守備隊らがソウルで大院君を擁しクーデタ、閔妃を暗殺する	
1896	高宗、ロシア公使館に移る（露館播遷） 日露、小村・ウェーバー覚書、山県・ロバノフ協定 シベリア鉄道の短縮線。岸信介、山口県に生まれる	
1897	朝鮮、大韓帝国を宣布	第1回シオニスト会議
1898	ロシア、旅順・大連を租借。東清鉄道着工（～1901）	米西戦争

年　表

西暦	東アジア	その他の世界
1840	アヘン戦争勃発	
1842	南京条約（清、香港をイギリスに割譲する）	
1848		ヨーロッパ各地で革命勃発
1851	清、太平天国の乱	
1853	日本、ペリー来航	
1854	日米和親条約締結 日露和親条約締結	
1856	アロー号事件	
1857		インド大反乱
1858	愛琿条約（ロシア、アムール川以北を獲得）	イギリス、インドの直接統治開始 フランスがベトナムへ侵攻、仏越戦争勃発
1860	北京条約（ロシア、沿海州を獲得）	
1861		アメリカ、南北戦争
1862		フランス、ベトナムよりサイゴン等を獲得
1863	薩英戦争	
1864		第1インターナショナル
1865		アメリカ、奴隷制廃止
1866	朝鮮、仏艦隊江華島に侵入（丙寅洋擾）	
1867		オーストリア＝ハンガリー二重帝国成立
1868	日本、明治維新。戊辰戦争	
1869		スエズ運河開通
1870		普仏戦争
1871	朝鮮、米艦隊江華島に侵入（辛未洋擾）	パリ・コミューン
1873	征韓論争で西郷隆盛ら参議を辞任	
1875	樺太・千島交換条約。江華島事件	
1876	朝鮮、日本と江華条約（日朝修好条	

り、92年大統領選に与党候補として出馬、金大中らを退けて当選する。軍人出身大統領が退き、初の文民政府の大統領となる。就任後は金融実名制を実施し、軍の政治介入を遮断、さらに光州事件の犠牲者の名誉を回復して、盧泰愚《ノテウ》・全斗煥の前職大統領を司法処理するなど改革を断行するが、政権末期にはIMFに緊急支援を要請する経済破綻を防げず、野党への政権交代を許した。

全斗煥　**チョン・ドゥファン（1931〜）**　軍人・政治家。韓国第11・12代大統領。慶尚南道陜川生まれ。1955年に陸軍士官学校を11期で卒業した。5・16クーデタ後、陸士の「革命支持デモ」を主導し、朴正熙の信任を得た。63年に軍内の私的組織として「ハナフェ」を結成し、朴正熙の支援と庇護のもとで成長するが、この「ハナフェ」を基盤に政治軍人としての道を歩むことになる。70年には連隊長としてベトナム戦争に参戦。79年に国軍保安司令官となるが、朴正熙射殺事件が発生すると合同捜査本部長として捜査権を握る。その過程で鄭昇和陸軍参謀総長を内乱に関与したとして連行するクーデタ（12・12事態）によって軍を掌握し、光州市民の民主化運動を流血鎮圧することで（光州事件）政治的実力者に躍り出た。80年に維新憲法のもとで大統領に当選すると、憲法を改正して重任のない7年任期の大統領に当選する。しかし軍事独裁政権への抵抗が絶えず、87年の6月抗争で大統領直接選挙を受け入れざるをえなかった。同年末の大統領選では、野党の分裂によって後継者の盧泰愚が当選し、軍人政権が延長することになる。だが、退任後には「五共非理」を追及する聴聞会の証言台に立つなど政治腐敗が問われ、江原道の百潭寺に隠居する。さらに金泳三政権で前職の盧泰愚が収賄と政治資金法違反の容疑で逮捕されると、光州事件の再捜査を行う5・18特別法が制定されることで、全斗煥も収賄と反乱並びに内乱の容疑で法廷に立たされる。第一審で死刑が宣告されるが、控訴審で無期懲役に減刑され、97年の大統領選挙の直後に特別赦免によって釈放された。

権に呼び出しを受ける。国家再建最高会議の企画調査委員会調査課長を命じられ、まもなく商工部の化学課長の発令となり、石油化学工業政策を立案するなど商工部テクノクラートとして業績を積んだ。71年に朴正熙大統領の経済第2秘書室の首席秘書官に抜擢され、防衛産業の育成および重化学工業の建設に主導的役割を担う。「工業構造改編論」を策定し、それが基礎となって重化学工業化政策が本格的に推進される。重化学工業推進委員会企画団団長を兼任し、朴正熙が射殺されるまで政策補佐の役割を忠実に遂行した。その後公職から退くことになるが、全斗煥政権によって政治家とともに逮捕され、隠居を余儀なくされた。

趙重勲　チョ・ジュンフン（1920〜2002）　企業家。ソウルの地主の家庭に生まれるが、父の事業失敗で高等普通学校を中退し、鎮海高等海員養成所に入る。修了後は渡日して神戸の造船所で働き、貨物船の機関士として中国、東南アジア各地を回る。1942年に帰国し、解放後に運送業を立ち上げ韓進商事を設立。事業が拡大するが朝鮮戦争でトラックは徴発の対象となる。だが、駐韓米軍の軍需物資輸送業務を請け負ったことを皮切りに米軍との関係を強め事業を軌道に乗せた。さらにベトナム戦争では米軍と輸送契約を結ぶことで急成長を遂げた。こうした運送業の手腕に目をつけた朴正熙政権は、趙重勲に不振に陥っていた国営航空会社・大韓航空公社を引き受けるよう要請。民営化された大韓航空は韓進グループの中核企業となる。また海運業にも進出し、韓進を陸・空・海にわたる世界的な総合物流グループに育て上げる。

金泳三　キム・ヨンサム（1927〜2015）　政治家。韓国第14代大統領。慶尚南道巨済島生まれ。1954年に自由党から国会議員選挙に出馬し、26歳の若さで初当選するが、いわゆる「四捨五入改憲」に反発して脱党し、民主党結党に参加する。第三共和国では最大野党新民党の院内総務などを務め、「40代旗手論」を提唱して新風を巻き起こし、金大中・李哲承とともに70年の大統領候補指名選挙を争った。維新体制下では野党総裁として朴正熙政権と対立し、79年YH事件に関連して国会で議員除名処分を受けることになるが、これが維新体制の致命傷となる釜馬抗争の引き金となった。全斗煥政権では自宅軟禁を強いられ、民主化を要求する「断食闘争」を展開して政権を批判、金大中とともに民主化推進協議会の共同代表に推戴される。87年の大統領選挙には、金大中との候補一本化に失敗し、統一民主党を結成して出馬するが、次点で落選した。だが、90年に民正・共和とともに三党合党を実行して、巨大与党・民自党の代表最高委員とな南道荷衣島に生まれる。新聞社・運送業を経て1954年に国会議員に初挑戦するが落選。61年に補欠選挙で初当選するものの、直後の5・16クーデタで資格停止となる。野党政治家として活躍し、70年に新民党の大統領候補に指名される。71年の大統領選挙では、現職の朴正熙に97万票差にまで迫る。その後、交通事故を装った暗殺工作に見舞われるなど政治的弾圧を受けながらも、維新体制下では朴政権の最大の政敵として国の内外で民主化運動を主導した。73年に東京のホテルから中央情報部によって韓国に拉致される「金大中事件」が発生。政治活動が規制されるが、在野の指導者として民主化運動を展開した。76年の「3・1民主救国宣言」では首謀者として投獄される。朴正熙の死後、民主化のうねりのなかで、権力を掌握した新軍部が流血で民主化運動を鎮圧した光州事件では、その首謀者として軍法会議で内乱陰謀の容疑で死刑を言い渡される。国際的圧力もあって、82年に刑執行停止で米国へ亡命。85年に帰国し、政治活動が解禁されると民主化推進協議会の共同議長を務め、87年の大統領選挙に出馬。野党勢力の分裂によって落選。92年の大統領選挙でも金泳三に敗れ、一度は政界引退を表明するが、97年大統領選挙で当選を果たした。98年の大統領就任後、日韓共同宣言をとおして日本大衆文化の段階的解禁に踏み切る一方、対北朝鮮政策においては「太陽政策」を表明、2000年に史上初の南北首脳会談を実現する。これらが評価されノーベル平和賞を受賞。2009年8月18日に死去。

金正濂　キム・ジョンリョム（1924〜）　ソウルで銀行家の家庭に生まれる。大分商業学校を卒業して、戦前の朝鮮銀行に入行。徴兵され広島で被爆するが、その後復職する。調査部次長を歴任して、米マサチューセッツのクラーク大学大学院で経済学修士を取得。韓国銀行ニューヨーク支店長として勤務中、軍事政権に抜擢されその経済政策の策定を任される。財務部長官、商工部長官を経て1969年に朴正熙大統領の秘書室長に任命される。以後、秘書室のみならず経済企画院を含むすべての経済部門を管轄する朴大統領の「経済マネージャー」の役割を担うことになる。78年に退くまで、維新指導体制を体現しその経済政策を補佐した。79〜80年には駐日大使を務めた。

呉源哲　オ・ウォンチョル（1928〜）　黄海道豊川の地主の家庭に生まれる。ソウル大学工科大学化学工学科在学時に朝鮮戦争が勃発すると、空軍技術将校候補生として志願。1951年に少尉任官して、同年大学を卒業した。空軍少佐として転役し、国産自動車株式会社工場長として勤務中、軍事政

張俊河　チャン・ジュナ（1918～1975）　言論人・政治家・民主化運動家。平安北道朔州郡の出身で、キリスト教信者の家庭で生まれた。定州にある私立の新安小学校の教師を務め、1941年に渡日。東洋大学予科を経て日本神学校で学ぶ。学徒兵として動員されるが、脱走して金九率いる臨時政府がある重慶に向かい光復軍に合流。米国戦略情報局（OSS）隊員になる訓練を受け国内進入を試みるが、解放となって金九の秘書として帰国した。朝鮮戦争中の51年に、当時韓国の知識人社会に幅広く多大な影響を与え論壇を主導した総合教養月刊誌『思想界』を創刊。62年には「マグサイサイ賞」を受賞するなど、批判的言論人としてその地位を確固たるものにした。67年には政界に進出し、野党政治家として朴正熙政権と対抗する。維新体制下では「改憲請願100万人署名運動」を主導するが、75年に登山中に転落事故で死去。権力による「疑問死」の疑惑が晴れていない。

金日成　キム・イルソン（1912～1994）　抗日運動家・政治家。平安南道大同郡（現・平壌市万景台）生まれ。本名は金成柱。抗日パルチザン活動を本格的に行う1930年代半ばに金日成を名乗る。満州各地の抗日パルチザンが中国共産党の指導のもとに結集し、36年に東北抗日聯軍が成立すると、その金日成部隊が37年に咸鏡南道の普天堡を襲撃して戦果をあげ、抗日パルチザンとして有名になる。この満州で抗日活動を展開した共産主義者が、45年以降、北朝鮮の政治を支配することになる。40年代に入り、日本の攻勢が激しくなるとソ連領沿海州に逃れ、ソ連軍の第88特別旅団に所属する。その間、抗日遊撃隊の指導者として浮上した金日成は、ソ連軍とともに平壌に入り、ソ連軍政を背景に北朝鮮労働党を創立して政権を樹立、朝鮮民主主義人民共和国の首相となる。50年に内戦を仕掛けて南北統一を目ざすが失敗し、戦争指導の責任が問われるなかで、反対派を粛清して権力基盤を固め、60年代には集権的な指導体制を確立した。72年には社会主義憲法を制定して自ら国家主席の座に就き、死ぬまでその地位にあった。89年以降、社会主義圏が崩壊し、ソ連・中国が韓国と国交正常化するなか、自主路線を貫くが国際的に孤立し食糧危機を招くことになる。西側諸国との関係改善の打開策として展開した「核外交」が朝鮮半島の緊張を高めるが、カーター元米大統領が訪朝して回避し、合意された南北首脳会談を目前に、94年7月8日に死去する。

金大中　キム・デジュン（1924～2009）　政治家。韓国第15代大統領。全羅乗り出す場面もあった。朝鮮戦争において戦果をあげたことで名を馳せ、陸軍参謀総長をへて韓国軍初の大将の地位に上った。60年に退役してからは、中華民国・フランス・カナダ大使を経て、朴正熙政権で交通部長官を務めた。その後は企業運営にも携わる。

丁一権　チョン・イルグォン（1917〜1994）　軍人・政治家。父が沿海州に移住してロシア軍の通訳将校となったことで沿海州のニコリスク（現・ウスリスク）で出生した。咸鏡北道慶興の普通学校を卒業して、豆満江をわたり、龍井にある永新中学校（光明中学校に改称）で苦学した。奉天5期として満州国陸軍軍官学校を卒業し、その後日本陸士に留学して55期相当として少尉に任官する。新京で敗戦を迎え、ソ連軍の取り調べを受け、シベリア行きの輸送列車に乗せられるが途中で脱出に成功し、北朝鮮を経由して南朝鮮にたどり着いた。朝鮮戦争が勃発すると、30代前半にして軍の最高権力者になるも、「国民防衛軍事件」の責任を問われて辞任する。米国留学後、再び陸軍参謀総長になるが、軍部内の勢力争いでまたしても転役して駐トルコ大使、駐米大使を歴任する。5・16クーデタ後は朴正熙に呼び戻され、外務部長官と国務総理として実務面で日韓条約を指揮した。朴正熙—丁一権ラインは、日本としては満州人脈で結ばれるこれ以上はない布陣であった。その後は政治家に転身し、維新体制下で国会議長を務める。

金鍾泌　キム・ジョンピル（1926〜）　軍人・政治家。忠清南道扶余の出身。陸軍士官学校第8期生となり、卒業後は陸軍本部情報局戦闘情報課に勤務した。そこで朴正熙と出会い、この第8期生が後の5・16クーデタの中心勢力となる。朴正熙とともにクーデタを主導し、初代中央情報部部長となる。軍部勢力の政治組織として民主共和党の創設を主導。公職の追放や復権を繰り返しながらも、朴正熙の片腕として国務総理（1971〜75）を歴任し、金大中事件（73）・朴大統領狙撃事件（74）の処理に当たるなど、長期政権を支えた。全斗煥政権が登場すると不正蓄財の名目で政治活動が規制されるが、1985年に解禁。87年の大統領選挙では新民主共和党を結成して大統領選挙に臨むが、いわゆる「三金」のなかでは金泳三・金大中に次ぐ最下位の落選であった。90年、民正・新民・共和の3党が合党して民主自由党が発足すると、民自党最高委員となるが、党内の世代交代論に反発して脱党、95年に自由民主連合を結成した。97年の大統領選では金大中に選挙協力し、金大中政権で国務総理を務めた。2004年4月の総選挙で落選し、政界を引退。

立論を主張した。19年に上海で大韓民国臨時政府が樹立されると、初代国務総理となった。独立運動の路線をめぐって、反共主義的な立場を強めることで対立するが、外交中心の独立運動を展開して国際的知名度を高めた。解放後、帰国して独立促成中央協議会を組織、米国の支持のもとで反共的な民族主義勢力を結集して信託統治反対運動を展開し、南だけの単独政府の樹立を目指した。48年8月15日に樹立された大韓民国の初代大統領に就任するが、朝鮮戦争の過程では北進統一を主張することで停戦に反対し、米国とも対立。また政治的基盤を固めるために改憲波動を惹き起こすなど独裁体制を築いたが、60年の3・15不正選挙で爆発した四月革命で退陣。亡命先のハワイで死去した。

兪鎮午　ユ・ジノ（1906〜1987）　憲法学者・文人・政治家。ソウルの中級官僚の家系に生まれ、京城帝国大学予科の入学試験では日本人たちを抑えて首席となった「希代の秀才」として名を知られた。法学部を卒業するが、在学時から文学面においても頭角をあらわした。普成専門学校の法学部教授を務め、作家としても活躍する。こうした特異な経歴が当局の目にとまり、大東亜文学者大会の朝鮮代表、朝鮮言論報国会評議員になった。そうした履歴のため、「親日派」との批判がつきまとうようになる。解放後の朝鮮では「唯一の憲法学者」として、韓国の憲法起草に貢献した。1960年には日韓会談の首席代表を務め、65年に高麗大学校（普成専門学校の後身）の総長を退いてから政界に身を投じる。66年に民衆党の大統領候補に押し上げられるが、民衆・新韓両党の統合が実現し新民党が発足すると大統領候補は尹潽善に譲り、自らは党首に就任する。67年の大統領選挙では野党勢力が惨敗するが、兪鎮午は新民党総裁として三選改憲反対運動の先頭に立つ。国民投票で三選改憲が通過した直後に病気療養に入り、70年に総裁を辞任。

白善燁　ペク・ソンヨプ（1920〜）　軍人・政治家・実業家。平安南道江西郡に生まれる。平壌師範学校を卒業し、教職に就くが、軍人を志して満州国陸軍軍官学校に進む。抗日遊撃隊を討伐する間島特設隊に配属され3年間勤務した。満州国軍中尉として終戦を迎え、間島の明月溝の所属部隊で武装解除された。妻とともに徒歩で1ヵ月かけて故郷の平壌に戻り民族指導者の曹晩植の警護にあたるが、金日成の勢力が浮上すると身の危険を感じて「越南」する。1945年12月に設置された軍事英語学校の第1期生として入校し、任官して朝鮮国防警備隊の第5連隊長となる。陸軍本部情報局長として麗順事件における粛軍捜査を指揮するなかで、朴正熙の救命に作に導く。しかし、直後に軍事法廷に引き出され、懲役10年の判決を受ける。それは特赦されるものの、軟禁状態に置かれることになる。国共内戦の最中で台湾に移送され、国民党政府によって1990年まで軟禁状態にあった。2001年ハワイで没する。

溥儀　ふぎ（1906～1967）　清朝最後の皇帝・宣統《せんとう》帝愛新覚羅《あいしんかくら》溥儀《ふぎ》。1908年、3歳で清の第12代皇帝に即位。しかし11年の辛亥革命によって清朝の滅亡は決定的となった。革命軍側は共和制の採用と皇帝の退位を要求。清朝側の袁世凱《えんせいがい》と革命軍の孫文が直談判し、袁世凱は清朝に共和制を承認させる。12年2月12日、宣統帝愛新覚羅溥儀は後事をすべて袁世凱に托して退位し、清朝のラストエンペラーになった。袁世凱の死後、17年に張勲《ちょうくん》の復辟《ふくへき》運動によって、12歳で再び帝位につくも、わずか12日の天下であった。清帝退位優遇条件によって、退位後も紫禁城内で生活を続けた。英語の家庭教師を招聘し、ヨーロッパ風の生活様式と思想の影響を受けるなど、平穏な生活を送る。しかし国民党や軍閥が勢力を争う混沌とした状況は清室にも及び、優遇条件が撤廃され、ついに紫禁城から追われることになる。脱出する溥儀一行は北京の日本公使館に避難し、25年に天津の日本租界に亡命する。31年、関東軍は満州事変を引き起こすが、思惑とは違って満州国を建国する方向に傾く。すると独立国の体裁を整えるためにも、元首として溥儀を担ぎ出す必要があった。溥儀もまた復辟は積年の夢であって、関東軍の提案を受け入れ天津を脱出、満州国建国を受けて執政に就任する。34年には皇帝に即位、3度目の皇帝となった。しかし日本が敗戦すると満州帝国は崩壊。ソ連軍の満州進撃を受け、8月10日に新京を放棄し、特別列車で避難した。日本に向かう途中の通化省臨江県大栗子で、自ら満州国の解体を宣言する。奉天で日本陸軍の救援機を待つ溥儀一行をソ連軍が捕らえ、強制収容所に収監した後に中華人民共和国に身柄を引き渡す。極東国際軍事裁判には、連合国側から証人として指名され証言。中国では政治犯収容所に長らく収容され、59年に釈放されるが、文化革命の嵐のなかで北京の病院で死去。

李承晩　イ・スンマン（1875～1965）　独立運動家・政治家。韓国の初代大統領。黄海道平山郡生まれ。1897年に創刊された『独立新聞』の論説を執筆するなど民衆啓蒙の論陣を張り、独立協会の中心的人物となる。1904年に高宗の密書を携えて渡米するが成果をあげられず、そのまま留まりジョージ・ワシントン大学、ハーバード大学で修学、プリンストン大学で哲学博士号を取得した。ハワイの朝鮮人社会の指導者として、外交独奉化県に生まれる。経済的に裕福な商人の家庭。1903年に近代的な教育機関である地元の鳳麓学堂に入学し、寧波の箭金学堂で西洋法律を学んで国際的な視点をもつ。ここで孫文の指導する革命に共鳴するようになる。06年に清朝政府の軍事近代化のための将校養成機関である保定軍官学校に入学。そして07年に日本陸軍が設立した清国留学生教育機関・東京振武学堂に入学する。振武学堂の在学中に、日本にある革命派が結成した中国同盟会にも参加。10年には第13師団の高田連隊野戦砲兵隊の隊付将校となる。この年横浜に上陸した孫文と初対面した。そして11年に辛亥革命が勃発すると帰国し、革命に参加する。24年黄埔軍官学校の校長になるが、翌年孫文の死後、国民党左派の汪兆銘と後継者を争う。26年国民革命軍総司令に就任して北伐を開始。27年には上海クーデタで共産党を弾圧し、党および政府の実権を握る。南京に国民党政府を建て、共産党に対する大規模な包囲戦を繰り広げた。満州事変後、日本の侵攻に対しては、国内の安定化を優先する方針を立て、国内の反感を惹起する。36年の西安事件をきっかけに第二次国共合作を実現して抗日戦の優先に転じる。38年には国民党総裁に推され、政治と軍事の最高指導者として抗日戦争を全面的に担うことになる。日本の降伏後、中国共産党との内戦を再開するが、49年に敗北し台湾へ根拠地を移した。以後、米国と提携を強化しながら大陸進出を試みるがかなわず、中華民国総統、国民党総裁として中華民国を支配した。

張学良　ちょうがくりょう（1901〜2001）　中国の軍人・政治家。奉天軍閥の首領・張作霖《ちょうさくりん》の息子。父張作霖は、袁世凱《えんせいかい》の配下にあって、革命軍を弾圧した功績で中将・陸軍師団長に登り詰めた。袁世凱が死去してからは奉天省の支配権を獲得し、満州への権力拡大をもくろむ日本とは協力関係を築きつつ、満州全域を影響下に置く軍閥へと勢力を伸ばす。1927年に中華民国陸海軍大元帥を名乗る大軍閥に成長すると、日本に反抗するようになり、28年に関東軍に爆殺される。20年に父が創設した東三省講武学堂を卒業し、軍人としての道を歩んでいた張学良は、張作霖に次ぐ実力者として浮上していた。父に代わり奉天軍を掌握するようになった張学良は、北伐軍に追われ蔣介石とは緊張状態にあったが、国民政府中央に帰属することを表明し、「易幟《えきし》」を決めた。張学良の国民政府への合流によって、中華民国の統一が完成する。だが、31年の満州事変で東北を喪失。不抵抗を支持して日本軍との全面的な衝突を避けたものの、国民政府としての抗戦を期待した。36年、紅軍討伐を優先する蔣介石を監禁して「内戦停止」「一致抗日」を要求した西安事件を起こし、国民政府を第二次国共合もに、数々の労働争議を調停した。33年に解消して大蔵公望貴族院議員とともに国策研究同志会を組織。翌年国策研究会に改組して、その事務局長に就任する。日中戦争勃発後は、陸軍省の嘱託として戦時国策立案に従事する。さらに企画院委員、大政翼賛会参与、翼賛政治会理事、大日本興亜同盟理事などを歴任、内閣の組閣や倒閣にも大きな役割を果たした。戦後、新政研究会を作って新党結成に向けて働きかけるが、46年に公職追放になる。53年に国策研究会を再組織し、戦後日本のアジア政策に深くかかわることになる。日華協力委員会の設立に貢献し、岸内閣では親書を携えて韓国の李《イ》承《スン》晩《マン》大統領を訪問。退陣後の岸と韓国の政財界とのパイプ役を務め、日韓協力委員会を設立。『昭和動乱私史』などの著作がある。

佐藤栄作　さとうえいさく（1901～1975）　官僚・政治家。山口県熊毛郡田布施村（現・田布施町）に生まれる。岸信介の実弟。田布施町の士族は佐藤家と岸家のみで、父秀助が岸家から母茂世の婿養子となり、佐藤の分家を創設。その縁で今度は兄信介が岸本家に養子に行く。佐藤本家は茂世の弟松介が継ぐが、結婚したのが松岡洋右の妹藤枝である。さらに栄作は藤枝の長女寛子の婿養子へ。この兄信介と伯父洋右の存在が栄作に大きな影響を与える。一方、父は酒造屋を始めるが没落、家計は苦しくなる。山口中学、熊本の第五高等学校を経て東京帝国大学法学部に入学、1924年に卒業した。松岡洋右の斡旋で鉄道省に入省。34年に在外研究員として英米に派遣され、36年に帰国し本省勤務となる。順調に昇進を続けるが、44年に通信省と合体してできた運輸通信省の自動車局長から大阪鉄道局長へと左遷される。それが幸いして公職追放を免れ、46年に運輸省鉄道総局長官に任じられ、再び本省へ戻った。47年に運輸次官となるが、48年に退官、民主自由党に入党して政治家の道を歩むことになる。49年1月の総選挙で衆議院議員。自由党幹事長時代、造船疑獄に連座し、政治資金規正法違反の罪に問われ起訴されるが、国連加盟による恩赦で免訴。保守合同による自由民主党結成では、鳩山一郎に与せず、鳩山引退後に入党。兄信介の片腕として、岸政権を支える。第二次岸内閣では蔵相に就任。64年に池田勇人の三選を阻止すべく総裁選に出馬するが惜敗。直後に池田が病気退陣することで後継総裁に指名され、首相の座をつかむ。72年沖縄返還を最後に退陣。在任中、非核三原則を表明することで平和外交の礎を築き、74年にノーベル平和賞を受賞した。しかし、2009年に沖縄への核持ち込みに関する密約文書が明らかになる。

蔣介石　しょうかいせき（1887～1975）　中華民国の軍人・政治家。浙江省かわり「英米派」政治家らが逮捕。こうした東条内閣への抵抗が、戦後は米国の信頼をもたらし外相として戦後政治に登場するようになる。1946年5月、自由党総裁鳩山一郎の公職追放にともなう後任総裁を引き受けることで、第一次吉田内閣が発足する。新憲法にともなう総選挙で社会党が躍進し社会党政権が成立するが長続きせず、再び吉田内閣が組織され、「吉田ワンマン体制」といわれるリーダーシップをもって、サンフランシスコ講和条約、日米安保条約という、占領から独立へと向かう戦後日本の基盤を整えた。54年12月に内閣総辞職。

石橋湛山　いしばしたんざん（1884〜1973）　ジャーナリスト・政治家。東京芝日本榎に生まれ幼くして山梨県に移り、山梨の寺で育つ。幼名は省三。父杉田湛誓は日蓮宗の学僧で、昌福寺の住職。石橋は母方の姓である。甲府中学校を出て、早稲田大学で哲学を専攻、1907年に卒業した。ジャーナリストを志して東京毎日新聞に入社するがまもなく退社。兵役を経て11年に東洋経済新報社に入社する。以後、三浦銕太郎主幹のもとで、急進的自由主義の政治・経済評論で異彩を放つ。台湾・朝鮮・満州・樺太の放棄を主張する小日本主義や反戦反軍思想をもって、アジアへの対外膨張主義政策を批判し、幅広い評論活動を展開した。24年に主幹となり、41年に社長に就任する。33年頃より満蒙支配の現実を追認するに至るが、第二次世界大戦中も弾圧に屈せず言論の自由を主張した。戦後は政界に進出し、46年に自由党から総選挙に出馬して落選するものの、第一次吉田内閣の大蔵大臣として入閣。47年の衆議院選挙で当選するが、GHQの政策と衝突して公職追放処分となる。公職追放を解かれてからは吉田茂と対立し、鳩山一郎、岸信介らと日本民主党を結成。54年の第一次鳩山内閣で通商産業大臣。保守合同で自由民主党を結成。56年12月に鳩山内閣が総辞職すると、自民党総裁選で岸を破り、石橋内閣が成立する。57年2月に病気で辞任した。その後、政治活動を再開し、毛沢東、周恩来と会談するなど日中友好にも貢献する。60年の日米安保条約改定では岸首相を批判し、自民党のハト派の重鎮として活躍。63年総選挙に落選して引退した。

矢次一夫　やつぎかずお（1899〜1983）　大正・昭和時代の浪人政治家。佐賀県生まれ。20歳のとき上京して肉体労働に携わりながら、北一輝・大川周明らが設立した猶存社《ゆうぞんしや》に入会。1921年には、革命運動を労使協調の名のもとに緩和・阻止するため政府と資本家が設立した協調会に入るが、独立して25年に労働事情調査所を設立する。『労働週報』を発刊するとと日本経済システムの原型を作った。日中戦争後は、石原莞爾の東亜連盟運動に深くかかわり、陸軍嘱託として中国へ活動拠点を移すが、戦後は活躍の場に恵まれなかった。

鮎川義介　あゆかわよしすけ（1880〜1967）　実業家・政治家。山口県で長州藩士の家系に生まれる。母は井上馨の姪。1903年に東京帝国大学工科大学機械工学科を卒業するが、井上に相談して、コネや学歴を明かさない条件で芝浦製作所（現・東芝）に一職工として働く。ついで渡米して鋳物見習工となる。西洋の技術を身につけるためであった。07年に帰国し、井上の援助で九州に戸畑鋳物株式会社を設立。第一次世界大戦の大戦景気で成長を遂げた。22年に共立企業を設立し企業の買収に乗り出す。27年には久原《くはら》鉱業の経営を引き受けて、翌年に日本産業と改称。以後、企業の吸収を繰り返して拡大し、日本鉱業・日立製作所・日立電力・自動車製造（日産自動車）などの持ち株会社として日産コンツェルンを確立する。「新興財閥」として浮上した日産は、満鉄の改組とあいまって、日本企業の満州誘致を望む関東軍に目をつけられる。「満州国産業開発五ヵ年計画」の中核を担うべく、37年に日産を満州に移駐し、満州重工業開発株式会社（満業）を設立、総裁に就任した。しかし日中戦争による戦時体制の強化によって計画は頓挫、42年に総裁を辞任して帰国する。東条内閣では内閣顧問に就任した。第二次大戦終結後は戦犯容疑で巣鴨拘置所に収容されるが、20ヵ月後に釈放。公職追放が解除されると、53年参院議員に当選し、56年には日本中小企業政治連盟を結成して総裁に。59年参院選における次男金次郎の選挙違反で、自らも参院議員を辞職。

吉田茂　よしだしげる（1878〜1967）　外交官・政治家。高知県の民権運動家の家系に生まれる。学習院高等学科を卒業して大学科に進むが、大学科閉鎖にともなって東京帝国大学に転学。転籍を重ねたこともあって、東京帝国大学法科大学政治科を卒業したのは満28歳になる直前のことであった。この年（1906）に外交官試験に合格し、外交官の道を歩むことになる。その初の任地が、満州における日本外交の重要拠点である奉天総領事館であった。その後、ロンドン・ローマ勤務という「出世街道」に転ずるも、外交官としての多くを中国で過ごすことになる。天津・奉天総領事としての吉田の対中姿勢は、「満蒙分離」を積極的に唱える強硬的なものであった。しかし一方で、外交的には米英との協調主義を重視し、軍部の反発を買った。それもあって日独防共協定には強硬に反対して対米開戦を阻止しようとし、開戦後は和平工作を進める。敗戦直前、「近衛上訴」にか対米交渉が行き詰まると内閣を投げ出し、東条内閣の道を開いた。敗戦後、開戦の責任は軍部にあったと主張するが、A級戦犯としての逮捕が迫ってくると青酸カリを服毒して自殺した。

椎名悦三郎　しいなえつさぶろう（1898～1979）　官僚・政治家。岩手県胆沢郡水沢町（現・奥州市）の後藤家に生まれる。後藤新平の甥。仙台の第二高等学校を経て東京帝国大学に入学。大学入学と同時に後藤家の分家であった後藤新平の実の姉の嫁ぎ先の養子となり、椎名姓を名乗ることになる。後藤新平の影響を受けたのはいうまでもない。1923年に農商務省に入省。農林省と商工省の分離後は商工省に残り、岸信介の部下となる。33年に岸に勧められ満州に赴任するが、それから側近として岸を支えることになる。後に派遣されてきた岸のもとで、実業部総務司統制科長、産業部鉱工司長を歴任する。38年、満州から一足先に本省に戻り、商工次官となって戻ってくる岸を受け入れる。41年、東条内閣で岸が商工大臣に返り咲くと、椎名は次官に抜擢される。さらに軍需省の総動員局長、軍需次官を歴任して、終戦とともに退官する。公職追放から解かれ、政界入りを目指して出馬した53年の選挙では落選するが、55年の選挙で当選を果たす。第二次岸内閣では内閣官房長官として岸を支える。第三次池田内閣では外務大臣となり、佐藤内閣でも引き続き外相を務め日韓国交正常化にも貢献した。田中内閣では自民党副総裁。田中首相退陣後の後継総裁選出をめぐっては、少数派閥の三木武夫を次期総裁として指名（椎名裁定）することで党内の権力争いを収拾。79年の総選挙で次男素夫に地盤を譲り政界を引退。

宮崎正義　みやさきまさよし（1893～1954）　石川県金沢市に生まれる。中学卒業と同時に官費留学生としてロシアに渡り、満鉄ロシア留学生として1917年にペテルブルク大学政治経済学部を卒業した。その後満鉄に入社してソ連に関する調査を行い、革命後のソ連を観察するなど、満鉄総務部調査課ロシア係のロシア部門の中核となる。満州事変勃発後は、関東軍参謀の石原莞爾らと接触し、軍の経済関係の指導機関として満鉄経済調査会を設立、その主査となり満州国の経済建設計画の立案に奔走する。そのかたわら、ソ連の五ヵ年計画を調査し、計画経済の研究を進めるのであるが、市場経済を否定するのではなく、日本独自の官僚主導の統制経済システムの確立を目指した。その経済統制思想は、「満州国産業開発五ヵ年計画」の立案に結びつき、岸信介らの革新官僚によって満州経済建設に継承され、さらに戦時物資動員計画、戦後の復興計画へと引き継がれることで

東条英機　とうじょうひでき（1884～1948）　軍人・政治家。日米開戦時の内閣総理大臣。陸軍軍人の子として東京に生まれる。陸軍中央幼年学校を経て陸軍士官学校に入学、1905年に卒業して任官した。さらに陸軍大学校を卒業し、駐在武官としてスイス・ドイツに滞在するなど、軍人エリートの道を進む。ドイツで出会った陸軍統制派の中心人物永田《ながた》鉄山《てつざん》に私淑。35年、永田軍務局長斬殺事件が起こり、直後に関東軍の憲兵隊長に転属した。36年の2・26事件で皇道派が退潮すると、関東軍参謀長を経て、38年に陸軍次官に就任した。日中戦争をめぐっては、石原莞爾関東軍参謀副長が和平交渉を唱えたのに対し、統制派はあくまで軍事攻勢による収拾を主張した。石原を舞鶴要塞司令官に左遷・退役させたのも東条である。第二次近衛内閣で陸相に躍り出るが、第三次内閣では政界でも注目されるようになる。そして閣内で強硬な開戦論を主張し政局の主導権を握った。開戦が避けられなくなって近衛首相が政権を投げ出すと陸相兼任のまま首相に就任し、日米開戦を指揮することになる。戦局の悪化とともに不信が高まると、参謀総長を兼任して権力強化をはかった。敗戦が色濃くなり、水面下では岸信介、近衛文麿らによる倒閣工作が進行し、敗戦直前の7月に総辞職する。敗戦後、占領軍が自宅に逮捕に訪れた際、拳銃で自決をはかるが失敗。極東国際軍事裁判でA級戦犯として起訴され、48年12月23日に処刑された。

近衛文麿　このえふみまろ（1891～1945）　政治家。公爵・近衛篤麿《あつまろ》の長男として東京に生まれる。学習院中等科を修了し、東京帝国大学に入学するが、まもなく京都帝国大学に転学した。卒業後は内務省に就職。1918年に『日本及日本人』に「英米本位の平和主義を排す」を発表した。直後の19年1月に全権西園寺公望《さいおんじきんもち》に随行してパリ講和会議に参加。33年に貴族院議長に就任する。同年、政策研究団体として昭和研究会を設立し、首相候補として浮上する36年に正式に発足させる。昭和研究会は、後の「東亜新秩序」「大政翼賛会」に大きな影響を与えることになる。37年に第一次近衛内閣が発足するが、直後に日中戦争が勃発。初期の和平工作が失敗して不拡大方針を放棄し、さらに翌年1月に「国民政府を対手《あいて》とせず」とする第一次近衛声明を発表、事態は泥沼化する。こうして国家総動員法や電力国家管理法が成立し、日本は戦時経済体制に突入する。だが11月には東亜新秩序声明（第二次近衛声明）を発表して対中和平を探るものの、国民政府に拒否される。39年1月に内閣は総辞職。40年7月に発足した第二次近衛内閣では新体制運動が展開され議会制政治が破綻し、松岡外相の下で日独伊三国同盟が成立する。41年7月には第三次内閣を発足させるが、屯。連隊の推薦で15年に陸軍大学校に入学。卒業後連隊に戻るが、20年に中支那派遣隊司令部付として、漢口へ渡る。陸軍大学校兵学教官として日本に戻り、22年には軍事研究のためドイツ留学を命ぜられ、4年間ヨーロッパで過ごす。28年に陸軍大学校教官を辞し、張作霖爆殺事件で関東軍参謀を退いた河本《こうもと》大作《だいさく》の後任として、満州へ転属。直後から満州占領作戦の構想をはじめ、「国運転回ノ根本タル満蒙問題解決案」等を発表して占領構想を具体化していく。関東軍参謀として満州事変を画策し、歩兵第4連隊長などを経て、参謀本部作戦部長時代に日中戦争の拡大を抑えようとして陸軍中央と対立し、関東軍参謀副長に左遷。さらに東条英機陸軍次官により舞鶴要塞司令官に左遷される。40年には、自身の独特な世界統一の原理を説く『世界最終戦論』を出版。41年に退役し、満州時代から抱いていた東亜連盟の構想を実践するべく東亜連盟運動を主宰。

松岡洋右　まつおかようすけ（1880〜1946）　外交官・政治家。山口県生まれ。生家は回船問屋を営む豪商であったが、1891年に倒産。2年後、従兄とともに留学のために渡米するが、松岡はまだ13歳であった。住み込みで学業生活に入り、苦学のすえオレゴン州立大学を1900年に卒業した。02年に帰国し、04年に外交官試験を受けて合格。初の任地は上海であった。06年に旅順に関東都督府が移転・改組されると外事課長に転じる。大連には満鉄総裁・後藤新平がいた。本省に戻ったものの、自ら希望して北京に向かったように、中国での勤務が長かった。19年のパリ講和会議に随員として派遣。しかしそこで日本外交の無力さを目の当たりにし、21年に外務省を退官する。その後、満鉄の理事として就任し、27年には副総裁となる。29年に満鉄を退職して、30年、地元から衆議院選挙に出馬、当選を果たす。31年1月、一年生議員の松岡は衆議院本会議で処女演説、「経済上、国防上、満蒙は我が国の生命線である」と唱え、対米英協調・対中内政不干渉を方針とする幣原外交を批判した。同年9月満州事変が勃発し、翌年リットン報告書について議論する国際連盟総会に首席全権として派遣され、報告書採択を受けて連盟脱退を表明。国内での名声は一気に高まった。33年に政党解消運動を展開して、議員を辞職する。35年には満鉄総裁に就任することで、「二き三すけ」と称される満州実力者の一角を占めるが、日産誘致によって窮地に立たされたこともあった。40年に成立した第二次近衛内閣で外務大臣として入閣し、日独伊三国同盟・日ソ中立条約を手掛け、対米交渉案に異を唱え強硬な姿勢を示した。極東国際軍事裁判でA級戦犯として起訴されるが判決前に病死。

任する。言語学・民族学の研究方法をもって、朝鮮・満州・蒙古から中央アジアの諸民族史について独創的業績を発表し、日本の近代的東洋史学の基礎を固めた。1907年に東洋協会学術調査部を設立し、専門雑誌『東洋学報』を創刊。さらに朝鮮半島の延長として満州を研究射程に入れた白鳥は、設立直後の満鉄の総裁後藤新平《ごとうしんぺい》に働きかけ、満鉄の東京支社に「歴史調査室」を設立する。その成果は段階的に世に出され、後に『満鮮地理歴史研究報告』として刊行される。また東洋文庫の設立など、東洋史研究のための機関や組織の設立、運営にも尽力した。

矢内原忠雄　やないはらただお（1893〜1961）　経済学者・植民政策学者。愛媛県生まれ。祖父時代からの医者の家系で、裕福な家庭環境のなか、教育熱心な父のもとで幼年時代をすごす。高等小学校3年のときから兄とともに、神戸の従兄にあたる人の許に寄宿し、1905年に神戸中学校に入学。当時の校長が内村鑑三、新渡戸稲造《にとべいなぞう》と札幌農学校の同期生であったことから、自らの人格形成上の師となる人々と間接的につながることになる。実際、10年に第一高等学校に入学すると、新渡戸校長を囲む読書会や内村鑑三の聖書研究会に参加し、信仰上、思想上の影響を受けた。13年に東京帝国大学法科大学に入学。東大に舞い戻って「植民政策講座」を担当していた新渡戸の講義を受ける。17年に卒業して3年間住友別子鉱業所に勤務。20年に新渡戸稲造が国際連盟の事務次長に就任することで空席となった「植民政策講座」の後任として、経済学部の助教授となる。同年欧米留学を命ぜられヨーロッパ各地に滞在。23年に帰国し教授に昇任して、植民政策を講ずることになる。矢内原の植民政策学は、植民地統治の諸方策を論じるこれまでの手法とは一線を画し、ひとつの社会的事実として植民地および植民地政策を科学的・実証的に分析することであった。その代表作が『帝国主義下の台湾』（1929）であるが、日本の植民地政策を批判することで軍部などから睨まれていた。そして37年8月『中央公論』に発表した「国家の理想」が一部で反戦的であると追及され、さらに講演中に「日本国を葬れ」と発言したことが問題となり、12月に辞職する（矢内原事件）。45年11月に復職。46〜49年に東大社会科学研究所所長、51〜57年に東大総長を歴任。

石原莞爾　いしわらかんじ（1889〜1949）　軍人。山形県鶴岡市に生まれる。軍人を志して13歳で仙台地方幼年学校に入学し、16歳の1905年に陸軍中央幼年学校に入学した。07年に本科修了。09年に陸軍士官学校を卒業し、会津若松65連隊に所属、連隊の移動にともなって朝鮮の春川に駐義思想に傾倒する。早稲田大学の聴講生になり、独学で社会科学・思想研究に没頭。1906年に『国体論及び純正社会主義』を著すが、ただちに発禁処分とされる。中国革命同盟会に入党し革命運動に投身。しだいに大陸浪人との接触を深め、辛亥革命では黒龍会の一員として中国に渡り宋教仁《そうきょうじん》を支援。第一次世界大戦がおこると、政府要人への意見書として『支那革命党及革命の支那』を執筆する。その後、再び中国に渡り、19年上海で『国家改造案原理大綱』(後に『日本改造法案大綱』に改題)を書き上げた。天皇大権・国家改造を論じたこの本は、その後長らく右翼のバイブルとなった。右翼の思想的理論家として頭角をあらわすことで、大川周明・満川亀太郎とともに猶存社を設立。大川との対立で猶存社が解散すると、その後は右翼の黒幕的存在となって青年将校を通じて軍隊内部の右翼運動を組織した。10月事件、5・15事件などに関与し、36年の2・26事件で反乱首魁として37年に死刑判決を受け、数日後死刑に処される。

星野直樹　ほしのなおき（1892～1978）　官僚・政治家・実業家。横浜に生まれる。1917年に東京帝国大学法科大学政治科を卒業。大蔵省に入り、26年には大蔵事務官、32年には営繕管財局国有財産課長へと昇進を重ねる。満州国を建国するために、関東軍は優秀なスタッフの派遣を日本の中央官庁に要請した。大蔵省は若手の9人の派遣を決定するが、星野はその「第一の人物」として満州に送られる。これらは満州国政府の中枢である国務院の総務庁、財政部に配置されるのであるが、星野は財政部総務司長・財政部次長を経て、37年には国務院総務長官に就任。事実上の行政トップの座についた。36年に渡満した岸信介らと満州国の戦時経済統制の指導にあたり、37年4月には「満州国産業開発五ヵ年計画」をスタートさせる。その間、日産創設者の鮎川義介を訪ね、日産の満州進出を促した。40年7月に帰国してからは、第二次近衛内閣で企画院総裁に就任し、東条内閣では書記官長に起用された。第二次世界大戦終結後はA級戦犯として巣鴨拘置所に収容。終身刑が宣告されるが、55年に釈放された。その後は東急国際ホテル社長、東京ヒルトンホテル副社長、東京急行・東横百貨店監査役、ダイヤモンド社社長。著書に満州体験を綴った『見果てぬ夢』(1963)がある。

白鳥庫吉　しらとりくらきち（1865～1942）　東洋史学者。千葉県の農家に生まれる。1879年に千葉中学校に入学するが、そこで校長をしていたのが、後に東洋史学を創始する師の那珂通世《なかみちよ》である。第一高等学校を経て東京大学文科大学史学科を1886年に卒業。学習院、東京帝国大学教授を歴

主 要 人 物 略 伝

甘粕正彦　あまかすまさひこ（1891〜1945） 軍人。宮城県仙台市出身。名古屋陸軍地方幼年学校・陸軍中央幼年学校を経て、1912年陸軍士官学校を卒業。陸士時代の教官に東条英機がいた。訓練中の落馬による膝の怪我が原因で、歩兵から憲兵に転科。朝鮮半島に渡り、京城憲兵隊楊州分隊長時代に3・1独立運動に遭遇している。そして東京憲兵隊渋谷分隊長兼麴町憲兵分隊長代理として勤務中、アナキストの大杉栄、その内縁の妻伊藤野枝と甥橘宗一を虐殺する甘粕事件（1923）の実行者として服役。3年後に仮出獄が認められ、退役し、フランスに留学する。そして29年に満州へ渡り、関東軍の影の存在として情報・謀略工作に従事した。満州事変後、満州国の国家元首に擁立するため、天津の日本租借地に亡命していた溥儀を連れ出したのも甘粕であった。満州国建国後には民政部警務司長に抜擢され、満州国協和会の総務部長も務めた。39年に岸信介らの尽力もあって満州映画協会の理事長に就任。敗戦直後の45年8月20日、青酸カリで服毒自殺する。

大川周明　おおかわしゅうめい（1886〜1957） 思想家。山形県酒田市生まれ。熊本の第五高等学校を卒業して東京帝国大学哲学科に入学、印度哲学を専攻した。卒業後は翻訳のアルバイトで生計を立てながら、雑誌編集などの仕事に携わりつつ、大学の図書館でイスラム研究に没頭した。しかしインドの現実に「開眼」してから、現代アジア研究と独立運動への支援活動を展開する。1918年に満鉄東亜経済調査局に採用され、拓殖大学教授にも就任する。研究活動のかたわら、日本の国内改造を目指して政治運動に邁進するようになり、北一輝・満川亀太郎と革新右派の源流となる猶存社《ゆうぞんしゃ》や行地社を設立。革新右翼の代表的人物として、その活動は30年代に政府転覆をはかるクーデタ計画へと発展し、3月事件、10月事件に連座する。32年の5・15事件では禁錮5年の有罪判決を受け服役した。45年12月A級戦犯として逮捕。極東国際軍事裁判で被告人として出廷するが、開廷直後に精神障害をきたして退廷を命じられ、48年12月に釈放された。著作に『復興亜細亜の諸問題』（1922）、『日本精神研究』（1924）、『米英東亜侵略史』（1942）など。

北一輝　きたいっき（1883〜1937） 思想家・社会運動家。新潟県佐渡島生まれ。本名は北輝次郎。幸徳秋水・堺利彦らの平民社とかかわり、社会主

三星財閥　240
三矢協定　65, 66, 68, 70, 71
三矢宮松　65
南次郎　36, 104, 108, 113
南朝鮮労働党　124, 192
南満州鉄道　48, 74, 210
南満蒙条約　61
蓑田胸喜　30
美濃部洋次　30, 163
三宅光治　138
宮崎機関　164
宮崎正義＊　134, 164-166, 169, 172-175, 179
三好英之　201
三輪寿壮　204
民主党　209, 210, 227
民青学連事件　285
メンシェヴィキ革命　164
森戸事件　29
森戸辰男　28, 29

〈ヤ行〉

安岡正篤　28
保田與重郎　157
矢次一夫＊　20-22
矢内原忠雄＊　38, 41, 127, 149, 153, 161, 167, 169, 171, 177
山県有朋　43
山本繁　163
猶存社　27-29
陸英修　195, 283
兪鎮午＊　100, 121
柳泰夏　20, 21
吉田茂＊　202
吉田政権　197, 199, 213
吉田政治　201-203
麗水・順天反乱事件　185
麗順事件　120, 124, 185, 193
麗順蜂起　188
四・一九学生革命　219
四ヵ国条約　136
四・三事件　124, 192

〈ラ行〉

羅津　93
利益線　43
陸軍省　173, 175
陸軍省軍務局　175
陸軍特別志願兵令　14, 110
立憲共和制　141, 150
立憲君主主義　111
リットン報告書　64
立法院　141, 142, 144, 150
柳条湖　74
柳条湖事件　78
ルナン　154
冷戦　36, 37, 186, 187, 208, 212, 213, 216
蠟山政道　117
六・一〇運動　67
六・三事態　232
ロシア　53
ロシア革命　25, 26, 164, 165, 216

〈ワ行〉

ワシントン会議　70
ワシントン体制　39, 75, 136, 137

162, 179
保守合同　13, 196, 201, 206, 209-211
保守政党　211, 212
浦項綜合製鉄所　24, 236, 252, 264, 265
本庄繁　148, 160
洪範図　57, 58

〈マ行〉

マーシャルプラン　208
『毎日新報』　98, 100
松岡洋右＊　40, 179
松木俠　132, 140-142, 144, 145, 148
松田令輔　162
麻薬　99
丸山真男　173, 174
満韓　45, 47-50
満業　178, 179
満州移民　63
満州及び間島に関する日清協約　54
満州建国　36, 155
満州行進曲　50
満州国開発方策要綱　174
満州国協和会　82, 104, 160, 273, 274
満州国軍官学校　14, 120
満州国経済建設要綱　167-169, 178
満州国建国　53, 81, 83, 86, 88, 89, 91, 93, 148, 151, 159, 160
満洲国建国宣言　145, 155, 166
満州国産業開発五ヵ年計画　15, 134, 162, 164, 170, 172, 175, 176, 178
満洲国指導方針要綱　153
満州国陸軍軍官学校　14, 18, 20, 25, 35, 119, 121, 123, 188, 191-193, 275
満州事変　14, 25, 40, 44, 50, 53, 59, 64, 74, 75, 82-85, 87, 90, 91, 93, 95, 101, 106, 107, 127, 132, 136-138, 160
満州重工業開発株式会社　175, 178, 210
満州人脈　15, 20, 21, 24, 125, 187, 188, 191, 192, 194, 195, 201, 217, 223, 273, 280
満州侵略　51, 61, 64, 67, 75, 77
満州ブーム　35, 100, 158
満鮮　43, 44, 47, 48, 50
満鮮一体　54
満鉄　48, 64, 65, 155, 165, 167, 176, 178, 210
満鉄経済調査会　172
満鉄調査課　166
万宝山事件　64, 68, 69, 75-77, 80
満蒙自由国　147, 148
満蒙自由国設立案大綱　132, 141, 146
満蒙独立国　140, 141, 144-147
満蒙分離政策　70, 71, 75
満蒙問題　38, 40, 71, 73, 130, 136
満蒙問題解決案　139, 140
満蒙問題解決策案　138, 139
満蒙領有　127, 129-131, 134, 136, 137, 145, 146
満蒙領有論　40, 73, 145
見える手　169, 182, 292
三木清　117
三木武吉　209, 210
三井物産　235
満川亀太郎　27
三菱商事　235

日本陸軍士官学校　14, 18, 36, 120, 123, 189
日本浪曼派　157
忍苦鍛錬　110
農業恐慌　86
農村恐慌　160
農村振興運動　107, 269
盧泰愚　288

〈ハ行〉

排日移民法　137
バカヤロー解散　208
朴槿恵　13
朴相熙　124, 192-194
朴成彬　33
朴致祐　118
朴正熙　11-26, 33-37, 44, 51, 52, 100, 102, 103, 105, 107, 110, 115, 119-125, 130, 183-185, 187-197, 205, 217-223, 225, 226, 230, 231, 234, 235, 239-243, 245-254, 256-258, 260-264, 268-272, 275-283, 285-289, 293, 294
朴正熙政権　224, 226, 230-232, 238-242, 244-246, 247-253, 257-259, 266, 270-272, 275, 276, 278-280, 282, 283, 285-287
朴正熙大統領狙撃事件　283
朴泰俊　265
橋川文三　158, 159
馬賊　83
八路軍　36, 37, 123
パックス・アメリカーナ　203
八紘一宇　114
鳩山政権　209
ハナフェ　288
派閥政治　210
浜口雄幸内閣　206
ハルビン　83, 99, 140
哈爾浜学院　104
万歳騒動　61
反帝国主義運動　67
反日運動　66, 71, 283
『彼岸過迄』　159
匪賊　96
日立製作所　178
ピューリタン　155
平壌　77
広田弘毅　161, 164
プエブロ号事件　241, 249
溥儀＊　18, 35, 148, 150
溥儀・本庄秘密協定　148, 150
釜山政治波動　196
撫順　178
古海忠之　126, 162
文化政治　53, 59, 101, 117
米国　236
米中和解　250
北京条約　53
白善燁＊　120, 124, 125, 188, 192-194, 196
ベトナム戦争　236, 237, 239, 243, 245, 249
ベトナム特需　237, 239, 240, 244
ベトナム派兵　238, 241, 248, 249
『法案』　31, 32
法院　142
貿易為替の自由化　215
忘却の共同体　154
奉天　36, 72, 74, 83, 92
奉天医大　104
奉天軍閥　66, 70
北進論　133
北伐　70, 72
北洋軍閥　72
星野直樹＊　11, 30, 126, 153,

東洋のエルドラド　34, 52, 98, 130
東洋のパリ　99
特需　237, 238, 243
特殊会社　24, 168, 170-172, 174, 178, 210
特殊権益　38, 39, 41, 70, 72, 75, 128, 130, 146
独占企業　177
ドミノ現象　131
トラスト　164, 166, 177
トルーマン・ドクトリン　186

〈ナ行〉

内鮮一体　35, 36, 44, 51, 56, 101, 105, 108-110, 112-116, 274
内鮮一体論　118
内務官僚　173
中村是公　49
南雲親一郎　20, 122
夏目漱石　49, 159
成金　85, 86
南京政府　128, 146
南北共同声明　250, 257
南北赤十字会談　250
南労党　124, 125, 192, 193
二き　179
ニクソン政権　239, 241, 243, 248, 250
ニクソン・ドクトリン　239, 243, 248, 252, 259
二十一ヵ条要求　70, 136, 137
日英同盟　136
日米安保改定　13, 223
日米最終戦争　130, 136, 172
日米戦争　133
日満議定書　148, 149
日満経済研究会　175
日満経済統制方策要綱　169, 176
日満経済ブロック　168, 169, 171
日満財政経済研究会　134, 164, 170, 172
日露戦争　38, 41-43, 45-48, 50, 54, 59, 112, 131, 290, 291
日韓会談　100, 231-233, 235
日韓会談反対運動　232
日韓基本条約　234
日韓協力委員会　264, 278-280, 282
日韓国交正常化　21, 195, 232, 235, 263, 278, 282
日韓定期閣僚会議　245, 252, 259, 264, 265, 278-280
日韓併合　59-61
日韓癒着　15, 278
日系定位　152
日産　175, 178, 179, 210
日産自動車　178
日中戦争　14, 35, 53, 90, 101, 106, 108, 114-118, 176, 275
二・二六事件　161
日本　54
日本改造　30, 165
日本株式会社　217, 230
日本鉱業　178
日本国憲法　199, 203, 205, 206
日本再建連盟　188, 201, 204, 206, 207
日本産業　178
日本資本主義　117
日本帝国　34, 37, 38, 81, 103, 107, 118, 124, 139, 173, 221
日本帝国主義　106, 117-119, 127
日本帝国臣民　67, 113
日本的経営システム　16, 294
日本的経済システム　182

183-185
高橋是清　91, 93
高畠素之　27
橘樸　160
建川美次　138
田中義一　70, 75, 137
治安維持法　63, 105
治外法権撤廃　104, 113, 170, 274
車載貞　118
張俊河＊　222
張勉政権　219
中央情報部　195
中華民国　72, 142, 156
中間層　158-160
忠君愛国　111
中国共産党満州委員会　67
中国停滞観　145
張学良＊　72, 74, 78, 128
超国家主義　29, 33, 114, 137
張作霖　57, 66, 70-72
張作霖爆死事件　128, 137
長春　74
朝鮮教育令　34, 110
朝鮮共産党　63, 67
朝鮮警備士官学校　124, 190-192
朝鮮警備隊　190-192
朝鮮国防警備隊　124, 191
朝鮮人圧迫　64, 66, 67, 76, 80
朝鮮人抗日運動　105
朝鮮戦争　125, 195, 239, 246
朝鮮総督　36, 104, 107, 108, 113
朝鮮総督府　59, 65, 77, 83, 89, 90, 100, 107, 109, 113-115, 118, 269
朝鮮統治　115, 129-131
朝鮮統治五大政綱　108, 109, 112
朝鮮独立軍　57
『朝鮮日報』　76, 86, 88, 98
徴兵制　91, 108, 109, 246
徴用　91
趙重勲＊　280
丁一権＊　124, 188, 192, 195, 264
全斗煥＊　288
通産省　215, 216
津田左右吉　271
帝国国防方針　46, 47, 132
帝国臣民　106, 107
デタント　250, 251
転向声明　119
天皇　31, 32, 105, 107-111, 123, 173, 200, 201, 293
天皇機関説　110
天皇大権　32
土肥原賢二　138
東亜協同体　115-119
東亜新秩序　116, 123
『東亜日報』　76, 88, 96
東亜連盟　116, 117
東学農民運動　33
東郷茂徳　185
東西デタント　250
東条内閣　162, 173, 198, 199, 223
東条英機＊　179, 185, 200
統制会　179
統制経済　15, 16, 167, 168, 170-172, 177, 179, 215
統制思想　204
統治権　54, 55, 111
東方会議　71, 75
東北抗日聯軍　37, 51
東北四省　38, 130, 140
頭山満　27
東洋史学　48
東洋拓殖株式会社　60, 61

昭和研究会　117
昭和の妖怪　11, 12, 182, 289
植民地イデオロギー　112, 114
所得倍増計画　205, 215
ジョン・ダワー　182, 203, 291
白鳥庫吉＊　48
新京　18, 36, 83, 92, 100, 119, 121
新京軍官学校　36, 194
新京工大　104
新京法政大学　103
清国　53, 54
清朝　54
新長期経済計画　197, 214
親日派　15, 124
新保守党論　211, 212
青瓦台　235, 241, 260
請求権資金　231, 234-237, 240, 264
政党　199, 209
生命線　39-41, 43, 44, 50, 132, 147
世界恐慌　129, 132
世界最終戦争　133, 134, 166
世界史的使命　106
世界大恐慌　84
絶対主義的天皇制　105
セマウル運動　23, 107, 219, 267-271, 276
セマウル精神　275, 277
全機構的把握主義　31, 32
戦後改革　182
戦時体制　210
戦時動員体制　56, 119, 173
宣統帝　139
全般的危機　31
全般的危機の時代　25
鮮満一如　35, 83, 100, 104, 105, 108, 112, 114, 115
鮮満拓殖株式会社　90
占領軍　199
徐寅植　118
創氏改名　109
総司令部　203
総動員体制　91, 106, 162, 218, 239
総務庁　151-153, 173
総務庁中心主義　144, 153, 173
総力安保体制　253, 254, 287
総力戦体制　14, 35, 107, 109, 119, 179
ソウル　92, 99, 101
十河信二　167
ソビエト　129, 131
ソ連　132
孫文　142, 156

〈タ行〉

大アジア主義　31, 117
第一次世界大戦　70, 84, 93, 159
第一次日露協約　54
第一次満鮮協定　104
大韓帝国　47, 54
大韓民国臨時政府　124
大衆的疎外現象　159
大正デモクラシー　106
大正天皇　105
大同学院　103
第二次経済開発五ヵ年計画　234, 240, 243, 263, 264
対日請求権資金　243, 244, 264
大日本帝国　14, 121, 203
大日本帝国憲法　216
大日本帝国の臣民　36, 114
大日本帝国発達主義　161
太平洋戦争　119, 179
大雄峯会　159, 160
大陸兵站基地朝鮮　109
高木正雄　14, 35, 52, 123,

五五年体制　203, 216, 217
五族協和　11, 44, 50, 51, 56, 78, 83, 100, 101, 105, 106, 112-115, 142, 176, 274
国家安全保障　183
『国家改造案原理大綱』　29, 168
国家社会主義　16, 29, 31, 165, 168, 177, 204, 205, 211, 212
国家主義　106, 224
後藤新平　48
近衛声明　116
近衛文麿＊　116
コミンフォルム　186
米騒動　26
コリアゲート　286
琿春事件　57, 58
権藤成卿　160

〈サ行〉

在韓米軍　239, 241, 248-250, 253, 286
再建体操　276
最終戦争　133, 134, 137
在朝華僑　77
最低賃金法　205
在満鮮人　65
在満朝鮮人　44, 50-53, 56, 64, 69, 76, 77, 81, 83, 88, 100, 104, 105, 113, 114, 130, 273, 274
迫水久常　30
佐藤栄作＊　232
佐藤政権　233
佐藤・ニクソン会談　252
佐藤信寛　22
里見甫　24
三・一独立運動　27, 53, 57, 61, 117, 286
参議府　65, 148-150
三すけ　179
三選改憲　240-248, 258
『三千里』　88, 92-95, 102, 119, 120, 275
山東出兵　70
参謀本部　173
三民主義　156
GHQ　188
椎名悦三郎＊　126, 163, 188, 232, 233
四月革命　219, 224, 242, 247
志願兵制　91
自給自足経済　167
自主憲法　206, 208, 212
『思想界』　220, 222
思想統制　105, 115, 118, 271
執政　142, 148, 150, 152, 154
幣原喜重郎　137
シベリア出兵　57
社会主義　105
社会主義的計画経済　165
社会党　204
上海事変　127
重化学工業化　23, 218, 258, 260-264, 266, 278, 280, 286
一〇月維新　255, 256, 262, 263, 272
一〇月暴動　124, 192
修正独占資本主義　177
集団移住　90
自由党　188, 196, 208-210, 214
自由民主党　203, 209
重要産業統制法　170
主権線　43
準特殊会社　170, 172, 178
蔣介石＊　70, 72, 128, 137
商工省　14, 25, 161, 163, 164, 200, 206, 216
昭和維新　27, 28, 130
昭和恐慌　84, 107, 269

金貞烈　125, 193
金大中＊　249, 253, 279
金大中事件　279, 280, 282, 283, 285
金明植　118
金泳三＊　287
逆コース　191
九ヵ国条約　136, 137, 141, 146
教育勅語　111, 246, 271
共産主義　30, 31, 131, 204
郷土喪失　159, 160
協和会　218
京釜高速道路　236, 246
金解禁　85
金鉱　85, 86, 92, 102
金鉱狂　84, 86
金再禁　91
近代国家　126, 154
金本位制　85
金融恐慌　84
金輸出の再禁　85
軍事クーデタ　18, 20, 34, 188, 195, 197, 219, 222, 223, 226
軍事政権　23, 226, 228-230
軍閥　130, 132, 135, 146
軍部大臣現役制　161
計画経済　134, 165, 168, 218, 220, 225-228, 230, 262
計画的統制経済　164, 166, 189
経済企画院　227, 229, 259, 260
経済調査会　166, 167
経済統制　169
経済ブロック論　116,117
傾斜生産方式　214
経綸学盟　27
KCIA　195, 235, 279, 286
血盟団事件　160
煙山専太郎　271
建国大学　103, 104
建国体操　276
原子化　159
五・一五事件　160
五・一六革命　195
五・一六軍事クーデタ　288
興安嶺黒竜江ノ線　133
皇国軍人　15, 109, 115, 120-124
皇国臣民　105, 107, 270, 274
光州学生運動　67
高等文官試験　103
高度経済成長　214, 215, 237
高度国防国家　14, 30
抗日運動　51, 57, 58
河野一郎　209
光復軍　124, 185, 191
合弁的独立国家　126, 149, 169
皇民化教育　107, 110
皇民化政策　107-109, 112, 115
国際通貨基金　215
国際連盟　64, 147
国体　29, 106, 110-112, 200
『国体の本義』　111
国体明徴　108, 110
国防方針　46, 47
国民　154
国民革命軍　70
国民主義　128
国民精神作興ニ関スル詔書　106
国民精神総動員運動　107, 269
国民政府　72, 73, 116, 144
国民党　128
国民党政府　156
国民年金法　205
国務院　142, 151-153, 173
国務院中心主義　144
黒龍会　27
国連軍　195
五権憲法　144
五・三〇運動　67
五・四運動　27

王道楽土　11, 20, 41, 78, 80, 98, 106, 126, 158, 159, 176, 189, 274
大川周明＊　26, 27, 31, 32, 56, 130, 134, 158
大蔵省　162
大野伴睦　21
大平正芳　231, 232
緒方竹虎　209
岡本実　14, 18, 19, 35, 123, 183-185
奥村喜和男　30
尾崎秀実　117

〈カ行〉

カーター米政権　286
カール・シュミット　25, 134
『改造』211
開発独裁　15, 23, 183, 218, 219, 224, 227, 248
革新官僚　13, 14, 23, 28, 30, 158, 161, 162, 169, 179, 212, 216, 292, 293
革新政党　211
改進党　209
笠木良明　28
片倉衷　138, 164, 166, 175
ガット　215
鹿子木員信　28, 32
賀屋興宣　185
河上丈太郎　204
川島正次郎　201, 245
漢江の奇跡　15, 217
韓国　43, 217, 236, 238, 241, 243, 247, 250, 254, 258, 261, 276, 277
韓国条項　252, 264, 265, 285
韓国併合　47, 51, 53-55
監察院　142
姜在浩　121, 122
関税および貿易に関する一般協定　215
間島　54, 58
間島協約　53, 54
関東軍　22, 70-76, 78, 80, 89, 90, 104, 113, 120, 121, 123, 131, 137-141, 144, 146-149, 151, 153, 155, 158, 160-162, 170, 174-176, 178, 179, 184, 191
関東軍参謀　40, 73, 128, 129, 131, 136, 142, 145, 166, 179
関東軍司令官　104, 108, 113, 148, 153
間島事件　53, 58, 59, 62, 66
間島出兵　131
関東大震災　84
間島朝鮮人特設部隊　51
間島蜂起　67
漢民族　135, 145
官僚支配　182
企画院　30, 173
岸内閣　205, 214-216
岸信介　11, 13-26, 28-33, 36, 41, 42, 51, 126, 151, 153, 158, 161-165, 168, 169, 172, 178, 179, 182, 183, 185-191, 194, 196-217, 222, 223, 232, 233, 245, 270, 278-283, 289, 292-294
北一輝＊　27, 28, 32, 130, 158, 165, 168, 204, 212, 216
北朝鮮　124, 217, 218, 239, 241, 243, 246-253, 257, 261, 268, 271, 272
棄民列車　63
金日成＊　51, 247
金基徳　93, 94
金鍾泌＊　195, 225, 231, 280
金正濂＊　228, 230, 260

索引

本巻全体にわたって頻出する用語は省略するか、主要な記述のあるページのみを示した。
＊を付した語は巻末の「主要人物略伝」に項目がある。

〈ア行〉

IMF　215
愛琿条約　53
アイゼンハワー　217
アウタルキー　130, 167
秋永月三　164
朝日平悟　32
アジア主義　27, 205
アデナウアー政権　214
アデナウアー内閣　207
安倍晋三　13
甘粕正彦＊　24
アメリカの平和　203
鮎川義介＊　175, 178, 179
有川圭一　121
安益祚　120
鞍山　178
安全農村　90
安夕影　87
安東　74
安保改定　197, 205, 213
池田内閣　205, 214, 215, 217, 233
池田勇人　21, 210
石井光次郎　21
石井・ランシング協定　128, 137
石橋湛山＊　209
石原莞爾＊　40, 73, 74, 78, 128-131, 133-138, 140, 145, 155, 160, 164, 166, 169, 172, 179
維新憲法　256, 257, 262
維新体制　245, 251, 254, 256, 258, 262, 269, 271-273, 278, 279, 285-289
李舜臣　246
李承晩＊　21, 196, 219
李瑄根　271-275
板垣征四郎　130, 131, 138-140, 160
一業一社主義　171
一・二一事件　241, 243, 249
一攫千金　84, 97, 101-103
一視同仁　106
一等国民　105
伊藤忠商事　235
李孝石　98-100
李亮　120
印貞植　118, 119
仁川上陸作戦　195
インフレーション政策　91, 93
上杉慎吉　27-29
植田謙吉　104, 113
宇垣一成　107
内田良平　27
蔚山石油化学工業団地　243, 264
営口　74
A級戦犯　11, 185, 188
易幟改組　128
エチオピア侵攻　93
呉源哲＊　251, 258-263
黄金狂時代　84-87
黄金の六〇年代　215

KODANSHA

本書の原本は、二〇一〇年五月、「興亡の世界史」第18巻として小社より刊行されました。

なお、本書には現在では差別的とされる表現が一部、含まれていますが、差別を助長する意図はないこと、また史料からの引用であることを考慮して、そのままにしました。

姜尚中（カン　サンジュン）

1950年、熊本県生まれ。早稲田大学大学院政治学研究科博士課程修了。東京大学大学院情報学環・学際情報学府教授を経て東京大学名誉教授。主著に『オリエンタリズムの彼方へ』（岩波書店）、『悩む力』（集英社）などがある。

玄武岩（ヒョン　ムアン）

1969年生まれ、韓国済州島出身。東京大学大学院人文社会系研究科博士課程修了。北海道大学大学院メディア・コミュニケーション研究院教授。著書に『「反日」と「嫌韓」の同時代史』（勉誠出版）などがある。

講談社学術文庫

定価はカバーに表示してあります。

興亡の世界史
大日本《だいにほん》・満州帝国《まんしゅうていこく》の遺産《いさん》
姜尚中《カンサンジュン》　玄武岩《ヒョンムアン》

2016年6月10日　第1刷発行
2024年12月10日　第7刷発行

発行者　篠木和久
発行所　株式会社講談社
東京都文京区音羽2-12-21　〒112-8001
電話　編集（03）5395-3512
販売（03）5395-5817
業務（03）5395-3615

装　幀　蟹江征治
印　刷　大日本印刷株式会社
製　本　株式会社国宝社

ISBN978-4-06-292354-5

「講談社学術文庫」の刊行に当たって

これは、学術をポケットに入れることをモットーとして生まれた文庫である。学術は少年の心を養い、成年の心を満たす。その学術がポケットにはいる形で、万人のものになることは、生涯教育をうたう現代の理想である。

こうした考え方は、学術を巨大な城のように見る世間の常識に反するかもしれない。また、一部の人たちからは、学術の権威をおとすものと非難されるかもしれない。しかし、それはいずれも学術の新しい在り方を解しないものといわざるをえない。

学術は、まず魔術への挑戦から始まった。やがて、いわゆる常識をつぎつぎに改めていった。学術の権威は、幾百年、幾千年にわたる、苦しい戦いの成果である。こうしてきずきあげられた城が、一見して近づきがたいものにうつるのは、そのためである。しかし、学術の権威を、その形の上だけで判断してはならない。その生成のあとをかえりみれば、その根は常に人々の生活の中にあった。学術が大きな力たりうるのはそのためであって、生活をはなれた学術は、どこにもない。

開かれた社会といわれる現代にとって、これはまったく自明である。生活と学術との間に、もし距離があるとすれば、何をおいてもこれを埋めねばならない。もしこの距離が形の上の迷信からきているとすれば、その迷信をうち破らねばならぬ。

学術文庫は、内外の迷信を打破し、学術のために新しい天地をひらく意図をもって生まれた。文庫という小さい形と、学術という壮大な城とが、完全に両立するためには、なおいくらかの時を必要とするであろう。しかし、学術をポケットにした社会が、人間の生活にとってより豊かな社会であることは、たしかである。そうした社会の実現のために、文庫の世界に新しいジャンルを加えることができれば幸いである。

一九七六年六月　　野間省一